2025年度版

よくわかる社労士 別冊 合格テキスト

直前対策 一般常識・統計／白書／労務管理

TAC社会保険労務士講座◎編著

TAC出版
TAC PUBLISHING Group

はじめに

　ここ最近の社労士試験の出題傾向をみてみると、選択式については、年度により難易度に変動はあるものの、「覚えた事柄から単純・反射的に選ぶ性質の問題」から「知識をフル活用して推測しつつ、選択語群の語句を消去法で絞り込まないと正解を選べない高度な問題」まで出題内容が多岐にわたっています。単にテキスト中の語句や数字等を記憶しているだけでは、すべての科目において基準点（3点）をクリアするための得点ができるとは言えない試験になってきているといえます。

　また、択一式については、「組合せ問題」と「正解の個数問題」という出題形式は定着しており、とくに「正解の個数問題」については、1問にかける時間が長くなるため、非常に負荷が高くなっています。事例形式の問題も増え、「実務と直結した内容の出題を。」という意図も感じられるようになっています。

　これらの傾向に対応するためには、素早く確実に出題の意図を読み取り判断していく能力が求められるので、基本事項の反復を徹底し、早い時期にそのレベルでの対策を仕上げておき、時間的に余裕をもって応用問題等の細かい知識の対応に時間を割けるようにしておくことが必要でしょう。

　本書は、社労士試験に確実に合格するための「本格学習テキスト」というコンセプトをもっており、条文や通達、判例など、多くの情報を、社労士本試験問題を解く際に使いやすいよう、コンパクトにまとめています。

　今回の改訂では、直近の法改正事項に対応するために本文内容の加筆・修正を行い、直近の本試験の出題傾向にも対応できるよう内容の見直しも行いました。

　本書を利用したみなさんが、社労士試験に合格されることを、TAC社会保険労務士講座一同、願ってやみません。

令和7年3月吉日

TAC社会保険労務士講座

本書の特色と効果的な活用法

◉本書の特色

本書は、一般常識科目で出題される、「白書・統計」部分を中心にまとめており、次のような特色を持っています。

1 出題頻度の高い直近の統計で記述したこと

本書では、「労働力調査」「毎月勤労統計調査」「就労条件総合調査」など、本試験でよく出ている重要統計のほとんどを最新年版で、統計ごとに取り上げています。

2 白書対策も万全のものとしたこと

本試験では、「白書（厚生労働白書等）」からの出題も多くありますので、その対策をとっておく必要があります。本書では、「白書」については、最新年版の白書にとどまらず、出題される可能性が高い箇所を中心に、体系的に再整理して収録しています。

3 社会保障制度全般、労務管理用語対策も万全であること

一般常識科目では、白書・統計以外にも、「労務管理」「社会保障制度」に関する出題もあります。本書は、これらについても、まんべんなく対策ができるようにしています。

具体的には、「労務管理」については体系的な記述を行うことにより、「労務管理用語」を理解して覚えることが可能となっています。また、「社会保障制度」についても、近年出題の多い沿革部分を中心に、体系的に知識の整理ができるようまとめています。

◉本文の構成要素

重要度

A、B、Cの3段階です。
A：試験頻出の重要事項。必ずおさえる。
B：頻出箇所ではないが、おさえておきたい。合否の分かれ目。
C：A、Bを優先とし、余裕があれば、見ておく。

第1章　令和6年版労働経済白書

1 人手不足への対応 B

❶ 人手不足の背景

1 定義

「人手不足」とは、企業の生産活動にあたって必要な労働力を充足できていない状況を指し、この状況を判断するにあたっては、一般に、「有効求人倍率」や「完全失業率」が用いられる。

概要

まずは全体像をつかむために、大事なところを概要として載せています。
赤字は、過去の本試験で論点となったキーワードや、これから出題が予想される重要語句です。それ以外の重要語句は黒太字にしています。

2 令和6年集計結果のポイント

民間企業（法定雇用率2.5%、令和6年3月までの法定雇用率は2.3%）
・雇用障害者数は67万7,461.5人、対前年差3万5,283.5人増加、対前年比5.5%増加
・実雇用率2.41%、対前年比0.08ポイント上昇

Check Point!

☐ 雇用障害者数、実雇用率ともに過去最高を更新した。
☐ 法定雇用率達成企業の割合は46.0%、対前年比で4.1ポイント低下した。

Check Point!

本試験頻出事項などを箇条書きでまとめています。

参考 (1)現金給与総額：所定内給与（基本給＋諸手当）と所定外給与（超過労働給与）の合計額を定期給与（きまって支給する給与）といい、定期給与と特別給与（賞与等）の合計額を現金給

(2)総実労
労働時
(3)強度度
重篤度
(4)度数率
を示す
(5)可処分
取金等
算出さ
(6)失業の種

参考

さらに知識を深めるための参考的事項をまとめています。本文に関連する補足的な内容でもあるため、まずは本文を優先して読んでいきましょう。

①需要…
②構造的失業：労働市場における需要と供給のバランスはとれているにもかかわらず、企業が求める人材と求職者の持っている特性（職業能力や年齢など）との違い（質的違い）があるため生じる失業をいう。
③摩擦的失業：転職や新たに就職する際に企業と労働者の持つ情報が不完全であることや労働者が地域間・産業間を移動する際に時間がかかるためなどにより生じる失業をいう。
なお、②と③については、両者を明確に区別することは困難であるため、両者をあわ

問題チェック

統計資料などでとくに重要な事項については、より力を入れて読み込めるよう、穴埋め問題形式で掲載しています。

※説明用のため、実際の紙面内容とは異なる場合があります。

問題チェック 予想問題

次の文中の□□□の部分を適切な語句で埋め、完全な文章とせよ。

$\frac{B}{A}$ で算出される労働分配率は、分母である A 、特に営業利益が景気感応的であるのに対して、分子である B が変動しにくいことから、景気拡大局面においては C し、景気後退局面において D するといった特徴のある指標となっている。また、労働集約型産業では高く、資本集約型産業では低い傾向にあるといわれている。

解答

A：付加価値　B：人件費　C：低下　D：上昇

●効果的な白書・統計対策

　法律科目の学習では、"すべてを網羅的に"という対策をとってきた方も多いと思います。しかし、「白書・統計」では同じような対策をとる必要はありません。ここで示した学習順序を参考にしながら「知らなければいけないこと」と「知っておいてもいいこと」との線引きをしながら優先順位を考えて学習していくことが重要となります。
　基本事項、重要事項についてはしっかりマスターし、本試験で出題された場合には必ず得点できるようにしておきましょう。

(5)

●よくわかる社労士シリーズの活用法

　「よくわかる社労士」シリーズは、社労士試験の完全合格を実現するための、実践的シリーズです。条文ベースの学習を通して、本試験問題への対応力をスムーズにつけていくことができます。

『合格テキスト』全10冊＋別冊

『合格するための過去10年本試験問題集』全4冊

　『合格テキスト』をご利用いただく際は、常に姉妹書『合格するための過去10年本試験問題集』の内容を引き合わせながら使用すると、学習効果が倍増します。

・この問題文の論点は何か？
・この問題文の正誤を判断するために必要な要素は何か？
・この問題文の空欄には選択語群のうち、どうしてその語句等が適当とされるのか？

　を考えながら、本書を精読することで皆さんの受験勉強が「単に記憶する作業」から「問題文を比較考量して正解を選んでいく行動」へ変化していきます。
　本書を最大限に活用して、「確実に合格ラインをこえる解答能力をつけて合格する」という能動的な学習スタイルを身につけていきましょう。

本試験の傾向

　過去10年間の出題項目は、次のようになっています。★が労一選択式試験、☆が労一択一式試験、●が社一選択式試験、○が社一択一式試験となっています。

		H27	H28	H29	H30	R元	R2	R3	R4	R5	R6
白書	労働経済白書	☆						☆			
	厚生労働白書	○	●○	☆	☆○	★		★○		●	★○
	労働力調査						★		☆		
	毎月勤労統計調査										
	就労条件総合調査	☆	★☆			☆	★		☆		
	賃金構造基本統計調査										
	雇用均等基本調査（旧女性雇用管理基本調査）						★			☆	
	賃金引上げ等の実態に関する調査										
	障害者雇用状況の集計結果										
	高年齢者雇用状況等報告の集計結果										
	外国人雇用状況の届出状況			★							
	労働組合基礎調査		★								
	その他※	★	★☆	★☆	☆	★☆	★☆	☆	☆	☆	☆
社会保障統計	社会保障費用統計	○					●				
	国民医療費の概況		○							●	
	厚生年金保険・国民年金事業の概況	○									
	人口動態統計				★						
	その他※	○	○								
労務管理	人事情報										
	雇用管理										
	能力開発										
	賃金管理										
	人間関係管理										
	その他（労働経済用語）										

(7)

※　過去に出題された統計資料・白書等（本年度の本書に詳細な掲載はありません）

R6 択一	・厚生労働省「令和4年労使間の交渉等に関する実態調査」 ・厚生労働省「令和4年労働安全衛生調査（実態調査）（事業所調査）」
R5 択一	・厚生労働省「令和3年度能力開発基本調査（事業所調査）」 ・厚生労働省「令和3年パートタイム・有期雇用労働者総合実態調査（事業所調査）」
R4 択一	・厚生労働省「令和2年転職者実態調査（事業所調査）」
R3 択一	・厚生労働省「令和元年就業形態の多様化に関する総合実態調査」
R2 選択	・厚生労働省「雇用動向調査」 ・総務省「就業構造基本調査」
R2 択一	・厚生労働省「平成30年労働安全衛生調査（実態調査）」 ・厚生労働省「平成30年若年者雇用実態調査」
R元 選択	・総務省「平成29年就業構造基本調査」
R元 択一	・厚生労働省「平成29年労使間の交渉等に関する実態調査」
H30 択一	・厚生労働省「平成28年労働災害発生状況の分析等」
H29 選択	・厚生労働省「平成28年度能力開発基本調査（事業所調査）」
H29 択一	・内閣府「平成28年版男女共同参画白書」
H28 選択	・厚生労働省「平成25年労働組合活動等に関する実態調査」
H28 択一	・厚生労働省「平成26年国民年金被保険者実態調査」 ・厚生労働省「平成26年年金制度基礎調査」 ・厚生労働省「平成26年度国民年金保険料の納付状況」 ・厚生労働省「平成25年若年者雇用実態調査」
H27 選択	・厚生労働省「中高年者縦断調査」「平成25年度雇用動向調査」 　　　　　　「平成24年度仕事と介護の両立に関する企業アンケート調査」 ・総務省「平成24年就業構造基本調査」
H27 択一	・厚生労働省「平成25年国民生活基礎調査」 ・厚生労働省「平成26年度後期高齢者医療制度被保険者実態調査」 ・厚生労働省「平成24年度介護保険事業状況報告」

目　次

はじめに ／（3）
本書の特色と効果的な活用法 ／（4）
本試験の傾向／（7）

第1章　令和6年版労働経済白書／1

① 人手不足への対応 B ……………………………………………… 2
- ❶ 人手不足の背景………………………………………………………… 2
- ❷ 潜在労働力の状況について…………………………………………… 4
- ❸ 女性の活躍推進について……………………………………………… 9
- ❹ 高齢者の活躍推進について………………………………………… 13
- ❺ 国際化する我が国の労働市場……………………………………… 17
- ❻ 介護分野における人手不足の状況と取組の効果………………… 17
- ❼ 小売・サービス分野における人手不足の現状と取組の効果…… 20

第2章　令和6年版厚生労働白書／21

① こころの健康を取り巻く環境とその現状 B ………………… 22
- ❶ 子育て・介護をめぐるストレスの状況…………………………… 22
- ❷ 労働者を取り巻くストレスの現状………………………………… 25
- ❸ 健康が損なわれることの影響……………………………………… 29

② こころの健康に関する取組みの現状 B …………………… 32
- ❶ 職場での取組み……………………………………………………… 32

③ 国民が安心できる持続可能な医療・介護の実現 B ……… 37
- ❶ 地域における医療・介護の総合的な確保の推進………………… 37
- ❷ 医療保険制度改革の推進…………………………………………… 38
- ❸ 介護保険制度の現状と目指す姿…………………………………… 41

④ 仕事と育児・介護の両立支援策の推進 B ………………… 43
- ❶ 現状…………………………………………………………………… 43
- ❷ 育児・介護休業法等………………………………………………… 44
- ❸ 企業における次世代育成支援の取組み…………………………… 45
- ❹ 仕事と家庭を両立しやすい環境整備の支援……………………… 46

⑤ 現下の政策課題への対応 B ………………………………… 47
- ❶ 非正規雇用の現状と対策…………………………………………… 47
- ❷ 労働時間法制の見直し……………………………………………… 49
- ❸ 柔軟な働き方がしやすい環境整備………………………………… 51
- ❹ 就職氷河期世代に対する集中支援………………………………… 52
- ❺ 総合的かつ体系的な若者雇用対策の推進………………………… 53

(9)

❻労働災害の状況と防止に向けた取組み ……………………………… 54
❻ 若者も高齢者も安心できる年金制度の確立 Ⓑ …………… 57
❶直近の公的年金制度の状況 ……………………………………………… 57
❷2020（令和２）年改正法 ………………………………………………… 58
❸今後の課題 ……………………………………………………………… 59

第3章　統計調査／61
第1節　労働経済関係統計調査／63
❶ 労働経済用語 Ⓐ ………………………………………………… 64
❶完全失業率 ……………………………………………………………… 64
❷求人倍率 ………………………………………………………………… 64
❸就業構造 ………………………………………………………………… 65
❹ミスマッチ（需給ミスマッチ） ……………………………………… 65
❺ディスカレッジドワーカー …………………………………………… 65
❻ジョブ型雇用・メンバーシップ型雇用 ……………………………… 66
❷ 労働力調査 Ⓐ …………………………………………………… 68
❶概要等 …………………………………………………………………… 68
❸ 毎月勤労統計調査 Ⓑ …………………………………………… 72
❶概要等 …………………………………………………………………… 72
❹ 就労条件総合調査 Ⓐ …………………………………………… 75
❶概要等 …………………………………………………………………… 75
❷労働時間制度 …………………………………………………………… 75
❸賃金制度 ………………………………………………………………… 80
❹資産形成 ………………………………………………………………… 80
❺ 賃金構造基本統計調査 Ⓒ ……………………………………… 82
❶概要等 …………………………………………………………………… 82
❷一般労働者の賃金 ……………………………………………………… 83
❸短時間労働者の賃金 …………………………………………………… 84
❻ 雇用均等基本調査 Ⓑ …………………………………………… 85
❶概要等 …………………………………………………………………… 85
❷企業調査結果概要 ……………………………………………………… 86
❸事業所調査結果概要 …………………………………………………… 93
❼ 賃金引上げ等の実態に関する調査 Ⓒ ……………………… 98
❶概要等 …………………………………………………………………… 98
❷賃金の改定の実施状況 ………………………………………………… 99
❸賃金の改定額及び改定率 ……………………………………………… 100
❹定期昇給制度、ベースアップ等の実施状況 ………………………… 100
❺賃金の改定事情 ………………………………………………………… 101
❻夏の賞与の支給状況 …………………………………………………… 101

(10)

⑧ 若年者雇用実態調査 **A** ────────── 103
- ❶ 概要等 ────────── 103
- ❷ 事業所調査 ────────── 104
- ❸ 個人調査 ────────── 107

⑨ 障害者雇用状況の集計結果 **B** ────────── 113
- ❶ 概要等 ────────── 113
- ❷ 民間企業における雇用状況 ────────── 114

⑩ 高年齢者雇用状況等報告の集計結果 **C** ────────── 116
- ❶ 概要等 ────────── 116
- ❷ 65歳までの高年齢者雇用確保措置の実施状況 ────────── 117
- ❸ 70歳までの高年齢者就業確保措置の実施状況 ────────── 119
- ❹ 企業における定年制の状況 ────────── 119

⑪ 外国人雇用状況の届出状況 **B** ────────── 121
- ❶ 概要等 ────────── 121
- ❷ 外国人労働者の状況 ────────── 122
- ❸ 外国人を雇用する事業所の状況 ────────── 123
- ❹ 産業別の状況 ────────── 123

⑫ 労働組合基礎調査 **B** ────────── 124
- ❶ 概要等 ────────── 124

⑬ 個別労働紛争解決制度の施行状況 **B** ────────── 127
- ❶ 概要 ────────── 127
- ❷ 令和5年度結果のポイント ────────── 127

第2節　社会保障関係統計数値／131

① 社会保障費用統計 **B** ────────── 132
- ❶ 調査の概要 ────────── 132
- ❷ 令和4（2022）年度　集計結果のポイント ────────── 132

② 国民医療費の概況 **A** ────────── 135
- ❶ 調査の概要 ────────── 135
- ❷ 令和4（2022）年度　結果のポイント ────────── 135

③ 令和5年度厚生年金保険・国民年金事業の概況 **C** ────────── 137
- ❶ 公的年金制度の概況 ────────── 137
- ❷ 厚生年金保険 ────────── 138
- ❸ 国民年金 ────────── 141

④ 人口動態統計 **B** ────────── 143
- ❶ 調査の概要 ────────── 143
- ❷ 令和5（2023）年人口動態統計（確定数）調査結果のポイント ────────── 143

(11)

第4章　社会保障制度／145

1 社会保障総論 B
- ❶ 社会保障の目的及び機能 …… 146

2 社会保障制度の変遷 B
- ❶ 第2次世界大戦以前の社会保障制度 …… 154
- ❷ 第2次世界大戦後の社会保障制度 …… 158
- ❸ 平成の30年間の社会保障制度等の改革 …… 161
- ❹ 参加型社会保障 …… 164
- ❺ 「全世代型」社会保障への更なる方向転換 …… 166

3 医療保険制度の変遷 A
- ❶ 医療制度の沿革 …… 169
- ❷ 医療保険の創設期 …… 170
- ❸ 医療保険の整備期 …… 171
- ❹ 高齢化への対応期 …… 173

4 介護保険の変遷 B
- ❶ 介護保険制度の実施 …… 175

5 年金制度の変遷 A
- ❶ 年金制度の沿革 …… 178
- ❷ 年金制度の創設期 …… 180
- ❸ 年金制度の整備期 …… 181
- ❹ 高齢化への対応期 …… 182

6 社会保障協定等 B
- ❶ 社会保障協定 …… 186
- ❷ 公的年金に係る税金 …… 189

7 日本年金機構及び審議機関等 B
- ❶ 日本年金機構 …… 190
- ❷ 審議機関等 …… 190

第5章　労務管理／195

1 人事情報 B
- ❶ 職務に関する情報 …… 196
- ❷ 労働力に関する情報 …… 199

2 雇用管理 B
- ❶ 採用管理 …… 202
- ❷ 異動管理 …… 203
- ❸ 退職管理 …… 207

3 能力開発 B
- ❶ 定義 …… 210
- ❷ 教育訓練 …… 210

❸ 人材開発 ……………………………………………………………… 214
4 賃金管理 **B** ……………………………………………………… 217
❶ 賃金額管理 ………………………………………………………… 217
❷ 賃金体系管理 ……………………………………………………… 219
❸ 賃金形態管理 ……………………………………………………… 220
❹ フリンジ・ベネフィット管理 ………………………………… 221
❺ 年俸制の普及 ……………………………………………………… 222
❻ 企業の雇用管理の変化 ………………………………………… 223
5 人間関係管理 **B** ……………………………………………… 224
❶ 科学的管理法 ……………………………………………………… 224
❷ モラール管理 ……………………………………………………… 224
❸ モチベーション管理 …………………………………………… 226
❹ 労働の人間化 ……………………………………………………… 228
6 その他 **C** ………………………………………………………… 230
❶ その他の労務管理用語 ………………………………………… 230

● 索引 ／ 235

(13)

第1章

令和6年版 労働経済白書

1 人手不足への対応

人手不足への対応 重要度 B

❶ 人手不足の背景

1 定義

　「人手不足」とは、企業の生産活動にあたって必要な労働力を充足できていない状況を指し、この状況を判断するにあたっては、一般に、「有効求人倍率」や「完全失業率」が用いられる。

　「有効求人倍率」とは、ハローワークで受け付けた「求人数」と求職を申し込んだ「求職者数」の比率である。1を上回れば、企業が提出した「求人数」の総数が、登録された「求職者数」の総数を超えており、求職者1人に対して1つ以上の仕事の募集がある状態を示している。

　また、「完全失業率」とは、労働力人口に占める完全失業者の割合であり、働く意欲がある者のうち、仕事に就けておらず職探しを行っている者がどの程度かを示す指標である。

　「有効求人倍率」は、求人の総数が求職の総数を上回っている（有効求人倍率が1を超えている）状況が人手不足の状態を表すが、ハローワークを経由したものに限られること等から、「完全失業率」も併せて確認する必要がある。

　完全失業者は、「非自発的な離職」「自発的な離職（自己都合）」「新たに求職」の三つに大別され、その失業の要因によって解釈が大きく異なる。例えば、「非自発的な離職」は、景気後退等による企業活動の停滞に伴う解雇なども含まれるため、完全失業率が横ばいであっても、「非自発的な離職」が完全失業者に占める割合が上昇している状況は、生産活動にあたって必要な労働力を充足できていないとは評価しがたいだろう。

（令和6年版「労働経済白書」P94、95）

人手不足への対応

2 これまでの人手不足局面とその背景①

1．過去半世紀でみると、1970年代前半（高度経済成長期末期）、1980年代後半〜1990年代前半（バブル経済期）、2010年代以降から現在までの3期間で人手不足が生じている。
　・1990年代後半〜2000年代は長期的に雇用情勢が悪化
2．2010年代以降は、人手不足を感じる企業が過去よりも多く、その期間も長期にわたっている。　　　　　（令和6年版「労働経済白書（要約版）」P4）

3 これまでの人手不足局面とその背景②

1．過去の人手不足局面をみると、以下の特徴がある。
　・1970年代前半は経済成長率が高く超過需要が主因。
　・1980年代後半〜1990年代前半は経済のサービス化とフルタイムの労働時間短縮が寄与しており、これらを背景に、1980年代以降、女性を中心にパートタイム労働者が急速に増加した。
　・2010年代以降は、経済が回復することで労働力需要が増加した。今後も高齢化は進むと見込まれる。
2．今後も続く高齢化や人口減少には、労働生産性や労働参加率の向上が必要と考えられる。　　　　　（令和6年版「労働経済白書（要約版）」P5）

4 これまでの人手不足局面とその背景③

1．2023年と1990年の労働力供給量を総労働時間（就業者数×労働時間）でみると、2023年の総労働時間は就業者数が増加したものの、週当たり労働時間は減少したことにより、1990年の総労働時間より少ない水準となっている。
2．2010年代は、企業の欠員率は過去よりは高くはないが、2023年における求人の充足率はこの半世紀の中で最も低い水準となっている。今後想定される人口減少を踏まえれば、過去の局面よりも人手不足は「長期かつ粘着的」に続く可能性がある。　　　　　（令和6年版「労働経済白書（要約版）」P6）

第1章　令和6年版労働経済白書

5 2010年代以降の人手不足の現状

1．最大限の労働力供給が行われたとして試算しても、2017年以降、総じて労働力供給が労働力需要を下回っている。
2．産業・職業別に、労働力需給ギャップ（労働力供給量の不足）を労働時間でみると、2010年代以降は、「卸売業，小売業」「宿泊業，飲食サービス業」「医療，福祉」等でマイナスがみられる。
3．人手不足の産業・職業の範囲が広がっている。

(令和6年版「労働経済白書（要約版）」P7)

6 人手不足と労働移動／賃金の関係

1．人手不足の中、特に中小企業から大企業への労働移動が活発化している。
2．日本はアメリカと比べて欠員率に対する賃金の感応度が高く、今後の欠員率の高まりが賃金上昇に繋がっていく可能性がある。

(令和6年版「労働経済白書（要約版）」P8)

❷ 潜在労働力の状況について

1 労働生産性の向上

　我が国では、長期的な人口減少が見込まれる中で、持続的な賃上げを実現するためには、少ない人数で付加価値を得られるよう、1人当たりのアウトプットである労働生産性の上昇が欠かせない。社会全体としてのサービスを維持するためには、誰もが参加しやすい労働市場の実現等を通じて、総労働力供給を増やすことが重要である。

　我が国の時間当たりの実質労働生産性は、OECD諸国37か国の中でもおおむね中位程度となっている。2013年時点で労働生産性が高い20か国（日本を含む。）をみると、うち11か国は、2013〜2022年までの労働生産性の年平均成長率が我が国よりも高く、成長率の高い国と我が国の差が更に開いていることがうかがえる。仮に労働生産性が十分あがらない状況において、

4

人手不足への対応

第1章

労働力供給の増加だけが実現すれば、賃金を据え置いたまま雇用を増やすことで収益をあげることにより、結果として賃金の下押し要因となってしまう可能性がある。持続的な賃上げと人手不足への対応に同時に取り組むためには、労働生産性の着実な上昇が不可欠である。生産性の向上に向けては、人手で行っていた作業でのロボット・AI・ICT等の技術などの活用、現場の知見をいかしたデータ分析の活用による高付加価値の商品・サービスの提供等を進めていく必要があり、こうした生産性向上への企業の取組や人材育成が欠かせない。また、厚生労働省としても、生産性向上に資する設備投資等を行う中小企業への業務改善助成金の給付を行うとともに、人材開発支援助成金や教育訓練給付の拡充などによるリ・スキリング※支援を行っており、引き続き、生産性向上に向けた必要な支援を行っていく必要がある。

※　経済産業省の資料によると、リ・スキリング（Reskilling）とは「新しい職業に就くために、あるいは、今の職業で必要とされるスキルの大幅な変化に適応するために、必要なスキルを獲得する（させる）こと」と定義されている。

(令和6年版「労働経済白書」P146、147)

2 労働力供給増加の余地（就業希望のない無業者）

　我が国において労働力供給増加の余地はどれほどあるのだろうか。就業していない層を、①就業希望のない無業者、②求職活動はしていないが就業希望のある無業者、③求職者に大別して確認してみる。

　まず、最も人数の多い①就業希望のない無業者（在学者を除く。）についてみると、2022年時点で約3,000万人近くが無業者であり、年齢に限らず総じて女性が多い。年齢別にみると、男女合わせて、60〜69歳が440万人、70歳以上が2,100万人と大半を占めているが、59歳以下でも350万人ほどとなっている。就業を希望しない理由としては、「病気・けが・高齢のため」が、男女ともに60〜69歳の5割弱、70歳以上の8割強と最も多い。

　無業者が就業を希望しない理由は、病気・けがや年齢が多いが、単に高齢であるからといって就業の希望をあきらめることとなっているのであれば、高齢化が進む我が国社会においては大きな損失である。作業内容の工夫や機器の活用を促すなど、年齢にかかわらず働くことができる社会づくりを進めていく必要がある。

　一方で59歳以下の女性の約4割に当たる約100万人が、「出産・育児・介護・

5

第1章　令和6年版労働経済白書

看護・家事のため」に無業かつ就業希望なしとなっているが、同年代の男性は僅かにとどまる。育児や家事、介護の負担が女性に偏っていることが、女性の就労への希望を失わせている可能性が示唆される。育児・介護などの負担の軽減に向けた社会的支援を進めるとともに、男性が家庭内での責任を果たせるよう、柔軟な労働時間や休暇の取得促進など職場における環境づくりも重要となる。

　また、男女ともに「仕事をする自信がない」とする者が男女合わせて約70万人となっている。就労に関して自信が持てない無業者に対しては、地域若者サポートステーションにおける支援やアウトリーチ型の自立支援等も重要であろう。こうした様々な支援を着実に実施していくことで、社会全体として、就労を阻害する要因を取り除くことが重要である。

（令和6年版「労働経済白書」P148）

▌**Check Point!** ▶

- [ ] 就業希望のない無業者（在学者は除く。）は高齢者を中心に約3,000万人存在する。
- [ ] 非就業希望の理由は、「病気・けが・高齢のため」が大半を占めるが、59歳以下の女性の約40%、約100万人が「出産・育児・介護・看護・家事のため」に就業希望がない。

③ 労働力供給増加の余地（就業希望はあるが求職活動をしていない無業者）

　就業希望はあるが求職活動を行っていない無業者についてみると、就業希望があるものの求職活動を行っていない無業者は約460万人となっている。

　年齢別にみると、59歳以下が多く、女性は200万人近くに及ぶ。求職活動を行っていない理由をみると、「病気・けが・高齢のため」が、高年齢層を中心に多く、男性では60万人程度、女性では70万人程度である。「出産・育児・介護・看護のため」は59歳以下の女性が60万人程度と最も多い。また、これらに比べると数は少ないものの、「仕事を探したが見つからなかった」「希望する仕事がありそうにない」「知識・能力に自信がない」と回答した者も男女・年齢階級別にそれぞれ数万人程度となっている。ハローワークでの

人手不足への対応

マッチングにおける丁寧な相談支援、公的職業訓練などのリ・スキリングの支援を通じて、就業希望を求職活動につなげていくことが重要となるだろう。

(令和6年版「労働経済白書」P149)

▌Check Point!

☐ 就業希望はあるが求職活動をしていない無業者は460万人。59歳以下の女性は出産・育児・介護・看護のためが多い。

4 労働力供給増加の余地（求職者）

　求職者の状況についてみてみると、無業の求職者は約320万人であり、59歳以下は約8割と、就業希望のない無業者と比較して若い層が多くを占めている。求職期間別にみると、59歳以下では、求職期間が1年以上の男性が約3割、女性でも約2割に達しており、失業期間が長期にわたる求職者が100万人近くいる一方で、求職期間が1か月未満の短期の求職者も男性で約3割、女性で約4割を占めており、求職の状況が二極化している可能性がある。長期の求職者の割合は60〜69歳、70歳以上では高い水準にあり、年齢が高いと就業が難しい状況がうかがえる。

　求職活動が長期となる事情は様々であることから、個々人の事情に応じた支援が必要となる。長期求職者については、ハローワークでの担当者制などによるきめ細かなマッチング支援をするとともに、雇用保険を受給していない場合等には、求職者支援制度の活用を促す等の取組を進めることが重要である。

(令和6年版「労働経済白書」P150)

▌Check Point!

☐ 求職期間が1年超に及ぶ長期無業者は約100万人であり、求職者（約320万人）の約3割を占める。

5 労働力供給増加の余地（希望労働時間）

　労働力供給を考える上では、労働時間も重要である。

　継続就業希望者（現在就いている仕事を今後も続けていきたいと思ってい

第1章　令和6年版労働経済白書

る者のうち、「追加就業希望者」に該当しない者をいう。）の労働時間の希望
を正規・非正規雇用労働者別にみると、正規雇用労働者では、労働時間を
「増やしたい」が約100万人、「減らしたい」が約650万人と減少希望が多
い。非正規雇用労働者では様相が異なり、労働時間を「増やしたい」が約
190万人に対し、「減らしたい」は約110万人となっている。

　また、追加就業希望者（現在就いている仕事を続けながら、別の仕事もし
たいとしている者をいう。）についてみると、正規雇用労働者では約280万
人、非正規雇用労働者では約180万人と、その合計は約460万人である。

　副業・兼業については、「新しい資本主義のグランドデザイン及び実行計
画2023改訂版（令和5年6月16日閣議決定）」においても指摘されている
とおり、追加的な就業の希望の実現だけではなく、成長分野への円滑な労働
移動を図る端緒としても重要である。また、個別の企業の中にも、副業・兼
業を労働者が社内では得られない経験を得ることができる成長の場として捉
え、積極的に支援をしている例もみられる。厚生労働省においても、「副業・
兼業の促進に関するガイドライン（令和4年7月8日改定）」を策定し、企
業や労働者が、安心して副業・兼業に取り組めるよう、副業・兼業の場合に
おける労働時間管理や健康管理等について示しているところである。

（令和6年版「労働経済白書」P151）

6 年収の壁

　労働時間の増加を希望する非正規雇用労働者には、労働時間が短時間にと
どまらざるをえない障害を取り除いていく必要がある。短時間労働者が労働
時間を抑制する要因の一つとしては、いわゆる「年収の壁[※1]」の存在があ
げられる。「年収の壁」を意識せずに働けるようにすることで、労働時間又
は年収が一定の水準を超えた場合には、厚生年金保険等の被保険者となり、
将来的に受け取れる年金額が増加するほか、扶養にとどまるように労働時間
を短くする就業調整が行われなくなることで、人手不足の緩和にも一定の効
果があるものと考えられる。

　このため、パート・アルバイトで働く方の厚生年金保険や健康保険加入に
併せて、手取り収入を減らさない取組として、手当等の支給や労働時間の延
長を行うなどの収入を増加させる取組を行った事業主に対し、労働者1人当

人手不足への対応

第1章

たり最大50万円の支援を行う※2とともに、パート・アルバイトで働く方が、繁忙期に労働時間を延ばすなどにより、収入が一時的にあがったとしても、事業主がその旨を証明することで、引き続き被扶養者認定が可能となる仕組みを作る等の支援を講じているところである。引き続き、パート・アルバイトで働く方が「年収の壁」を意識せずに働ける環境づくりを後押ししていくことが重要である。

※1　国民年金第3号被保険者及び健康保険の被扶養者として社会保険料負担がなかった者が、社会保険への加入や被扶養者でなくなることで社会保険料負担が発生すること等により、手取り収入が減少する年収の基準をいう。具体的には、年収106万円以上で厚生年金保険・健康保険に加入し、年収130万円以上で国民年金第1号被保険者への種別変更や国民健康保険へ加入することがあげられる。この際の手取り収入の減少を避けるため、就業調整を行っている労働者が一定程度存在する。

※2　2026年3月31日までの時限措置として、キャリアアップ助成金に「社会保険適用時処遇改善コース」が創設された。

(令和6年版「労働経済白書」P152)

❸ 女性の活躍推進について

1 我が国における女性の労働参加の状況

　我が国における女性の労働参加の状況について確認する。1995年についてみると、我が国における25～54歳女性の就業率もパート比率のどちらもおおむね平均程度で、日本の女性の就業率は63.2%と、当時高かったノルウェー（77.4%）、デンマーク（75.9%）、フィンランド（73.5%）等の北欧と比較して10%ポイント以上低い状況であった。2022年についてみると、世界的に女性活躍が進む中で、我が国の女性の就業率は79.8%と、ノルウェー（81.9%）、デンマーク（82.4%）、フィンランド（82.1%）等の北欧とほぼ遜色ない水準まで上昇している。一方で、パート比率については、世界的な低下と対照的に我が国は30%を超える水準にまで上昇し、OECD26か国中5番目に高い国となっている。

(令和6年版「労働経済白書」P153)

Check Point!

☐ 女性の就業率は国際的にも遜色ない水準だが、パート比率が高い。

第1章　令和6年版労働経済白書

2 女性を取り巻く就業の状況

　年齢別に女性の正規雇用比率をみると2023年においては全ての年齢階級で上昇している。若い世代において特にその傾向がみられるものの、年齢があがると正規雇用比率が低下する傾向が引き続き見受けられる。年齢と正規雇用比率の関係の背景には、2000年代頃までは出産等を機に退職した正規雇用の女性の多くが、復職にあたって家事・育児等への負担等から、パート・アルバイトを選ぶことも多いことが考えられる。

　正社員の就業継続率をみると、2000年代では就業を継続した正規雇用の女性の割合は50〜60%程度と半分程度であり、多くの正規雇用で働いていた女性が就業を断念したことが確認できる。一方、2015〜2019年に第1子を出生した正規雇用の女性では、80%超が出産後も就業継続し、このうち多くが育児休業を取得している。

（令和6年版「労働経済白書」P154）

▌Check Point!

- ☐ 女性の正規雇用比率は若年層を中心に上昇している。
- ☐ 2000年代には多くの女性が就業を断念していたが、育児休業制度の普及などにより、正規雇用の就業継続率はいずれの年齢階級でも上昇している。

3 非労働力・失業からの就業形態別の移行確率（女性）

　出産・育児によるキャリアの中断があったとしても、育児が一段落したときに正規雇用として復帰することができれば、年齢があがっても正規雇用の割合は下がらないと考えられる。

　年齢別に非労働力・失業から正規雇用、または非正規雇用への女性の移行確率を比較すると、どの年齢層であっても、非労働力・失業から非正規雇用への移行確率が、正規雇用への移行確率よりも高く、非労働力・失業からの就業参加は、主に非正規雇用が中心であることが分かる。特に15〜34歳女性においてみられる非労働力・失業から非正規雇用への移行確率の大幅な上昇は、女性の就業率の上昇に寄与したものと考えられる。加えて、15〜34歳、35〜54歳の女性では、非労働力・失業から正規雇用への移行確率も上昇傾向を示しており、近年では、正規雇用へ移行しやすくなっていることが

人手不足への対応

うかがえる。非労働力・失業からの就業の受皿の中心は依然として非正規雇用であるが、特に若い世代においては、正規雇用での就業可能性が高まっていることが確認できる。

（令和6年版「労働経済白書」P155）

▌Check Point!▶

□ 非労働力・失業からの就業参加は、非正規雇用が中心となっている。

□ 15〜34歳、35〜54歳の女性では、正規雇用の移行確率が上昇傾向にある。

4 女性を取り巻く賃金等の状況

　一般的に、日本の正社員の雇用慣行においては、勤続年数に応じて、社内で昇給・昇進を重ねていくことから、正社員として勤務した企業を退職することは、社内でのキャリアアップの機会を手放すことにつながるものと考えられる。

　企業規模（1,000人以上、100〜999人、10〜99人）別に、女性の①標準労働者（新卒から同一企業に勤め続けている者）かつフルタイム労働者の賃金カーブと、②標準労働者以外のフルタイム労働者の賃金カーブの2種類について、可能な限り条件を合わせて大卒に限って比較すると、特に40歳以降において、標準労働者とそれ以外の労働者の間で賃金差がみられ始め、おおむね55〜59歳で最大となっていることが分かる。日本型雇用慣行の下で特に大企業における年功賃金がみられる我が国では、同じ企業に勤め続けた方が、転職又は一時的なキャリアの中断後の再就職よりも、賃金が高くなる傾向にある。

　男女別に年齢階級別の標準労働者の割合をみると、総じてどの企業規模においても年齢があがるにつれて、その割合が下がっており、特に、30歳以降において、男女の差が大きくなっている。30代前後に結婚・出産等のライフイベントがあることが多いが、それにより離職するケースは女性の方が多いことが、標準労働者割合の差にも現れているものと考えられる。

（令和6年版「労働経済白書」P156）

第1章　令和6年版労働経済白書

▌Check Point！

☐ 女性フルタイム労働者のキャリア中断による賃金等の差は40代以降顕著
になる。

⑤ 女性が正規雇用として就業できる環境整備の必要性

　この30年において女性の労働参加は顕著に進んだが、パートタイム等の
非正規雇用に偏る傾向が依然としてみられる。この背景には、2000年代頃
までは出産を機に多くの女性が正規雇用としての就業を断念していたこと、
また、女性が再就職する場合には、家事・育児の負担等も踏まえて非正規雇
用を選択せざるをえない環境にあることが考えられる。非正規雇用としての
就業は、働く時間を柔軟に選択できる等のメリットがある反面、正規雇用と
の職責等の違いにより賃金が低く、教育訓練を受ける機会が乏しい等のデメ
リットもある。さらに、正規雇用から一度退職してしまうと、いわゆる日本
型雇用慣行のある中で、時間外労働を伴うことがある正規雇用として再就職
するのは容易ではない可能性も示唆される。就業の「量」の面では、女性の
就業率は着実に上昇してきたが、「質」の面では、パートタイム比率が引き
続き高い状況にある。希望すれば正規雇用として就業できる環境整備が重要
である。

　引き続き、育児休業制度等の充実により、希望すれば正規雇用としての就
業を継続できる環境を整備するとともに、キャリアの一時的な中断が女性の
職業人生の選択肢を狭めないよう、正規雇用として復帰できる環境整備やハ
ローワークでのマッチング支援を充実していく必要がある。あわせて、マッ
チング機能を強化するため、労働市場の見える化を図るとともに、有期雇用
労働者等の正社員転換を促すため、キャリアアップ助成金等を通じた支援を
着実に講じていくことも重要である。　　　（令和6年版「労働経済白書」P157、158）

人手不足への対応

❹ 高齢者の活躍推進について

1 高齢者の労働参加の現状

　高齢者の労働参加の現状についてみると、65歳以上の高齢者の就業率について、他のOECD諸国と比較すると、我が国は韓国・アイスランドに次いで高い水準にあり、国際的にみても高齢者の就業は進んでいることが確認できる。

　長期的な高齢者の就業率の推移をみると、1970年代〜2000年代までは低下傾向だったが、高年齢者雇用安定法の改正による定年年齢の引上げ等もあり、2000年代後半で反転している。2023年には、60〜64歳の就業率は70％を超え、65〜69歳の就業率も50％超で、この半世紀で最高水準となった。70歳以上の就業率についても、2013年の13％から2023年には18％と、5％ポイント上昇している。

　60〜64歳、65〜69歳、70歳以上の三つの年齢層の雇用者と自営業者等での就業率をみると、どの年齢層も雇用者での就業率が大きく上昇している。特に、高年齢者雇用安定法により雇用確保措置等が図られている60〜64歳については大きく上昇しており、足下では60％を超える水準に達している。一方で、自営・家族従業者等については、どの年齢層も一貫して減少しており、近年の高齢者の就業は雇用者が占める割合が中心となってきていることがうかがえる。

(令和6年版「労働経済白書」P158、159)

▌Check Point！

□ 我が国の65歳以上の高齢者の就業率は、OECD諸国の中でも韓国・アイスランドに次いで高い水準にある。

□ 2013年以降、高齢者の就業率は、特に60〜64歳、65〜69歳において大きく上昇している。

□ 昨今の高齢者の就業率の上昇の背景には、高齢者雇用の進展がある。

2 高齢者の年齢別就業率の変化

　我が国の高齢者雇用の重要性は今後ますます高まってくる。総労働力の10％は65歳以上の高齢者が担っており、今後高齢化とともに高まっていく

第1章　令和6年版労働経済白書

　ことが予想される。高齢者雇用を考える上では、引退の契機となる企業の定年制度も重要である。

　月単位で定義した55～64歳の年齢別就業率に対して、2006年の改正高年齢者雇用安定法施行による高年齢者雇用確保措置の義務化が与えた影響をみると、施行前後において、定年の定めをする場合における下限とされた60歳近傍における就業率が上昇したことを示している。

　2004～2006年と2007～2009年の年齢別の就業率の比較をみると、60歳前後における就業率が全体的に上昇していることが確認できる。ただし、2004～2006年、2007～2009年のいずれも、60歳0か月を境にして就業率が大きく低下しており、多くの企業が定年年齢として定める60歳を機に離職している状況がみてとれる。

　2020～2022年の就業率をみると、55～69歳までのいずれの年齢においても就業率は総じて上昇しており、60歳0か月を境にした「就業率の崖」も解消されている。一方、新たな「就業率の崖」が65歳0か月を境に生じており、「崖」が60歳から65歳まで上昇してきたことが確認できる。

　2004～2022年までの59歳11か月と60歳0か月の就業率の差を比較すると、2004～2006年、2007～2012年、2013年以降で、差が徐々に解消され、2013年以降では、就業率の差がほぼみられなくなっていることが確認できる。2006年の改正高年齢者雇用安定法施行により、雇用確保措置の義務となる対象者の年齢が、2006～2013年度にかけて、65歳まで段階的に引き上げられてきたことや、2014年度以降に人手不足が深刻になっていったこともあいまって、高齢者の労働参加が進展したことが寄与したものと考えられる。

（令和6年版「労働経済白書」P159、160）

▌Check Point!

☐ 2000年代には60歳に「就業率の崖」があったが、2020～2022年には65歳へと移っている。

☐ 2013年以降、59歳11か月と60歳0か月の間の就業率の下落はおおむね解消している。

人手不足への対応

③ 高齢者の年齢別就業率（男女別）

　就業率の変化について、男女別にも確認する。2004年、2010年、2016年、2022年の男女別に年齢ごとの就業率をみると、60歳から65歳への「就業率の崖」の移行は、男性のみ確認できる。女性については、2004年においても、60歳における就業率の低下はみられず、2004～2022年まで、ほぼ全ての年齢において大きく就業率が上昇しており、特に2010年以降に顕著である。こうしてみると、60歳で定年を迎える男性については、改正高年齢者雇用安定法による雇用確保措置の義務化が労働参加を促してきたことが分かる。一方で、女性については、出産・育児によるキャリアの中断後に非正規雇用として就業することが多いため、無期雇用を前提とする定年年齢の影響は、男性に比べると限定的だったことも分かる。

（令和6年版「労働経済白書」P160）

■Check Point！▶

□ 60歳から65歳への就業率の崖の移行は、男性においてのみ確認できる。

④ 年齢別就業率の内訳（正規雇用・非正規雇用・その他）

　2018～2022年における就業率を年齢ごとに正規雇用、非正規雇用、その他（自営業等）の三つに分解してみると、60歳を境に、男女ともに正規雇用での就業率が低下し、非正規雇用での就業率が大きく上昇している。

　連続する2か月間について、正規雇用から正規雇用への移行確率（正規雇用の継続確率）、正規雇用から非正規雇用への移行確率を年齢別に確認すると、60歳を境にして、正規雇用の継続確率が低下する一方で、正規雇用から非正規雇用への移行確率が高まっている。60歳を境にした就業率の差はみられなくなったが、雇用の「質」には差があることがうかがえる。

　さらに、正規雇用、非正規雇用それぞれからの失業・非労働力への移行確率をみると、正規雇用から失業・非労働力への移行確率は65歳を境に大きく上昇している。非正規雇用から失業・非労働力への移行確率については、正規雇用よりも高い傾向があり、65歳以上は一段と高くなっている。年齢と雇用形態によって整理すると、以下のようになる。

第1章

第1章　令和6年版労働経済白書

① 正規雇用で働く高年齢者は、60代前半から徐々に非正規雇用へと移行していく。

② 非正規雇用として就労している高年齢者は失業・非労働力へと移行しやすく、65歳を境に大きく移行確率が上昇する。

③ 65歳以上は、正規雇用も非正規雇用も失業・非労働力への移行確率が上昇し、非正規雇用から失業・非労働力への移行確率の上昇が特に顕著である。

このように、雇用の「質」の変化が60歳以降で徐々に生じている中で、雇用の「量」の変化も65歳以上において現れはじめ、結果として65歳前後において「就業率の崖」が生じているものと考えられる。

(令和6年版「労働経済白書」P161)

▌Check Point!

☐ 59歳と60歳では、就業率の差はみられないが、非正規雇用の占める割合が60歳以降は高くなっており、この傾向は男性において顕著である。

☐ 60歳を境に、正規雇用の継続率は低下し、正規雇用から非正規雇用への移行確率が上昇する。

☐ 65歳を境に、正規雇用や非正規雇用から、失業・非労働力への移行確率が上昇する。

5 年齢にかかわりなく就労できる環境整備の必要性

この20年間で、男性において顕著に生じていた60歳における「就業率の崖」をおおむね解消できたが、足下では、65歳を境に新たな「崖」が生じている。男女ともに健康寿命が70歳を超えていることや、65歳を超えた高齢者の就労希望が他国と比較しても高いこと、中高年層の賃金のフラット化が進んでいること等を踏まえれば、65歳を超えても意欲のある高齢者が、能力を十分発揮して、適切な待遇において生き生きと就労できるよう、必要な支援等を講じていく必要がある。

特に、高齢者の体力や身体機能は個人差があり、疾病やけがのリスクだけではなく、若年層に比べて、転倒や墜落・転落などの労働災害のリスクが高く、休業も長期化しやすいことも知られている。働く高齢者の特性や業務の

人手不足への対応

第1章

内容等の実情に応じた施設・装置の導入や作業内容の見直しなどの配慮により、全ての労働者が働きやすい職場環境づくりにも積極的に取り組むことも重要となる。人生100年とも言われる時代を迎え、雇用・労働の面においても、希望する高齢者が年齢にかかわりなく生き生きと働ける環境の整備が今後も求められるだろう。

（令和6年版「労働経済白書」P163）

❺ 国際化する我が国の労働市場

1．特定技能1号・2号で就労する外国人は、ベトナムを中心に増加している。

2．日本の賃金が伸び悩んできたことで、送出国との賃金差は縮小傾向にある。

3．ハローワークにおける求人の分析によると、外国人は、比較的月額賃金が高い求人や、年間休日日数の多い（120日以上）求人に応募しているが、残業時間が多い求人にも多く応募している。

4．日本企業が採用の際に外国人労働者の能力で重視するのは「日本語能力」である。

（令和6年版「労働経済白書」P166、170、172、令和6年版「労働経済白書（要約版）」P12）

参考　「特定技能1号」とは、特定産業分野に属する相当程度の知識又は経験を必要とする技能を要する業務に従事する外国人向けの在留資格であり、在留期間は1年を超えない範囲内で法務大臣が個々の外国人について指定する期間ごとの更新（通算で上限5年まで）とされている。一方で、「特定技能2号」は、特定産業分野に属する熟練した技能を要する業務に従事する外国人向けの在留資格であり、在留期間は3年、1年又は6か月ごとの更新であるが、更新回数に制限はない。また、「特定技能2号」では、要件を満たせば家族（配偶者、子）の帯同も可能である。 （令和6年版「労働経済白書」P165）

❻ 介護分野における人手不足の状況と取組の効果

［1］ 介護分野を取り巻く人手不足の状況

　（公財）介護労働安定センターが毎年実施している「介護労働実態調査」のうち2015～2022年の調査により人手不足の状況について確認すると、総じて、人手不足が強い傾向にあり、法人規模別にみると、100人以上の大き

17

第1章　令和6年版労働経済白書

い事業所において人手不足感が強いことが分かる。法人規模が100人未満の事業所の人手不足感は若干弱いものの、2015年の水準よりもマイナス幅が広がっており、100人以上規模事業所の人手不足感の水準に近づいていることが分かる。また、地域別にみると、「政令指定都市、東京23区」の方が「それ以外」の地域と比べて介護事業所における人手不足感は強くなっている。全体の求人数が多く、相対的に賃金が高い産業や職種とも競合しやすい都市部において人手不足感が強いことがうかがえる。

(令和6年版「労働経済白書」P188)

▌Check Point!

☐ 総じて、法人規模・地域を問わず人手不足感が強い傾向にあるが、規模の大きい事業所（100人以上）や都市部（政令指定都市、東京23区）において人手不足感が強い。

2 介護保険の指定介護サービス事業を運営する上での問題点

　「介護労働実態調査」により介護保険の指定介護サービス事業を運営する上での問題点（各事業所で最大3つの回答）をみると、「良質な人材の確保が難しい」は2022年では8割近くと他を引き離しており、人手不足は事業運営上の最重要課題であることが分かる。加えて、「今の介護報酬では、十分な賃金を払えない」「サービス提供に関する書類作成が煩雑で、時間に追われている」「教育・研修の時間が十分に取れない」等、人手不足に関連する問題点をあげる事業所が多い。ただし、これらのうち、「今の介護報酬では、十分な賃金を払えない」をあげる事業所割合は2015年よりも低下している。介護職員の賃上げについては、処遇改善加算の充実や生産性向上支援等の取組を講じてきたところであり、こうした取組等の効果がみられる。

(令和6年版「労働経済白書」P189)

▌Check Point!

☐「良質な人材の確保が難しい」が事業運営上の最重要な課題。「今の介護報酬では、十分な賃金を払えない」「サービス提供に関する書類作成が煩雑で、時間に追われている」「教育・研修の時間が十分に取れない」がこれに続く。

人手不足への対応

第1章

3 介護事業所の入職率・離職率の推移

　介護事業所における入職率と離職率について確認してみると、全ての地域・法人規模において、長期的に入職率も離職率も低下していることが分かる。離職率の低下については、各事業所での人材流出防止のための取組の進展が背景にあるものと考えられるが、同時に入職率も低下している。

　法人規模別にみると、離職率の水準は大きく変わらないものの、入職率は法人規模100人未満の事業所で高い一方で、100人以上で低い傾向がみられる。こうした入職率の低さが、法人規模100人以上における深刻な人手不足感につながっているものと考えられる。地域別にみると、「政令指定都市、東京23区」ではその他の地域と比較して入職率も離職率も高くなっている。

(令和6年版「労働経済白書」P191)

▌Check Point!▶

☐ 介護事業所の入職率・離職率はともに、地域・法人規模にかかわらず、長期的に低下している。

4 介護事業所の人手不足と入職率・離職率の関係

　全体的に人手不足を感じている事業所について、人手不足の程度と入職率・離職率の関係をみると、入職率が高い事業所や、離職率が低い事業所ほど、人手不足感が比較的弱い傾向にあることが分かる。ただし、人手不足の程度による差は入職率ではあまりみられず、大きく異なるのは離職率である。人手不足事業所においては、入職率は高いものの、離職率も高いため、結果として人手不足を解消できていないことがうかがえる。この背景には、採用を増やしても、教育や研修の時間を十分に確保できず、その結果、人材の定着や技能の蓄積が促されず、それが更に人手不足感を強め、離職を招くという悪循環になっている可能性がある。

(令和6年版「労働経済白書」P192)

▌Check Point!▶

☐ 入職率が高い介護事業所や離職率が低い介護事業所ほど、人手不足感が比較的弱い傾向にある。

☐ 在籍者増加率が介護事業所の人手不足を緩和する方向に寄与している。

第1章　令和6年版労働経済白書

5 介護事業所の人手不足への対応の効果

「介護労働実態調査」の個票に基づき推計した結果、明らかになったことは以下の4点である。

1. 事業所の人手不足の程度によって、効果は異なるものの、総じて「介護事業所における平均的な水準以上の賃金水準」「相談体制の整備」「定期的な賞与の支給」「ICT機器の整備」は、人手不足緩和に効果があるものと考えられる。

2. 人手が「大いに不足」している事業所には、「介護福祉機器の整備」に効果がみられ、職員の身体的な負荷を軽減することが重要であることが示唆される。

3. 人手が「不足」している事業所には、「介護福祉機器の整備」による職員の負荷軽減に加えて、「相談体制の整備」等、労働環境の改善が重要と考えられる。

4. 人手が「やや不足」している場合には、標準的な介護事業所よりも少なくとも10%程度高い賃金を支給することや、賞与を支給すること等、他の事業所との人材獲得競争の中で、求職者や今いる労働者に対して、より魅力的な労働条件を示すことが重要となる。さらに、「ICT機器の整備」等を通じた業務効率化に取り組むことも重要である。

(令和6年版「労働経済白書」P194、195)

❼ 小売・サービス分野における人手不足の現状と取組の効果

1. 小売・サービス分野においては、正社員、パート・アルバイトともに、半数以上の事業所が人手不足である。

2. 人手適正・過剰事業所と人手不足事業所との間では、入職率よりも離職率に差がある。小売・サービス事業所でも、人手不足解消には、労働条件整備に積極的に取り組み、離職を防止することが重要である。

3. 特に正社員の人手不足に効果的な取組は、一定水準以上の月額賃金の確保、研修や労働環境の整備、給与制度等の労働条件の整備等があげられる。

(令和6年版「労働経済白書（要約版）」P14)

第2章

令和6年版
厚生労働白書

1 こころの健康を取り巻く環境と
その現状

2 こころの健康に関する取組みの現状

3 国民が安心できる持続可能な
医療・介護の実現

4 仕事と育児・介護の両立支援策の推進

5 現下の政策課題への対応

6 若者も高齢者も安心できる年金制度の
確立

第2章 令和6年版厚生労働白書

1 こころの健康を取り巻く環境とその現状 重要度 B

❶ 子育て・介護をめぐるストレスの状況

1 共働き等世帯数の推移と第1子出産前後の妻の就業変化

　我が国の雇用者の世帯構成をみると、1985（昭和60）年以降、男性雇用者と無業の妻からなる世帯数は減少傾向となっており、妻がパートタイム労働者（週35時間未満就業）の世帯数は、約200万世帯から約700万世帯に増加している。また、妻がフルタイム労働者（週35時間以上就業）の世帯数は、400万～500万世帯と横ばいで推移している。

　また、この間の育児休業制度の充実などにより、2015（平成27）年から2019（令和元）年までに第1子を出産した女性のうち妊娠が分かった時に就業していた女性では、出産後も就業継続する割合が約7割まで増加している。

（令和6年版「厚生労働白書」P10）

2 育児休業取得率の推移

　我が国の育児休業取得率をみると、女性は過去10年以上にわたり8割台で推移している一方で、男性は直近の2022（令和4）年度実績でも17％程度と低水準ではあるものの、近年上昇傾向にある。

（令和6年版「厚生労働白書」P12）

| Check Point!

☐ 育児休業取得率は、男性は女性と比べて依然低いが、近年上昇傾向にある。

こころの健康を取り巻く環境とその現状

3 育児時間の長さとディストレスの関係

　子育て世帯のディストレス（抑うつ・不安）の状況を育児時間の長さ別にみると、仕事をしている女性の「仕事のある日」においては、概ね育児時間が長いほどディストレスの高得点層の割合が高いという傾向が認められる。また、仕事をしている人の「仕事のある日」において最も育児時間が長い区分の者（「6時間超」の区分）は、男女ともに、ディストレスの高得点層（「38点以上」）が最も高い。

　他方で、総務省「社会生活基本調査」によると、我が国の共働き世帯（6歳未満のこどもを持つ夫婦とこどもの世帯）の育児時間は、夫婦ともに経年的に増加しているものの、妻のほうが夫よりも長く、2021（令和3）年においては、妻が3時間24分に対し、夫が1時間3分であった。

　共働き世帯においても、依然女性の方がより多くの時間を育児に充てており、また、仕事をしている女性の「仕事のある日」の育児時間が長くなることが、生活の質を下げることにつながっている可能性があると考えられる。

(令和6年版「厚生労働白書」P12、13)

Check Point！

□ 仕事をしている女性では、仕事がある日の育児時間が長いほどディストレス（抑うつ・不安）が高い層が多く、共働き世帯の夫婦では妻が夫よりも多くの時間を育児に充てている。

4 要介護（要支援）認定者数の推移と主な介護者

　我が国の要介護（要支援）認定者数は、増加が続いている。厚生労働省「介護保険事業状況報告」によると、2021（令和3）年度の認定者数は、2000（平成12）年4月の介護保険法の施行当初と比較すると約2.7倍の約690万人にのぼっている。

　また、厚生労働省「国民生活基礎調査」によると、2022（令和4）年における要介護（要支援）者の「主な介護者」は、同居・別居の家族である割合が6割近くにのぼっている。家族が主たる介護者である割合は、2019（令和元）年の前回調査から1割程度減少しているものの、依然として家族が主たる介護者であることが分かる。さらに、総務省「就業構造基本調査」

第2章　令和6年版厚生労働白書

によると、2022（令和4）年に15歳以上の人で介護をしている人は約629万人おり、このうち6割近くを有業の人が占めている。

(令和6年版「厚生労働白書」P16)

Check Point!

□　介護をしている人は約629万人、このうち有業の人は約365万人となっている。

5 「要介護者等のいる世帯」の構成割合等

　在宅介護をめぐる状況にも変化が生じつつある。厚生労働省「国民生活基礎調査」によると、2000（平成12）年4月の介護保険法の施行当初と比較すると、要介護（要支援）者のいる世帯では、単独世帯が大きく増加し、夫婦のみの世帯も増加している。

　この傾向は、介護をする家族の高齢化を示唆している。実際に、在宅の要介護（要支援）者と同居の主な介護者の年齢の組み合わせをみると、60歳以上同士の割合は過去20年間で20％ポイント以上増加し、8割近くに達しており、さらに75歳以上同士の割合も3割を超えるなど、いわゆる老老介護の増加にも留意する必要がある。

(令和6年版「厚生労働白書」P17、18)

Check Point!

□　要介護者のいる世帯は、単独世帯と核家族世帯が増加している。

6 同居の主な介護者の悩みやストレスの原因

　介護者の悩みやストレスをみると、悩みやストレスがあると回答した人は全体の7割近くに達しており、なかでも家族の病気や介護に関するものが突出して高い。

　また、家族との人間関係や経済的な不安、自分自身の健康や自由にできる時間のなさについても、悩みやストレスの原因に挙げられており、こうした複合的なストレスは、在宅介護をめぐる近年の世帯構造の変化とも無関係ではないだろう。

(令和6年版「厚生労働白書」P18、19)

こころの健康を取り巻く環境とその現状

Check Point！

□ 介護者の悩みやストレスをみると、家族の病気や介護に関するものが突出して高い。

❷ 労働者を取り巻くストレスの現状

① 労働者の感じるストレスの内容

　厚生労働省「労働安全衛生調査（実態調査）」によると、仕事や職業生活に関することで強い不安、悩み、ストレスを感じている労働者の割合は、2022（令和4）年は82.2％であった。

　ストレスの内容を年代別にみると、20歳未満から40歳代までは、「仕事の失敗、責任の発生等」が最も高く、次いで「仕事の量」となっている。一方、50歳代は「仕事の量」が最も高く、次いで「仕事の失敗、責任の発生等」が高くなっている。なお、60歳以上はストレスと感じる事柄を1つも選択しなかった人が最も多かったが、ストレスがある人のストレスの内容では、「仕事の質」が最も高く、次いで「対人関係（セクハラ・パワハラを含む。）」となっている。

　また、就業形態別にみると、正社員は「仕事の量」、「仕事の失敗、責任の発生等」の順に高くなっているが、契約社員や派遣労働者では「雇用の安定性」の割合が高い傾向があり、特に派遣労働者では突出して最も高い。

　このように、ストレスを感じている労働者は非常に多いが、その要因や背景は、年代や就業形態などにより多様であることが分かる。

（令和6年版「厚生労働白書」P21）

Check Point！

□ ストレスを感じている労働者の割合は、2022（令和4）年は82.2％であった。

第2章　令和6年版厚生労働白書

② 週60時間以上働く雇用者数

　仕事の量は労働者の主要なストレスのひとつといえるが、仕事量の多さは労働時間の長さとして現れる場合も少なくない。総務省「労働力調査」の月末1週間の就業時間別の雇用者割合の推移をみると、1週間の就業時間が60時間以上である雇用者の割合は、2003（平成15）年をピークとして、働き方改革の進展等により、緩やかな減少傾向を示しているが、2022（令和4）年は5.1％と前年より0.1％ポイント増加した。

　また、月末1週間の就業時間が60時間以上である雇用者数は298万人と前年より約8万人増加した。 　　　　　　　　　　（令和6年版「厚生労働白書」P23、24）

▌Check Point!

□　週60時間以上働く雇用者数は、長期的には緩やかな減少傾向を示している。

③ 労働時間とこころの不調との関係

　1週間当たりの実労働時間別のうつ傾向・不安についてみると、労働時間が長くなるにつれて、うつ病・不安障害（重度のものを含む）の疑いがある人の割合が増加する傾向がみられる。

　また、労働時間が長くなるにつれて、翌朝に前日の疲労を持ち越す頻度が増加する傾向がみられ、その頻度が増加すると、うつ病・不安障害（重度のものを含む）の疑いがある人の割合が増加する傾向もみられる。

　こうしたことから、労働時間がこころの不調につながる背景には、長時間労働による疲労の蓄積があるとみられる。 　　　　（令和6年版「厚生労働白書」P24）

▌Check Point!

□　労働時間が長くなると、うつ病などの疑いがある人の割合が増加する傾向がみられる。

こころの健康を取り巻く環境とその現状

4 睡眠時間とこころの状態の関係

　1日の時間は有限であることから、労働者にとって、労働時間の長さは睡眠時間の確保に影響を与える。経済協力開発機構（OECD）の調査によると、我が国の男女の睡眠時間は、国際的にみると短くなっていることが分かる。

　また、睡眠時間とこころの状態の関係についてみると、2022（令和4）年「国民生活基礎調査」によると、うつ傾向・不安（K6）の点数が「0～4点」である人の割合は、睡眠時間が「7時間以上8時間未満」の場合に最も高く、睡眠時間が「5時間未満」の場合に最も低い。このことから、睡眠時間の長さは、こころの健康を確保する上で重要な要素のひとつであるといえる。

　他方で、約7割の労働者は、理想の睡眠時間を取れていないとされている。厚生労働省が行った調査によると、労働者の理想の睡眠時間は、「7～8時間未満」が45.4％で最も多く、次いで「6～7時間未満」の28.9％であった。その一方で、実際の睡眠時間は「5～6時間未満」が35.5％で最も多く、次いで「6～7時間未満」の35.2％であった。

　また、理想の睡眠時間と実際の睡眠時間の乖離時間は、「理想の睡眠時間より1時間不足」が39.6％で最も多い。理想の睡眠時間と実際の睡眠時間の乖離時間別のうつ傾向・不安（K6）をみると、乖離が大きくなるにつれて、「うつ傾向・不安なし」の人の割合が減少する傾向がみられる。

(令和6年版「厚生労働白書」P25、26、27)

参考（「K6」について）
うつ病・不安障害（重度のものを含む）の疑いのある人の判別に当たっては、K6という尺度を用いている。K6は、米国のKesslerらによって、うつ病・不安障害などの精神疾患をスクリーニングすることを目的として開発され、一般住民を対象とした調査で心理的ストレスを含む何らかの精神的な問題の程度を表す指標として広く利用されている。6つの質問について5段階（「まったくない」（0点）、「少しだけ」（1点）、「ときどき」（2点）、「たいてい」（3点）、「いつも」（4点））で点数化し、合計点数が高いほど、精神的な問題がより重い可能性があるとされている。

5 職場におけるハラスメント（相談件数）

　職場環境においてこころの健康に大きな影響を与えるリスクとして、ハラスメントの問題がある。2022（令和4）年度に都道府県労働局雇用環境・

第2章　令和6年版厚生労働白書

均等部（室）に寄せられたパワーハラスメントの相談件数は、50,840件であった。

　一方、2022（令和4）年度のセクシュアルハラスメントの相談件数は、6,849件、妊娠・出産等に関するハラスメントの相談件数は1,926件となっており、いずれも2021（令和3）年度より減少傾向にある。

(令和6年版「厚生労働白書」P28)

▌Check Point!

☐ 2022（令和4）年度のパワーハラスメントの相談件数は、50,840件であった。

6 職場におけるハラスメント（種類別発生状況）

　企業に対して行ったハラスメントの発生状況等に関する調査によると、過去3年間に各ハラスメントの相談があったもののうち、企業が「実際にハラスメントに該当する」と判断したものの割合は、「顧客等からの著しい迷惑行為」（86.8%）が最も高く、「セクハラ」（80.9%）、「パワハラ」（73.0%）が次いで高くなっている。このうち「顧客等からの著しい迷惑行為」は、過去3年間で該当件数が増加していると答えた企業の割合も最も高かった。

　労働者の主要なストレス要因のひとつであるハラスメントは、職場内での対人関係にとどまらず、仕事を通じた幅広い対人関係のなかで生じており、近年は顧客等からのハラスメント事案が増加傾向にあることが分かる。

(令和6年版「厚生労働白書」P30)

▌Check Point!

☐ 企業が取り扱った相談のうち「実際にハラスメントに該当する」と判断したものの割合は、顧客等からの著しい迷惑行為が最も多い。

7 フリーランスに対するハラスメントの現状

　内閣官房が2020（令和2）年度に行った「フリーランス実態調査」によると、我が国でフリーランスとして働いている人は、本業と副業を含め、

こころの健康を取り巻く環境とその現状

462万人と試算されている。同調査によると、今後もフリーランスとして働きたいと回答した人は8割近くに達している。フリーランスという働き方を選択した理由については「自分の仕事のスタイルで働きたいため」と回答した人が6割近くと最も多く、自分自身で仕事の進め方などを自由に決めることができる点がフリーランスという働き方の大きな魅力になっていることがうかがえる。

　そうしたなか、フリーランスとして働く人に対する仕事の依頼者等からのハラスメントについても報告されている。内閣官房ほかが2022（令和4）年度に行った「フリーランス実態調査」によると、仕事の依頼者等からハラスメントを受けたことがあると回答した人は10.1％となっており、パワハラ（身体的な攻撃、精神的な攻撃、業務の過大・過小な要求、人間関係からの切り離し、個の侵害）が最も多く、セクハラがこれに次いで多くなっている。

　ハラスメントの行為者について尋ねた結果では、いずれのハラスメントについても「発注者」が最も多く、ハラスメント行為に対して「やめるように申し入れた」と答えた人よりも「特に何もせず、そのまま取引を継続した」と答えた人が多く、なかには「心身に不調や病気を発症した」と答えた人もみられた。

　受発注の契約関係における立場の優劣を背景として、フリーランスとして働く人が発注者等からのハラスメント行為に対して毅然と対応することが難しい実情がうかがえる。

（令和6年版「厚生労働白書」P33、34）

▌Check Point！

☐ 仕事の依頼者等からハラスメントを受けたことがあるフリーランスとして働く人は約1割となっている。

❸ 健康が損なわれることの影響

1 若年無業者

　総務省「労働力調査」によると、15〜34歳の若年無業者の数は、2022（令和4）年平均で57万人であり、15〜34歳人口に占める割合は2.3％であ

29

第2章　令和6年版厚生労働白書

った。

　また、総務省「就業構造基本調査」によると、就業希望の若年無業者が求職活動をしていない理由として、「その他」を除くと、ほぼすべての年齢層で、「**病気・けがのため**」が最も多い。具体的な疾病名等は明らかではないものの、このなかには、こころの不調と関連のあるものが含まれている可能性も推察されよう。

（令和6年版「厚生労働白書」P68）

② 精神障害の労災認定

　職場において労働者の安全や健康が損なわれると、仕事を原因とする負傷や病気といった労働災害につながる場合がある。仕事が原因で精神障害を患ったとして労災保険の請求が行われた件数は、2012（平成24）年度から2022（令和4）年度の過去10年間で2倍以上の大きな伸びをみせている。また、精神障害の原因が仕事であると認定し労災保険給付を行った件数（支給決定（認定）件数）でみても、2022（令和4）年度は710件であり、過去最多となっている。

　2022（令和4）年度の労災認定件数を、認定の原因となった出来事（要因）別にみると、「**上司等から、身体的攻撃、精神的攻撃等のパワーハラスメントを受けた**」が147件と最も多く、次いで「悲惨な事故や災害の体験、目撃をした」が89件、「仕事内容・仕事量の（大きな）変化を生じさせる出来事があった」が78件となっている。

（令和6年版「厚生労働白書」P71、72）

▌Check Point!

- ☐ 2022（令和4）年度の精神障害による労災請求件数と認定件数は過去最多となった。
- ☐ 認定の原因となった要因別にみると、パワーハラスメントが最も多い。

③ メンタルヘルス不調による休職労働者の状況

　厚生労働省が行った2022（令和4）年「労働安全衛生調査（実態調査）の概況」により、過去1年間にメンタルヘルス不調により連続1ヶ月以上休職した労働者の状況をみると、連続1ヶ月以上休職した労働者は常用労働者

こころの健康を取り巻く環境とその現状

全体の0.6%、連続1ヶ月以上休職した労働者がいた事業所の割合は事業所全体の10.6%であった。これらの割合は、いずれも2021（令和3）年と比較して増加している。

(令和6年版「厚生労働白書」P74)

▌Check Point! ▶

☐ メンタルヘルス不調による休職者の割合や休職者がいた事業所の割合は増加している。

4 精神及び行動の障害による傷病手当金の受給状況

　主に中小企業で働く従業員やその家族約4,000万人が加入している日本最大の医療保険者である全国健康保険協会（協会けんぽ）が、2022（令和4）年度に取りまとめた「健康保険現金給付受給者状況調査報告」により、2022（令和4）年10月時点の傷病手当金受給者を対象として、受給の原因となった傷病別に件数の構成割合をみると、精神及び行動の障害は18.11%であり、新型コロナを含む特殊目的用コードを除くと、受給原因となる傷病として最も多かった。

　件数の構成割合の経年推移をみると、精神及び行動の障害が占める割合は増加傾向にあり、近年は受給件数全体の3分の1程度を占めている。

　また、協会けんぽにおける精神及び行動の障害の1件当たりの受給日数は35.06日であり、新生物（36.59日）、先天奇形・変形及び染色体異常（36.41日）、循環器（36.26日）に次いでいる。精神及び行動の障害は、傷病や疾患のなかでも、働く人に比較的長期間の休業を余儀なくさせる原因となっているといえる。

(令和6年版「厚生労働白書」P74、75、76)

▌Check Point! ▶

☐ 精神及び行動の障害による傷病手当金の受給者は増加傾向にある。

こころの健康に関する取組みの現状

❶ 職場での取組み

1 第14次労働災害防止計画

厚生労働省「令和４年労働安全衛生調査（実態調査）」によると、メンタルヘルス対策に取り組んでいる割合については、使用する労働者数50人以上の事業場では91.1％と高い一方で、使用する労働者数50人未満の小規模事業場では、30〜49人で73.1％、10〜29人で55.7％となっており、メンタルヘルス対策への取組みが低調であることが示唆されている。

こうしたなかで、2023（令和５）年３月、第14次労働災害防止計画（以下「14次防」という。）が策定され、2023（令和５）年度から2027（令和９）年度までの５年間に、労働災害を減少させるために重点的に取り組む事項が取りまとめられた。14次防では、重点的に取り組む事項のひとつとして、働く人のこころの健康を守る取組みを含む「労働者の健康確保対策の推進」が掲げられ、2027（令和９）年までに、メンタルヘルス対策に取り組む事業場の割合を**80％以上**とする等を目標として取り組むこととされている。

さらに14次防では、「労働者の健康確保対策」として、**メンタルヘルス対策**、**過重労働対策**、**産業保健活動**の３つの柱を、事業者に求める具体的な取組みに位置づけている。

(令和６年版「厚生労働白書」P106)

2 ストレスチェック制度

事業場におけるメンタルヘルス対策の取組みは、その実施目的から、一次予防、二次予防、三次予防の３つに分類される。ストレスチェック制度は、労働者のストレスの程度を把握し、労働者自身のストレスへの気づきを促すとともに、高ストレス者に対する医師の面接指導を実施することや、ストレスチェック結果を集団的に分析し、職場環境改善につなげ、働きやすい職場

こころの健康に関する取組みの現状

づくりを進めることによって、労働者がメンタルヘルス不調となることを未然に防止する一次予防を主な目的として、2015（平成27）年12月に施行された制度である。

ストレスチェック制度は、労働者数50人以上の事業場に実施義務がある（この場合の「労働者」には、パートタイム労働者や派遣労働者も含まれる。）。また、労働者数50人未満の事業場については、当分の間、努力義務とされているが、労働者のメンタルヘルス不調の未然防止のため、できるだけ実施されることが望ましいことから、厚生労働省では、ポータルサイト「こころの耳」を通じたストレスチェック導入の支援や「ストレスチェック制度サポートダイヤル」による相談支援などを行っている。

（令和6年版「厚生労働白書」P107）

③ 職場におけるハラスメント対策

職場におけるハラスメント防止対策の更なる強化を図るため、パワーハラスメント防止のための事業主の雇用管理上の措置義務の新設や、セクシュアルハラスメント等の防止対策の強化等を内容とする「女性の職業生活における活躍の推進に関する法律等の一部を改正する法律」（令和元年法律第24号）が、2019（令和元）年5月29日に成立し、同年6月5日に公布された（労働施策総合推進法、男女雇用機会均等法等を改正）。

また、改正後の労働施策総合推進法（以下「改正法」という。）等に基づき、2020（令和2）年1月15日に「事業主が職場における優越的な関係を背景とした言動に起因する問題に関して雇用管理上講ずべき措置等についての指針」（以下「パワーハラスメントの防止のための指針」という。）等が公布された。

パワーハラスメントの防止のための指針には、事業主が講ずべき具体的な措置の内容等を定めたほか、自社で雇用する労働者以外に対する言動に関し行うことが望ましい取組みや、顧客等からの著しい迷惑行為に関し行うことが望ましい取組みが盛り込まれている。

改正法とパワーハラスメントの防止のための指針等は、2020（令和2）年6月1日から施行された（パワーハラスメントを防止するための雇用管理上の措置義務については、中小事業主については2022（令和4）年4月1日から施行）。

第2章　令和6年版厚生労働白書

　なお、パワーハラスメント防止対策の法制化に伴い、2020（令和2）年度に精神障害の労災認定の基準を改正し、「パワーハラスメント」について認定基準に明記した。さらに、2023（令和5）年度の精神障害の労災認定基準の改正においては、心理的負荷の強度が「強」、「中」、「弱」となる具体例としてパワーハラスメントの6類型（「精神的な攻撃」、「身体的な攻撃」、「過大な要求」、「過小な要求」、「人間関係からの切り離し」、「個の侵害」）すべての具体例等を明記した。　　　　（令和6年版「厚生労働白書」P111、112、114、115）

4 勤務間インターバル制度

　理想の睡眠時間と実際の睡眠時間の乖離が大きくなるにつれて、うつ病や不安障害などのこころの不調が疑われる人の割合が増加する傾向がみられる。

　我が国では、「働き方改革を推進するための関係法律の整備に関する法律」（平成30年法律第71号）において、「労働時間等の設定の改善に関する特別措置法」（平成4年法律第90号）が改正され、終業時刻から次の始業時刻の間に一定時間以上の休息時間（インターバル時間）を確保する仕組みである勤務間インターバル制度を導入することが事業主の努力義務とされている。労働者の十分な生活時間や睡眠時間を確保するための方策のひとつとして、この仕組の導入を促している。　　　　（令和6年版「厚生労働白書」P115、116）

5 治療と仕事の両立

　精神及び行動の障害は、様々な傷病や疾患のなかでも、働く人に比較的長期間の休業を余儀なくさせる原因となっている。独立行政法人労働政策研究・研修機構が2013（平成25）年に行った調査では、過去3年間における病気休職制度の新規利用労働者数に占める退職者数の割合をみると、平均値は37.8％であったのに対し、メンタルヘルスの不調の場合は42.3％であった。こころの不調を抱えた場合、比較的長期間の休業を余儀なくされるだけでなく、休業・休職の結果、他の疾病よりも比較的高い割合で復職を断念しているという厳しい現実がうかがえる。

　こうしたことから、治療を受けながら仕事を継続できる環境は、こころの

34

こころの健康に関する取組みの現状

不調を抱える人にとってとりわけ重要なものであるといえるが、厚生労働省「令和4年労働安全衛生調査（実態調査）」によると、傷病（がん、糖尿病等の私傷病）を抱えた労働者が治療と仕事を両立できる取組みを行っている事業所の割合は58.8％にとどまっており、事業所規模が小さいほど、その割合も小さい。

（令和6年版「厚生労働白書」P117）

参考（治療と仕事の両立支援の推進）

何らかの病気で通院している労働者は、**約3人に1人**を占める。また、高齢化が進む中で、労働安全衛生法（昭和47年法律第57号）に基づく一般健康診断の有所見率は増加傾向となっていることから、事業場において病気を抱えた労働者の治療と仕事の両立への支援が必要となる場面は更に増えることが予想される。

このため、がん、脳卒中などの反復・継続して治療が必要となる疾病を抱える労働者が治療と仕事を両立することができるよう、事業者による適切な就業上の措置や治療に対する配慮などの具体的な取組みをまとめた「事業場における治療と仕事の両立支援のためのガイドライン」を2016（平成28）年2月に策定し、ガイドラインの普及や企業に対する相談支援等を行っている。また、「働き方改革実行計画」に基づき、主治医、会社・産業医と、患者に寄り添う両立支援コーディネーターによるトライアングル型のサポート体制の構築を推進しており、両立支援コーディネーターの育成や、企業と医療機関が効果的に連携するためのマニュアル等の作成・普及に取り組んでいる。さらに、治療しながら働く人を支援する情報ポータルサイト「治療と仕事の両立支援ナビ」の開設や、使用者団体、労働組合、都道府県医師会、都道府県衛生主管部局、地域の中核の医療機関、産業保健総合支援センターなどで構成される「地域両立支援推進チーム」を各都道府県労働局に設置し、地域の実情に応じた両立支援の促進に取り組んでいる。

（令和6年版「厚生労働白書」P118、195、196）

6 フリーランスの就業環境の整備

フリーランスが受託した業務に安定的に従事することができる環境を整備するため、「特定受託事業者に係る取引の適正化等に関する法律（フリーランス・事業者間取引適正化等法）」（令和5年法律第25号）が2023（令和5）年4月に成立した（2024（令和6）年11月1日施行）。

同法により、個人で働くフリーランスに業務委託を行う発注事業者に対し、業務委託をした際の取引条件の明示、給付を受領した日から原則60日以内での報酬支払、ハラスメント対策のための体制整備等が義務づけられることとなる。取引の適正化に関する規定は公正取引委員会と中小企業庁が、ハラスメント対策等の就業環境の整備に関する規定は厚生労働省が、それぞれ執行を担う。

フリーランスに業務委託を行う発注事業者は、ハラスメント行為によりフリーランスの就業環境を害することのないように、相談対応のための体制整

備などを講じなければならないこととされた。また、受託者であるフリーランスがハラスメントに関する相談を行ったこと等を理由として不利益な取扱いをしてはならないことも明記された。

発注事業者が講ずるべきハラスメント対策のための措置の具体的な内容は、①ハラスメントを行ってはならない旨の方針等の明確化とその周知・啓発、②フリーランスからの相談に応じ、適切に対応するために必要な体制の整備、③ハラスメントに係る事後の迅速かつ適切な対応等である。

（令和6年版「厚生労働白書」P121、122）

3 国民が安心できる持続可能な医療・介護の実現

❶ 地域における医療・介護の総合的な確保の推進

1 医療及び介護の総合的な確保の意義

　我が国の医療・介護の提供体制は、世界に冠たる国民皆保険を実現した医療保険制度及び**2000（平成12）年**に創設され社会に定着した介護保険制度の下で、着実に整備されてきた。一方、高齢化の進展に伴い疾病構造が変化し、これに併せて必要な医療・介護ニーズが変化するなど、医療・介護の提供体制を取り巻く環境は大きく変化している。

　いわゆる団塊の世代が全て**75歳以上**となる**2025（令和7）年**にかけて、65歳以上人口、とりわけ**75歳以上人口**が急速に増加した後、**2040（令和22）年**に向けてその増加は緩やかになる一方で、既に減少に転じている**生産年齢人口**は、**2025年以降**さらに減少が加速する。

　いわゆる団塊の世代が全て75歳以上となる2025年、その後の生産年齢人口の減少の加速等を見据え、患者・利用者など国民の視点に立った医療・介護の提供体制を構築し、国民一人一人の自立と尊厳を支えるケアを将来にわたって持続的に実現していくことが、医療及び介護の総合的な確保の意義である。

(令和6年版「厚生労働白書」P316)

2 地域医療介護総合確保基金

　「地域における医療及び介護の総合的な確保の促進に関する法律」（平成元年法律第64号）に基づき、消費税増収分等を活用した財政支援制度（**地域医療介護総合確保基金**）を創設し、各都道府県に設置している。都道府県は、「地域における医療及び介護を総合的に確保するための基本的な方針」（総合確保方針）に即して、かつ、地域の実情に応じて、地域における医療及び介護の総合的な確保のための事業の実施に関する計画（都道府県計画）

第2章　令和6年版厚生労働白書

を作成し、**地域医療介護総合確保基金**を活用しながら、当該計画に基づく事業を実施することとしている。**地域医療介護総合確保基金**については、都道府県において毎年度事業の評価を行うとともに、医療介護総合確保促進会議においても議論されることとなっており、基金が有効に活用されるように取り組んでいくこととしている。

（令和6年版「厚生労働白書」P316）

❷ 医療保険制度改革の推進

　我が国は、国民皆保険制度の下で世界最高レベルの平均寿命と保健医療水準を実現してきた。一方で、今後を展望すると、いわゆる**団塊の世代**が**2025（令和7）年**までに全て**75歳以上**となり、また、**生産年齢人口の減少が加速**するなど、本格的な「**少子高齢化・人口減少時代**」を迎える中で、人口動態の変化や経済社会の変容を見据えつつ、全ての世代が公平に支え合い、持続可能な社会保障制度を構築することが重要である。

　こうした状況を踏まえ、給付と負担のバランスを確保しつつ、現役世代の負担上昇の抑制を図り、増加する医療費を全ての世代が能力に応じて公平に支え合う観点から、「全世代対応型の持続可能な社会保障制度を構築するための健康保険法等の一部を改正する法律」が2023（令和5）年5月に成立した。

（令和6年版「厚生労働白書」P337）

・**医療保険制度改革の主な内容**

1．**こども・子育て支援の拡充**

⑴　**出産育児一時金に係る後期高齢者医療制度からの支援金の導入**

　　出産に要する経済的負担の軽減を目的とする出産育児一時金については、出産費用が年々上昇する中で、平均的な標準費用が全て賄えるよう、2023（令和5）年4月より、42万円から50万円に大幅に増額した。この出産育児一時金に要する費用は、原則として現役世代の被保険者が自ら支払う保険料で負担することとされているが、後期高齢者医療制度の創設前は、高齢者世代も、出産育児一時金を含め、こどもの医療費について負担していた。また、生産年齢人口が急激に減少していく中で、少子化をめぐって、これまで様々な対策を講じてきたが、未だに少子化の流れを変えるには至っていない状況にある。

このため、今般、子育てを社会全体で支援する観点から、**後期高齢者医療制度が出産育児一時金に要する費用の一部を支援する仕組みを2024（令和6）年度から導入**することとした。併せて、妊婦の方々が、あらかじめ費用やサービスを踏まえて適切に医療機関等を選択できる環境の整備が重要であることから、2024年春から、出産費用の「見える化」を本格実施している。

また、こうした出産費用の「見える化」の効果等の検証を行った上で、次の段階として、2026（令和8）年度を目途に、出産費用（正常分娩）の保険適用の導入を含め、出産に関する支援等の更なる強化について検討を行っていく。

⑵　国民健康保険における産前産後期間の保険料免除

子育て世帯の負担軽減、次世代育成支援等の観点から、**2024年1月から、出産する被保険者に係る産前産後期間相当分（4か月間）の均等割保険料及び所得割保険料を公費により免除**する措置を新たに講じている。

2．高齢者医療を全世代で公平に支え合うための高齢者医療制度の見直し

⑴　後期高齢者医療制度における後期高齢者負担率の見直し

高齢者人口は**2040（令和22）年**をピークに増え続け、特に、**2025（令和7）年**までに団塊の世代が全て後期高齢者となる。**後期高齢者の保険料**が、後期高齢者医療制度の創設以来**1.2倍の伸びに止まっている**のに対し、**現役世代の負担する支援金が1.7倍**になっている状況を踏まえ、現役世代の負担上昇の抑制を図りつつ、負担能力に応じて、全ての世代で、増加する医療費を公平に支え合う仕組みが必要である。

このため、後期高齢者1人当たり保険料と現役世代1人当たり後期高齢者支援金の伸び率が同じになるよう後期高齢者医療における高齢者の保険料負担割合を2024（令和6）年度から見直すこととした。

後期高齢者の保険料は、所得にかかわらず低所得の方も負担する定額部分（均等割）と所得に応じて負担する定率部分（所得割）により賦課する仕組みであり、制度改正による、2024年度からの新たな負担に関しては、

・均等割と所得割の比率を見直すことで、約6割の方（年金収入153万円相当以下の方）については、制度改正に伴う負担の増加が生じないようにするとともに、

・さらに約12％の方（年金収入211万円相当以下の方）についても、2024年度は制度改正に伴う負担の増加が生じないようにすること等の配慮を行っ

第2章 令和6年版厚生労働白書

ている。

(2) **被用者保険における負担能力に応じた格差是正の強化**

前期高齢者の医療給付費負担については、前期高齢者の偏在による負担の不均衡を是正するため、前期高齢者の加入者数に応じて、保険者間で費用負担の調整（前期財政調整）を行っている。今般、世代間のみならず世代内でも負担能力に応じた仕組みを強化する観点から、被用者保険者間では、現行の「加入者数に応じた調整」に加え、部分的（範囲は1/3）に「報酬水準に応じた調整」を2024年度から導入することとした。

こうした見直しや、高齢者負担率の見直しとあわせて、現役世代の負担をできる限り抑制し、企業の賃上げ努力を促進する形で、健保組合等を対象として実施されている既存の支援を見直すとともに、更なる支援を行うこととした。

具体的には、

・高齢者医療運営円滑化等補助金について、賃上げ等により一定以上報酬水準が引き上がった**健康保険組合に対する補助を創設**するなど、拠出金負担の更なる軽減

・**健康保険組合連合会**が実施する健保組合に対する高額医療交付金事業について、**財政的支援**の制度化を行うことによる事業規模の拡充

・特別負担調整への国費充当の拡大による、負担軽減対象となる保険者の範囲の拡大

を行うこととした。

3. 医療保険制度の基盤強化等

(1) 都道府県医療費適正化計画の実効性確保のための見直し

今後も医療費の増加が見込まれる中で、持続可能な医療保険制度を構築するためには、医療費の適正化を更に効果的に進めていくことが重要である。

こうした中で、都道府県医療費適正化計画の実効性の確保に向けて、都道府県ごとに保険者協議会を必置として計画の策定・評価に関与する仕組みを導入するとともに、医療費適正化における都道府県の役割・責務を明確化し、計画に記載すべき事項を充実させた。

(2) 国保運営方針の運営期間の法定化及び必須記載事項の見直し

財政運営の安定化や、2018（平成30）年度国保改革による「財政運営の都道府県単位化」の趣旨の更なる深化を図る観点から、保険料水準の統一に向けた取組みや医療費適正化の推進に資する取組みを進めることが重要であ

る。こうしたことを踏まえ、2024（令和6）年度から、都道府県内の国保運営の統一的な方針である国保運営方針について、その対象期間を、医療費適正化計画や医療計画等との整合性を図る観点から、「おおむね6年」とし、「医療費の適正化の取組に関する事項」と「市町村が担う事務の広域的及び効率的な運営の推進に関する事項」を必須記載事項とすることとしている。

(3) 第三者行為求償の取組み強化

国保財政を支出面から適正に管理するため、2025（令和7）年度から、国保の財政運営の責任主体である都道府県が、保険給付の適正な実施を確保するため、広域的又は専門的な見地から必要があると認められる場合に、市町村の委託を受けて、第三者行為求償事務を行うことを可能とすることとしている。また、市町村が、第三者行為求償事務を円滑に実施できるよう、官公署、金融機関などの関係機関に対し、保険給付が第三者の行為によって生じた事実に係る資料の提供等を求めることを可能とすることとしている。

4．退職者医療制度の廃止

保険者間の財政調整の仕組みである退職者医療制度については、2008（平成20）年度に廃止されたが、2014（平成26）年度までに新たに適用された者が65歳に達するまでの間、経過措置が設けられた。制度の対象者が激減し財政調整効果が実質喪失していることを踏まえ、事務コスト削減を図る観点から、2024（令和6）年4月に前倒しして廃止することとしている。

（令和6年版「厚生労働白書」337〜339）

❸ 介護保険制度の現状と目指す姿

2000（平成12）年4月に社会全体で高齢者介護を支える仕組みとして創設された介護保険制度は2024（令和6）年で**25年目**を迎えた。

介護保険制度は着実に社会に定着してきており、介護サービスの利用者は2000年4月の149万人から2023（令和5）年4月には524万人と**約3.5倍**になっている。あわせて介護費用も増大しており、2000年度の約3.6兆円から、2022（令和4）年度には**約11.4兆円**となり、高齢化が更に進行する**2040（令和22）年には約25.8兆円**になると推計されている。また介護費用の増大に伴い、制度創設時に全国平均3,000円程度であった介護保険料は、第8期介護保険事業計画期間（2021（令和3）年度から2023年度）に

おいては、全国平均6,014円になっており、2040年には約9,200円になると見込まれている。

　また、いわゆる団塊ジュニア世代の全員が65歳以上となる**2040年頃**を見通すと、85歳以上人口が急増し、認知機能が低下した高齢者や要介護高齢者が更に増加する一方、生産年齢人口が急減することが見込まれている。さらに、都市部と地方では高齢化の進み方が大きく異なるなど、これまで以上にそれぞれの地域の特性や実情に応じた対応が必要となる中で、このような社会構造の変化や高齢者のニーズに応えるために、「地域包括ケアシステム」の深化・推進を目指している。

　こうした中で、「介護保険制度の見直しに関する意見」（2022年12月社会保障審議会介護保険部会）等を踏まえ、第211回通常国会において「全世代対応型の持続可能な社会保障制度を構築するための健康保険法等の一部を改正する法律」が成立し、地域包括支援センターの体制整備、介護サービス事業所等の生産性向上に向けた取組みの強化等について2024年度から順次施行している。

　これらを踏まえ、2024年度からの第9期介護保険事業（支援）計画の基本指針においては、以下のような事項を盛り込んでいる。

① 　各地域の中長期的な介護ニーズ等を踏まえた介護サービス基盤の計画的な整備

② 　地域包括ケアシステムの深化・推進に向けた取組（多様な主体による介護予防・日常生活支援総合事業の充実の推進、ヤングケアラーを含めた家族介護者の支援、高齢者虐待防止対策の推進、住まいと生活の一体的支援、医療・介護の情報基盤の一体的な整備、保険者機能の一層の強化等）

③ 　地域包括ケアシステムを支える介護人材確保及び介護現場の生産性向上の推進

(令和6年版「厚生労働白書」P343)

仕事と育児・介護の両立支援策の推進

4 仕事と育児・介護の両立支援策の推進 重要度B

❶ 現状

　育児・介護期は特に仕事と家庭の両立が困難であることから、労働者の継続就業を図るため、仕事と家庭の両立支援策を重点的に推進する必要がある。

　直近の調査では、女性の育児休業取得率は80.2%（2022（令和4）年度）と、育児休業制度の着実な定着が図られている。また、2015〜19年に第1子を出産した女性の出産後の継続就業割合は、69.5%（2021（令和3）年）となっており、約7割の女性が出産後も継続就業している。

　一方で、男性労働者のうち、末子の出生の際に育児休業制度の利用を希望していたができなかった者の割合は約3割である中、実際の取得率は17.13%（2022年度）にとどまっている。

　こうした状況を踏まえ、男女ともに仕事と育児・介護を両立したいという希望がかない、安心して働き続けることができる環境を引き続き整備していく必要がある。

(令和6年版「厚生労働白書」P198)

参考（我が国の人口動態）
我が国の合計特殊出生率は、2005（平成17）年に1.26となり、その後、緩やかな上昇傾向にあったが、ここ数年低下傾向となっている。2023（令和5）年は **1.20**（概数）と過去最低となり、長期的な少子化の傾向が継続している。
また、2023（令和5）年に発表された国立社会保障・人口問題研究所「日本の将来推計人口（令和5年推計）」によると、現在の傾向が続けば、2070年には、我が国の人口は8,700万人となり、1年間に生まれるこどもの数は約50万人となり、高齢化率は約39%に達するという厳しい見通しが示されている。
2022年12月に、全世代型社会保障構築会議で取りまとめられた報告書では、本格的な「少子高齢化・人口減少時代」を迎える歴史的転換期のなかで、社会保障政策が取り組むべき課題と取組みの方向性が示された。この中では、「少子化は、まさに、国の存続そのものに関わる問題であると言っても過言ではない」といった厳しい認識も示されている。私たちは、社会保障を含む経済社会の「支え手」の深刻な不足だけでなく、同時に進行する更なる高齢化による労働力の減少と人材不足の恒常化といった深刻な課題への対応も急がなくてはならない。

(令和6年版「厚生労働白書」P176)

❷ 育児・介護休業法等

　男女ともに子育て等をしながら働き続けることができる環境を整備するため、「育児休業、介護休業等育児又は家族介護を行う労働者の福祉に関する法律」（以下「育児・介護休業法」という。）において、育児休業、短時間勤務制度や所定外労働の制限のほか、父母がともに育児休業を取得する場合の育児休業取得可能期間の延長（パパ・ママ育休プラス）、子の出生後8週間以内に4週間まで取得することができる柔軟な育児休業の枠組み（産後パパ育休）、育児休業を取得しやすい雇用環境整備及び妊娠・出産等の申出をした労働者に対する個別の周知・意向確認の措置の義務付け等、父親の育児休業取得等を促進するための制度が規定されている。

　また、2023（令和5）年9月より、労働政策審議会において、雇用保険制度の見直しについて議論を行い、2024（令和6）年1月に報告書が取りまとめられた。これを踏まえ、雇用保険法において子の出生後一定期間内に両親がともに育児休業を取得した場合に、既存の育児休業給付と合わせて休業開始前の手取りの10割相当を支給する給付（出生後休業支援給付）や、2歳未満の子を養育するために時短勤務をしている場合に、時短勤務中に支払われた賃金の1割を支給する給付（育児時短就業給付）を創設することとし、これらの改正内容を含む「子ども・子育て支援法等の一部を改正する法律」が2024（令和6）年6月5日の参議院本会議で可決・成立した。

　また、「仕事と育児・介護の両立支援対策の充実について」（令和5年12月26日労働政策審議会建議）を踏まえ、子の年齢に応じた柔軟な働き方を実現するための措置や子の看護休暇制度の見直しに加え、介護離職防止のための仕事と介護の両立支援制度等に関する個別周知・意向確認等を内容とする「育児休業、介護休業等育児又は家族介護を行う労働者の福祉に関する法律及び次世代育成支援対策推進法の一部を改正する法律」が2024（令和6）年5月24日の参議院本会議において可決・成立した。

(令和6年版「厚生労働白書」P200)

❸ 企業における次世代育成支援の取組み

　次代の社会を担う子どもが健やかに生まれ育つ環境をつくるために、「**次世代育成支援対策推進法**」（以下「**次世代法**」という。）に基づき、国、地方公共団体、事業主、国民がそれぞれの立場で次世代育成支援を進めている。

　地域や企業の子育て支援に関する取組みを促進するため、**常時雇用する労働者数が101人以上の企業**に対し、**一般事業主行動計画**（以下「**行動計画**」という。）の策定・届出等を義務づけ、次世代育成支援対策推進センター（行動計画の策定・実施を支援するため指定された事業主団体等）、労使団体及び地方公共団体等と連携し、行動計画の策定・届出等の促進を図っている。

　また、適切な行動計画を策定・実施し、その目標を達成するなど一定の要件を満たした企業は「子育てサポート企業」として**厚生労働大臣の認定（くるみん認定）**を受け、認定マーク（愛称：くるみん）を使用することができる。

　2015（平成27）年4月1日からはくるみん認定を受けた企業のうち、より高い水準の両立支援の取組みを行い、一定の要件を満たした場合に認定を受けられる**特例認定（プラチナくるみん認定）**制度が施行されており、特例認定を受けた企業は認定マーク（愛称：プラチナくるみん）を使用することができる。

　なお、くるみん認定制度については、**男性の育児休業取得率**に関する政府目標や実際の取得率の上昇を踏まえ、「くるみん認定」、「プラチナくるみん認定」の認定基準の改正とそれに伴い新たに「**トライくるみん認定**」の創設が行われ、**2022（令和4）年4月**から施行されている。あわせて、「くるみん認定」等において、**不妊治療と仕事との両立**に取り組む優良な企業を認定する制度（「**プラス認定**」）を実施している。これらの認定制度及び認定マークの認知度を高めるため、認定企業の取組み事例や認定を受けるメリット等を積極的に紹介するとともに、認定企業に対する公共調達における加点評価について、幅広く周知し、認定の取得促進を図っていく。

　さらに、「男女とも仕事と子育てを両立できる職場」を目指す観点から、次世代法の期限を10年間延長するほか、行動計画について、育児休業取得状況等の数値目標の設定やPDCAサイクルの確立の義務付け（常時雇用労働者が100人以下の場合は努力義務）を内容とする「育児休業、介護休業等育児又は家族介護を行う労働者の福祉に関する法律及び次世代育成支援対策推進法の一部を改正する法律」が2024（令和6）年5月24日の参議院本会議

第2章　令和6年版厚生労働白書

において可決・成立した。

（令和4年版「厚生労働白書」P183、令和6年版「厚生労働白書」P200〜202）

参考（不妊治療と仕事との両立）
不妊治療と仕事との両立支援に関する認定制度「くるみんプラス」の周知及び認定促進を図っている。なお、認定を希望する事業主に対しては、「両立支援担当者向け研修会」の活用を促している。
また、「不妊治療を受けながら働き続けられる職場づくりのためのマニュアル」や「不妊治療と仕事との両立サポートハンドブック」、不妊治療のために利用できる休暇制度の導入等に関する各種助成金等を活用し、不妊治療と仕事との両立がしやすい職場環境整備の推進のための周知啓発や相談支援を行っている。　　（令和6年版「厚生労働白書」P203）

❹ 仕事と家庭を両立しやすい環境整備の支援

　事業主が労働者の育児休業の取得及び育児休業後の円滑な職場復帰による継続就労を支援するために策定する「育休復帰支援プラン」や介護離職を防止するために策定する「介護支援プラン」の普及や策定支援を行っているほか、育児や介護を行う労働者が働き続けやすい雇用環境の整備を行う事業主を支援するため、**両立支援等助成金**を支給している。

　さらに、人事労務担当者向けセミナーの実施や啓発用動画の作成、企業の事例集等広報資料の作成・配布、公式サイトの運営等により男性が育児をより積極的に楽しみ、かつ、育児休業を取得しやすい社会の実現を目指している。

　また、インターネットで設問に答えると自社の「仕事と家庭の両立のしやすさ」を点検・評価することができる両立指標や、両立支援に積極的に取り組んでいる企業の取組み等を掲載したサイト「両立支援のひろば」による情報提供等により、仕事と家庭の両立に向けた企業の自主的な取組みを促進している。

　加えて、介護離職防止のため、家族を介護する労働者に介護休業制度等が広く周知されるよう積極的な広報に取り組んでいる。

（令和6年版「厚生労働白書」P202〜203）

現下の政策課題への対応 重要度 B

❶ 非正規雇用の現状と対策

1 非正規雇用の現状と課題

　近年、パートタイム労働者、有期雇用労働者、派遣労働者といった非正規雇用労働者は全体として増加傾向にあり、雇用者の約4割を占める状況にある。これは、高齢者が増える中、高齢層での継続雇用により非正規雇用が増加していることや、女性を中心にパートなどで働き始める労働者が増加していることなどの要因が大きい。なお、新型コロナウイルス感染症の感染拡大の影響もあり、2020（令和2）年、2021（令和3）年の非正規雇用労働者は対前年比で減少したが、2022（令和4）年以降は増加し、2023（令和5）年は、2,124万人となっている。

　非正規雇用労働者は、雇用が不安定、賃金が低い、能力開発機会が乏しいなどの課題があり、正規雇用を希望しながらそれがかなわず、非正規雇用で働く者（不本意非正規雇用労働者）が**9.6%**（2023年）存在し、年齢階級別では**25～34歳**の若年層で**13.1%**（2023年）と高くなっている。一方、非正規雇用労働者の中には「自分の都合のよい時間に働きたいから」等の理由により自ら非正規雇用を選ぶ方もおり、多様な働き方が進む中で、どのような雇用形態を選択しても納得が得られる処遇を受けられることが重要である。

（令和6年版「厚生労働白書」P187）

▌Check Point!

☐ 近年、非正規雇用労働者は全体として増加傾向にあり、雇用者の約4割を占める状況にある。

第２章　令和６年版厚生労働白書

2 正社員転換・待遇改善の推進

　正社員を希望する方の正社員転換や非正規雇用を選択する方の待遇改善を推進するため、**キャリアアップ助成金**において、**非正規雇用労働者の正社員転換、処遇改善の取組みを図る事業主に対して助成**を行っている。

　また、どのような働き方を選択しても公正な待遇を受けられるようにし、人々が自分の希望に合わせて多様な働き方を自由に選択できるようにすることが重要である。

　2020（令和２）年４月１日に施行された「短時間労働者及び有期雇用労働者の雇用管理の改善等に関する法律」（平成５年法律第76号。以下「パートタイム・有期雇用労働法」という。同法の中小企業への適用は2021（令和３）年４月１日。）及び「労働者派遣事業の適正な運営の確保及び派遣労働者の保護等に関する法律」（昭和60年法律第88号）の改正では、雇用形態にかかわらない公正な待遇の確保に向け、①不合理な待遇差を解消するための規定の整備、②労働者に対する待遇に関する説明義務の強化、③行政による法の履行確保措置及び裁判外紛争解決手続（行政ADR）が整備された。

　フリーター等の正社員就職支援のため、**「わかものハローワーク」**（2024（令和６）年４月１日現在21か所）等を拠点に、担当者制による個別支援、正社員就職に向けたセミナーやグループワーク等各種支援、就職後の定着支援を実施しており、2023（令和５）年度は約9.8万人が就職した。

　また、職業経験、技能、知識の不足等から安定的な就職が困難な求職者について、正規雇用化等の早期実現を図るため、これらの者をハローワーク等の紹介を通じて**一定期間試行雇用する事業主**に対して助成措置（**トライアル雇用助成金**）を講じている。

(令和６年版「厚生労働白書」P 187〜188)

3 能力開発機会の確保

　ハローワークの求職者のうち、就職のために職業訓練が必要な者に対して無料のハロートレーニング（公的職業訓練）を実施し、安定した就職に向けて職業能力開発の機会を提供している。具体的には、主に雇用保険受給者を対象として、おおむね３か月から２年の公共職業訓練を実施しているほか、**主に雇用保険を受給できない者を対象として２か月から６か月の求職者支援訓練を実施**している。また、非正規雇用労働者等を対象として、国家資格の

48

現下の政策課題への対応

取得等を目指す長期の訓練コースを2017（平成29）年度より拡充し、より高い可能性で正社員就職に導くことができる訓練を推進している。

　在職者など訓練期間や訓練時間に制約のある方も含め、誰もが職業訓練を受講しやすい環境整備を図り、今後のステップアップに結びつけられるようにするため、2024年3月31日までを期限とする、短期間（2週間から1か月程度）や短時間（1日5時間未満）の訓練を設定可能とする特例措置を講じている。

　また、非正規雇用労働者等に対して、**キャリアコンサルティング**や実践的な職業訓練の機会の提供及びその**職務経歴等**や**訓練修了後の能力評価結果**を取りまとめた**ジョブ・カード**の就職活動における活用を通じて、求職者と求人企業との**マッチング**やその実践的な職業能力の習得を促進し、安定的な雇用への移行等を目指すため、**ジョブ・カード制度**の活用促進を図っている。

（令和6年版「厚生労働白書」P188）

参考（技能検定制度の運用）
　「技能検定制度」は、労働者の有する技能の程度を検定し、これを公証する国家検定制度であり、合格した者は、「技能士」と称することができる。職業能力開発促進法に基づき1959（昭和34）年から実施され、ものづくり労働者を始めとする労働者の技能習得意欲を増進させるとともに、労働者の社会的地位の向上に重要な役割を果たしている。

（社内検定認定制度）
　社内検定認定制度は、職業能力の開発及び向上と労働者の経済的社会的地位の向上に資するよう、事業主等が、その事業に関連する職種について雇用する労働者の有する職業能力の程度を評価するために行う検定であって、技能振興上奨励すべき一定の基準を満たすものを厚生労働大臣が認定する制度である。
　2024（令和6）年4月1日現在、46事業主等115職種が認定されており、認定を受けた社内検定については、「厚生労働省認定」と表示することができる。
　また、令和6年3月より、当該事業主等が雇用する労働者以外の者も対象として行う検定であって、労働市場において通用力があり、企業内における処遇改善の目安になるものを厚生労働大臣が認定する団体等検定制度を創設した。

（令和6年版「厚生労働白書」P212、214他）

❷ 労働時間法制の見直し

　2018（平成30）年7月6日に公布された「働き方改革を推進するための関係法律の整備に関する法律」（以下「働き方改革関連法」という。）により労働基準法が改正され、時間外労働の上限規制が罰則付きで法律に規定された。加えて、労働時間の延長及び休日の労働を適正なものとするため、新たに、「労働基準法第36条第1項の協定で定める労働時間の延長及び休日の労

働について留意すべき事項等に関する指針」（平成30年厚生労働省告示第323号）を定めた。

　時間外労働の上限規制については、工作物の建設の事業、自動車の運転の業務、医業に従事する医師及び鹿児島県及び沖縄県における砂糖製造業（以下「令和6年度適用開始業務等」という。）を除いて、大企業には2019（平成31）年4月1日から、中小企業には2020（令和2）年4月1日からそれぞれ適用されている。令和6年度適用開始業務等については、2024（令和6）年4月1日から時間外労働の上限規制が適用されている。

　このほか、改正後の労働基準法により、年5日の年次有給休暇の確実な取得、フレックスタイム制の清算期間の上限の1か月から3か月への延長及び高度プロフェッショナル制度が2019年4月1日から施行されており、また、中小企業における月60時間超の時間外労働に対する50％以上の割増賃金率の適用についても、2023（令和5）年4月1日から適用されている。

　加えて、働き方改革関連法により「労働時間等の設定の改善に関する特別措置法」が改正され、勤務間インターバル制度の導入や、取引に当たって短納期発注等を行わないよう配慮することが、事業主の努力義務となるとともに（2019年4月1日施行）、関連する指針も、一連の働き方改革に関連する法令改正等を踏まえて改正されたことから、これらの周知を図っている。

　また、2022（令和4）年12月27日の労働政策審議会において「今後の労働契約法制及び労働時間法制の在り方について（報告）」が取りまとめられ、これを踏まえ、専門業務型裁量労働制の協定事項に本人同意を得ることを追加するなどの省令改正等を行い、2024年4月に施行及び適用されている。

（令和6年版「厚生労働白書」P191、192）

参考（トラック、バス、タクシーの自動車運転者の長時間労働の抑制）
　自動車運転者は、他の産業の労働者に比べて長時間労働の実態にあることから、「自動車運転者の労働時間等の改善のための基準」（平成元年労働省告示第7号。以下「改善基準告示」という。）において、全ての産業に適用される労働基準法では規制が難しい拘束時間（始業から終業までの時間）、休息期間（勤務と勤務の間の自由な時間）及び運転時間等の基準を設け、労働条件の改善を図ってきた。
　自動車の運転の業務については、働き方改革関連法において、2024（令和6）年4月1日から時間外労働の上限規制が適用され、臨時的な特別の事情がある場合の時間外労働時間の限度は年960時間となり、加えて、将来的には時間外労働の上限規制の一般則の適用を目指す旨の規定が設けられた。
　さらに、2024年4月1日から、時間外労働の上限規制（年960時間）と併せて、改正改善基準告示が適用されることから、関係省庁と連携し周知を徹底する等、自動車運転者の長時間労働の是正に向けた環境整備のための取組みを進めている。
　特に、トラック運転者については、長時間労働の要因の中に、荷主との取引慣行など個々の運送事業者の努力だけでは見直すことが困難なものがあることから、労働基準監督署が

現下の政策課題への対応

発着荷主等に対して、長時間の恒常的な荷待ち時間を発生させないこと等についての要請等を行うなどして、こうした課題の改善が図られるよう取り組んでいるところである。

（令和6年版「厚生労働白書」P193～194）

（医療従事者の勤務環境の改善に向けた取組みの推進）

国民が将来にわたり質の高い医療サービスを受けるためには、長時間労働や当直、夜間・交替制勤務など厳しい勤務環境にある医療従事者が健康で安心して働ける環境の整備が喫緊の課題である。

このような中で、2014（平成26）年10月の改正医療法の施行により、各医療機関はPDCAサイクルを活用して計画的に医療従事者の勤務環境の改善に取り組む仕組み（医療勤務環境改善マネジメントシステム）を導入すること、各都道府県は医療従事者の勤務環境の改善を促進するための拠点としての機能（医療勤務環境改善支援センター）を確保すること等とされ、2017（平成29）年3月までに全ての都道府県において医療勤務環境改善支援センターが設置された。

また、同法の規定に基づき、「医療勤務環境改善マネジメントシステムに関する指針」（平成26年厚生労働省告示第376号）を定め、この指針に規定する手引書を「医療分野の『雇用の質』向上のための勤務環境改善マネジメントシステム導入の手引き（改訂版）」（2018（平成30）年3月）として作成し、医療機関が医療従事者の勤務環境の改善のための具体的な措置を講じるに当たっての参考とするとともに、各都道府県においてはこれらを活用して医療勤務環境改善支援センターの運営等の取組みが進められている。

医業に従事する医師については、2024（令和6）年4月から時間外・休日労働の上限規制が適用されており、原則として年間960時間／月100時間未満となっているが、地域医療の確保や集中的に技能を向上させるために必要な研修実施の観点から、やむを得ず長時間労働となる医師については、医療機関が医療機関勤務環境評価センターによる労務管理体制等についての評価を受け、特定地域医療提供機関、連携型特定地域医療提供機関、技能向上集中研修機関又は特定高度技能研修機関として都道府県知事の指定を受けた場合において、健康確保措置（面接指導、勤務間インターバル等）の実施を義務とした上で、時間外・休日労働の上限は年間1,860時間／月100時間未満となっている。

なお、上限規制の適用に当たっては、医療機関における適正な労務管理と労働時間短縮に向けた取組み（タスク・シフト／シェアやICTの活用等）を推進する必要があり、引き続き、医療勤務環境改善支援センターによる支援を実施していく。

また、タスク・シフト／シェアについては、現行制度で実施可能な業務を整理・明確化するとともに、診療放射線技師、臨床検査技師、臨床工学技士及び救急救命士の業務範囲について「良質かつ適切な医療を効率的に提供する体制の確保を推進するための医療法等の一部を改正する法律」等において必要な法令改正を行い、これらの内容の周知を行っている。

（令和6年版「厚生労働白書」P194、195）

❸ 柔軟な働き方がしやすい環境整備

1 テレワークの定着・促進

　テレワークについては、仕事と育児・介護の両立、ワーク・ライフ・バランスの向上等に資するものであり、適正な労務管理下におけるテレワークの導入・定着促進を図るため、導入しようとする企業に対して、労務管理や情報通信技術（ICT）に関する課題等について、ワンストップで相談対応やコンサルティングを行う「テレワーク相談センター」を設置している。

　また、「テレワークの適切な導入及び実施の推進のためのガイドライン」

第2章　令和6年版厚生労働白書

について、引き続き、周知を図るとともに、中小企業事業主に対しテレワーク用通信機器の導入等に係る経費の助成（「人材確保等支援助成金（テレワークコース）」）などを行っている。

(令和6年版「厚生労働白書」P196)

2 フリーランスなど個人が安心して働ける環境の整備

　労働関係法令等の適用関係を明らかにするとともに、それぞれの法令に基づく問題行為を明確化するため、内閣官房、公正取引委員会、中小企業庁、厚生労働省の連名で策定した「フリーランスとして安心して働ける環境を整備するためのガイドライン」について、周知・活用を図っている。

　また、フリーランスが受託した業務に安定的に従事することができる環境を整備するため、「特定受託事業者に係る取引の適正化等に関する法律（フリーランス・事業者間取引適正化等法）」が令和6年11月1日に施行されている。

　さらに、フリーランスと発注事業者等との取引上のトラブルについて、ワンストップで相談できる窓口（フリーランス・トラブル110番）において、相談体制の拡充やトラブル解決機能の向上により、迅速かつ丁寧な相談対応や紛争解決の援助を行っている。

　なお、発注者から委託を受け、情報通信機器を活用して自宅等で働くいわゆる自営型テレワークについては、セミナーの開催などにより、「自営型テレワークの適正な実施のためのガイドライン」の周知を図っている。また、自営型テレワークに関する総合支援サイト「ホームワーカーズウェブ」において、自営型テレワークを行う方や発注者等に対し、有益な情報を提供している。

(令和6年版「厚生労働白書」P196、197)

❹ 就職氷河期世代に対する集中支援

　いわゆる就職氷河期世代（おおむね1993（平成5）年から2004（平成16）年に学校卒業期を迎えた世代）は、雇用環境が厳しい時期に就職活動を行った世代であり、現在も、不本意ながら不安定な仕事に就いている、無業の状態にある、社会参加に向けた支援を必要としているなど、様々な課題に直面している者がいる。

現下の政策課題への対応

2019（令和元）年に取りまとめられた「経済財政運営と改革の基本方針2019」（2019年6月21日閣議決定）における「就職氷河期世代支援プログラム」では、就職氷河期世代の抱える固有の課題や今後の人材ニーズを踏まえつつ、個々人の状況に応じた支援により、就職氷河期世代の活躍の場を更に広げられるよう、2020（令和2）年度からの3年間で集中的に取り組むという政府全体の方針が示された。

さらに、2022（令和4）年に取りまとめられた「経済財政運営と改革の基本方針2022」（2022年6月7日閣議決定）において、2022年度までの3年間の集中取組期間に加え、2023（令和5）年度からの2年間を「第二ステージ」と位置付け、これまでの施策の効果も検証の上、効果的・効率的な支援に取り組み、成果を積み上げるという政府全体の方針が示された。

また、「就職氷河期世代支援プログラム」に盛り込まれた各施策を具体化した「就職氷河期世代支援に関する行動計画」を毎年「就職氷河期世代支援の推進に関する関係府省会議」にて決定している。2023年12月には「就職氷河期世代支援に関する行動計画2024」（2023年12月26日同会議決定）が取りまとめられた。

(令和6年版「厚生労働白書」P248)

・不安定な就労状態にある方等の安定就職に向けた支援

正規雇用化を目指す就職氷河期世代等を支援するため、全国の主要なハローワークに「就職氷河期世代専門窓口」を設置し、キャリアコンサルティング、生活設計面の相談、求人開拓等、就職から職場定着まで一貫した支援を実施している。

さらに、企業に対する就職氷河期世代の正社員雇用化の働きかけとして、ハローワーク等の紹介により、正社員経験が無い方や正社員経験が少ない方等を、正社員として雇い入れる事業主に対する「特定求職者雇用開発助成金（就職氷河期世代安定雇用実現コース）」の支給等を実施している。

(令和6年版「厚生労働白書」P248)

⑤ 総合的かつ体系的な若者雇用対策の推進

青少年の雇用の促進等を図り、その能力を有効に発揮できる環境を整備するため、青少年の適職の選択並びに職業能力の開発及び向上に関する措置等を総合的に講ずる「青少年の雇用の促進等に関する法律」（昭和45年法律第

98号。勤労青少年福祉法の一部を改正する法律（平成27年法律第72号）により改正。以下「若者雇用促進法」という。）について、2015（平成27）年10月１日から順次施行された。

同法においては、①若者の適職選択に資するよう、職場情報を提供する仕組みの創設、②若者の雇用管理が優良な中小企業についての認定制度の創設などの内容が盛り込まれ、その取組みに係る周知等を実施している。また、同法第７条に基づく指針には、採用内定取消しの防止や学校等の卒業者が少なくとも３年間は応募できるようにすること等の事業主等が講ずべき措置について規定し、事業主等に対する周知に取り組んでいる。

また、勤労青少年福祉法の一部を改正する法律附則第２条において、法施行後５年を目処に施行の状況等を勘案しつつ検討を加え、その結果に基づく必要な措置を講ずることとされていることから、「今後の若年者雇用に関する研究会」において検討を行い、2021（令和３）年３月29日に、2021年度から2025（令和７）年度までの青少年の雇用対策に関する施策の基本となるべき事項について示した青少年雇用対策基本方針（令和３年厚生労働省告示第114号）を新たに定めた。

さらに、2021年４月30日に、若者雇用促進法第７条に基づく指針を改正し、募集情報等提供事業者・募集者等における個人情報の管理、就活生等に対するハラスメント問題への対応などの事項を新たに定めた。

（令和６年版「厚生労働白書」P245、246）

参考（若者と中小企業とのマッチングの強化）
若者の採用・育成に積極的で、若者の雇用管理の状況などが優良な中小企業について、若者雇用促進法に基づき厚生労働大臣が「ユースエール認定企業」として認定する制度を2015（平成27）年10月に創設した。認定企業の情報発信を後押しすること等により、若者の雇用管理が優良な中小企業と若者のマッチングを強化し、若者の適職選択と企業が求める人材の円滑な採用を支援している。
（令和６年版「厚生労働白書」P246）

❻ 労働災害の状況と防止に向けた取組み

① 労災補償の現状

2022（令和４）年度の労災保険給付の新規受給者数は777,426人であり、前年度に比べ98,822人の増加（14.6％増）となっている。そのうち業務災害（複数業務要因災害を含む。）による受給者が689,696人、通勤災害によ

現下の政策課題への対応

る受給者が87,730人となっている。　　　　　　　（令和6年版「厚生労働白書」P222）

2 過労死等の労災認定

2022（令和4）年度の過労死等の労災補償状況については、脳・心臓疾患の請求件数は803件、支給決定件数は194件、精神障害の請求件数は2,683件、支給決定件数は710件となっている。前年度と比べ、脳・心臓疾患の請求件数は50件の増加、支給決定件数は22件の増加、精神障害の請求件数は337件の増加、支給決定件数は81件の増加となっている。

労災認定に当たっては、脳・心臓疾患の認定基準及び精神障害の認定基準に基づき、迅速かつ公正な労災補償に努めている。

（令和6年版「厚生労働白書」P222）

3 労働災害の発生状況

2022（令和4）年の新型コロナウイルス感染症のり患によるものを除いた労働災害については、死亡者数は774人（前年比4人（0.5%）減）となったが、休業4日以上の死傷者数は132,355人（前年比1,769人（1.4%）増）と前年より増加した。

労働者の健康面については、精神障害による労災支給決定件数は、2022年度には710件と前年度と比較して増加している。自殺者数については、2022年は、約2万人と10年連続で3万人を下回っているが、このうち約3,000人について勤務問題が理由の1つとされているなど、働く人々の職場環境は引き続き厳しい状況にある。　　　（令和6年版「厚生労働白書」P226）

4 第14次労働災害防止計画の推進

労働安全衛生法においては、労働災害の防止のための主要な対策等に関する事項を定めた「労働災害防止計画」を厚生労働大臣が策定することとされている。

2023（令和5）年度から2027（令和9）年度までの5年間を計画期間とする「第14次労働災害防止計画」では、国、事業者、労働者等の関係者が

55

第2章　令和6年版厚生労働白書

一体となって、労働者一人一人が安全で健康に働くことができる職場環境の実現に向け、①自発的に安全衛生対策に取り組むための意識啓発、②労働者（中高年齢の女性を中心に）の作業行動に起因する労働災害防止対策の推進、③高年齢労働者の労働災害防止対策の推進、④多様な働き方への対応や外国人労働者等の労働災害防止対策の推進、⑤個人事業者等に対する安全衛生対策の推進、⑥業種別の労働災害防止対策の推進、⑦労働者の健康確保対策の推進、⑧化学物質等による健康障害防止対策の推進の8つの重点事項を定め、重点事項ごとの取組みを推進することとしている。

（令和6年版「厚生労働白書」P226）

若者も高齢者も安心できる年金制度の確立

若者も高齢者も安心できる年金制度の確立 重要度 B

❶ 直近の公的年金制度の状況

　公的年金制度は、予測することが難しい将来のリスクに対して、社会全体であらかじめ備えるための制度であり、現役世代の保険料負担により、その時々の高齢世代の年金給付をまかなう世代間扶養である**賦課方式**を基本とした仕組みで運営されている。賃金や物価の変化を年金額に反映させながら、生涯にわたって年金が支給される制度として設計されており、必要なときに給付を受けることができる保険として機能している。

　直近の公的年金制度の適用状況に関しては、被保険者数は全体で6,744万人（2022（令和4）年度末）であり、全人口の**約半数**にあたる。国民年金の被保険者の種別ごとに見てみると、いわゆるサラリーマンや公務員等である**第2号被保険者等**が4,618万人（2022年度末）と全体の**約68%**を占めており、自営業者や学生等である第1号被保険者が1,405万人、第2号被保険者の被扶養配偶者である第3号被保険者は721万人（2022年度末）となっている。被保険者数の増減について見てみると、**第2号被保険者等**は対前年比82万人増で、近年**増加傾向**にある一方、第1号被保険者や第3号被保険者はそれぞれ対前年比26万人、42万人減で、近年減少傾向にある。これらの要因として、後述する被用者保険（健康保険・厚生年金保険）の**適用拡大**や加入促進策の実施、**高齢者等の就労促進**などが考えられる。

　また、公的年金制度の給付の状況としては、全人口の**約3割**にあたる3,975万人（2022年度末）が公的年金の受給権を有している。高齢者世帯に関してみれば、その収入の**約6割**を公的年金等が占めるなど、年金給付が国民の老後生活の基本を支えるものとしての役割を担っていることがわかる。

　公的年金制度については、2004（平成16）年の年金制度改革により、中長期的に持続可能な運営を図るための財政フレームワークが導入された。具体的には、基礎年金国庫負担割合の引上げと積立金の活用により保険料の段階的な引上げ幅を極力抑えた上で、保険料の上限を固定し、その保険料収入

の範囲内で年金給付をまかなうことができるよう、給付水準について、前年度よりも年金の名目額を下げずに賃金・物価上昇の範囲内で自動的に調整する仕組み（マクロ経済スライド）が導入された。

保険料の段階的な引上げについては、国民年金の保険料は2017（平成29）年4月に、厚生年金（第1号厚生年金被保険者）の保険料率は同年9月に、それぞれ完了した。これにより、消費税率の引上げ（5％→8％）による財源を充当した基礎年金国庫負担率の2分の1への引上げとあわせ、収入面では、公的年金制度の財政フレームは完成をみた。一方、給付面では、マクロ経済スライドについて、前年度よりも年金の名目額を下げないという措置は維持しつつ、未調整分を翌年度以降に繰り越して調整する見直しが2016（平成28）年の制度改正で行われた。

2024（令和6）年度の保険料水準は、厚生年金保険料率が18.3%、国民年金保険料が16,980円となっている。一方、同年度の給付水準は、厚生年金（夫婦2人分の老齢基礎年金を含む「モデル年金額」）が月額230,483円、国民年金（1人分の老齢基礎年金（満額））が月額68,000円となっている。

（令和6年版「厚生労働白書」P282、283）

❷ 2020（令和2）年改正法

1 被用者保険の適用拡大

短時間労働者に対する被用者保険の適用について、2022（令和4）年10月に100人超規模の企業まで適用範囲を拡大し、また、5人以上の個人事業所の適用業種に弁護士・税理士等の士業を追加した。2024（令和6）年10月には、50人超規模の企業まで適用範囲が拡大された。

適用拡大には、これまで国民年金・国民健康保険に加入していた人が被用者保険の適用を受けることにより、基礎年金に加えて報酬比例の厚生年金が支給されることに加え、障害厚生年金には、障害等級3級や障害手当金も用意されているといった大きなメリットがある。また、医療保険においても傷病手当金や出産手当金が支給される。

（令和6年版「厚生労働白書」P284）

若者も高齢者も安心できる年金制度の確立

2 働き方の多様化や高齢期の長期化・就労拡大に伴う年金制度の見直し

在職中の年金受給の在り方の見直しの一環として、就労を継続したことの効果を早期に年金額に反映して実感していただけるよう、65歳以上の在職中の老齢厚生年金受給者について、年金額を毎年10月に改定する在職定時改定制度を導入した（2022年4月施行）。

また、60～64歳に支給される特別支給の老齢厚生年金を対象とした在職老齢年金制度（低在老）の支給停止の基準額を、28万円から65歳以上の在職老齢年金制度（高在老）と同じ47万円に引き上げた（2022年4月施行）。

年金の受給開始時期の選択肢については、60歳から70歳の間となっていたものを、60歳から75歳の間に拡大した（2022年4月施行）。

(令和6年版「厚生労働白書」P285)

❸ 今後の課題

2020年改正法の検討規定や附帯決議には、今後の課題として、被用者保険の更なる適用拡大や、公的年金の所得再分配機能の強化、育児期間における国民年金保険料の免除等が盛り込まれた。

被用者保険の適用範囲については、本来、被用者である者には被用者保険を適用することが原則であり、被用者にふさわしい保障を短時間労働者の方々にも適用し、働き方や雇用の選択を歪めない制度を構築するため、まずは2024年10月に50人超の規模まで、という2020年改正法で定めた適用拡大を着実に進めることが必要である。このため、被用者保険の適用拡大に向けた制度の周知や企業への専門家派遣、中小企業事業主への助成等の施策を通じて円滑な施行に向けた環境整備を引き続き行う。

さらに、「全世代型社会保障構築を目指す改革の道筋（改革工程）について」（2023（令和5）年12月22日閣議決定）においては、「全世代型社会保障構築会議報告書」（2022年12月16日全世代型社会保障構築会議決定）で早急に実現を図るべき等と指摘された、短時間労働者への被用者保険の適用に関する企業規模要件の撤廃や、常時5人以上を使用する個人事業所の非適用業種の解消について、2024年末の結論に向けて引き続き検討することとされている。

第2章　令和6年版厚生労働白書

　また、2019年の財政検証結果では、経済成長と労働参加の進むケースでは引き続き、所得代替率50％以上を確保できることが確認された一方で、厚生年金の２階部分と比較して、基礎年金のマクロ経済スライドの調整期間が長期化し、基礎年金の給付水準が低下していくことが示されている。基礎年金は、所得の多寡にかかわらず一定の年金額を保障する所得再分配機能を有する給付であり、この機能を将来にわたって維持することは重要である。

　これらの点を含め、次期制度改正に向けて、現役期、家族、高齢期といったライフコースと年金制度の関わりの切り口から社会保障審議会年金部会等において議論を行っており、2024年夏頃に予定されている財政検証を踏まえて、さらなる議論を進めていく。

　加えて、「こども未来戦略」（2023年12月22日閣議決定）においては、自営業・フリーランス等の育児期間中の経済的な給付に相当する支援措置として、国民年金の第１号被保険者について育児期間に係る保険料免除措置を創設することとし、2026（令和８）年までの実施を目指すこととされている[※]。

※2026（令和８）年10月１日施行

（令和６年版「厚生労働白書」P285、286）

第3章

統計調査

第1節　労働経済関係統計調査

第2節　社会保障関係統計数値

第3章 第1節

労働経済関係統計調査

1 労働経済用語

2 労働力調査

3 毎月勤労統計調査

4 就労条件総合調査

5 賃金構造基本統計調査

6 雇用均等基本調査

7 賃金引上げ等の実態に関する調査

8 若年者雇用実態調査

9 障害者雇用状況の集計結果

10 高年齢者雇用状況等報告の集計結果

11 外国人雇用状況の届出状況

12 労働組合基礎調査

13 個別労働紛争解決制度の施行状況

労働経済用語

❶ 完全失業率

労働力人口（就業者＋完全失業者）に対する完全失業者の割合をいう。一般に**完全失業率**は、**景気に遅れて変動**するといわれている。

Check Point!
- □ 一般に、完全失業率は景気に遅れて変動し、有効求人倍率は景気の動向にほぼ一致した動きを示すとされている。
- □ 完全失業率は、労働参加の拡大等に伴う就業者数の増加によっても低下するが、人口減少や少子高齢化等に伴う15歳以上人口の減少や労働市場からの退出に伴う労働力人口の減少（労働力率の低下）によっても低下する。

❷ 求人倍率

　求職者数に対する求人者数の割合をいう。求人倍率のうち、その月に新たに登録された新規求人数をその月に新たに登録された新規求職申込件数で除したものを**新規**求人倍率といい、原則として申し込み月を含めて**3箇月**の有効期間内の有効求人数を、原則として申し込み月を含めて**3箇月**の有効期間内の有効求職申込件数で除したものを**有効**求人倍率という。一般に、**有効求人倍率**は動きが安定し方向が読み取りやすく、また、**景気の動向とほぼ一致**した動きを示すのに対し、**新規**求人倍率は**景気先行的な動き**を示すといわれている。また、**有効**求人倍率と**自発的な離職率**との間には**正の相関**（好況期には自発的な離職率が高まる）があり、**有効**求人倍率と**自発的離職失業率**との間には**負**の相関（好況期には自発的な失業率は低下する）があるともいわれている。
　厚生労働省「職業安定業務統計」によると、2024年平均の**新規求人倍率**

労働経済用語

は**2.25倍**で、前年に比べて0.04ポイント低下しており、2024年平均の有効求人倍率は**1.25倍**で、前年に比べて0.06ポイント低下している。

③ 就業構造

　就業構造とは、統計単位である就業者を、産業別、年齢別、性別、従業上の地位別、事業所規模別などの面からみた構成状態をいう。なお、就業者のうち、雇用者について同様の構成状態をみたものを雇用構造という。就業構造（雇用構造）に関する統計資料の1つに、総務省が就業及び不就業の状態を毎月明らかにすることを主目的として**毎月末の1週間**を基準に実施している「**労働力調査**」がある。

④ ミスマッチ（需給ミスマッチ）

　ミスマッチ（需給ミスマッチ）とは、職業、地域、年齢などについて**労働需要**と**供給**の**質的不適合**があることをいう。**ミスマッチ**の拡大の構造的要因としては、経済社会のグローバル化や知識集約型社会への移行による産業・職業別就業構造の変化、高齢化、勤労者の意識変化などがある。

⑤ ディスカレッジドワーカー

　ディスカレッジドワーカーとは、非労働力人口のうち、就業を希望しており、かつ求職活動をしていない理由として適当な仕事がありそうにないとする者をいう。

第3章 第1節

65

第3章 第1節　労働経済関係統計調査

❻ ジョブ型雇用・メンバーシップ型雇用

> 　人材マネジメントの基本的な考え方。仕事をきちんと決めておいてそれに人を当てはめるのが**ジョブ型雇用**であり、人を中心にして管理が行われ、人と仕事の結びつきはできるだけ自由に変えられるようにしておくのが**メンバーシップ型雇用**である。メンバーシップ型は日本の正規雇用労働者の特徴であるとする議論もある。

参考(1)**現金給与総額**：所定内給与（基本給＋諸手当）と所定外給与（超過労働給与）の合計額を定期給与（きまって支給する給与）といい、定期給与と特別給与（賞与等）の合計額を現金給与総額という。

(2)**総実労働時間**：所定内労働時間（就業規則、労働協約等で定められた労働時間）と所定外労働時間（早出、残業、休日出勤等の労働時間）の合計時間をいう。

(3)**強度率**：1,000延実労働時間当たりの労働災害による労働損失日数をいい、労働災害の重篤度を示すものである。

(4)**度数率**：100万延実労働時間当たりの労働災害による死傷者数をいい、労働災害の頻度を示すものである。

(5)**可処分所得**：所得のうち自由に支出できる部分をいう。収入総額から預貯金引出、保険取金等を除いた実収入から所得税、社会保険料等の非消費支出を控除することによって算出される。

(6)**失業の種類**（発生原因による分類）
　①**需要不足失業**：景気後退期に需要が減少することによって生じる失業をいう。
　②**構造的失業**：労働市場における需要と供給のバランスはとれているにもかかわらず、企業が求める人材と求職者の持っている特性（職業能力や年齢など）との違い（質的違い）があるため生じる失業をいう。
　③**摩擦的失業**：転職や新たに就職する際に企業と労働者の持つ情報が不完全であることや労働者が地域間・産業間を移動する際に時間がかかるためなどにより生じる失業をいう。なお、②と③については、両者を明確に区別することは困難であるため、両者をあわせて「構造的・摩擦的失業」と呼ぶことが多い。

(7)**七五三現象**：新卒者の3年以内の離職率が、中卒約7割、高卒約5割、大卒約3割となる状況を指す。

(8)**世代効果**：若年者の早期離職率の動向について、学校卒業時の就職環境が厳しい世代は、不本意な就職先に就職した者が多いために将来の離職が増える可能性が考えられ、これを世代効果と呼ぶ。

(9)**置き換え効果**：高齢者の雇用を進めることにより若者の雇用機会が減少すること（若年者雇用と高齢者雇用の代替性）をいう。

(10)**テレワーク**：テレワークとは、情報通信ネットワークを活用して、時間と場所に制約されることなくいつでもどこでも仕事ができる働き方をいう。テレワークは、非雇用形態で行われるSOHO（スモールオフィス・ホームオフィス）と雇用形態で行われるテレワーク雇用に大別される。また、テレワーク雇用には、自宅で働く「在宅勤務」、郊外の住宅地に近接した小規模オフィスで働く「サテライト・オフィス勤務」、ノートパソコンと携帯電話などを活用して、臨機応変に選択した場所をオフィスとして使用する「モバイルワーク」などがある。

66

労働経済用語

問題チェック 予想問題

次の文中の□□□の部分を適切な語句で埋め、完全な文章とせよ。

$\dfrac{\boxed{B}}{\boxed{A}}$で算出される労働分配率は、分母である□A□、特に営業利益が景気感応的であるのに対して、分子である□B□が変動しにくいことから、景気拡大局面においては□C□し、景気後退局面において□D□するといった特徴のある指標となっている。また、労働集約型産業では高く、資本集約型産業では低い傾向にあるといわれている。

解答

A：付加価値　B：人件費　C：低下　D：上昇

労働力調査

① 概要等

1 調査の概要

「労働力調査」は、我が国における就業・不就業の実態を明らかにして、雇用政策等各種行政施策の基礎資料を得ることを目的として行うもので、昭和21年9月から約1年間の試験期間を経て、昭和22年7月から本格的に実施され、その後、昭和25年4月から統計法による指定統計調査として、平成21年4月から統計法による**基幹統計調査**として実施されている。

参考 国の行政機関が行う統計調査は、「基幹統計」を作成するために行われる「基幹統計調査」と、それ以外の「一般統計調査」とに分けられる。国勢調査などの基幹統計調査は、公的統計の中核となる基幹統計を作成するための特に重要な統計調査であり、正確な統計を作成する必要性が特に高いことなどを踏まえ、例えば「**報告義務**」のような、一般統計調査にはない特別な規定が定められている。

2 労働力調査（基本集計）2024年（令和6年）平均結果の要約

1. 完全失業率は**2.5%**と、**前年に比べ0.1ポイント低下**
   ・男女別

男性	2.7%（0.1ポイントの低下）
女性	2.4%（0.1ポイントの**上昇**）

2. 完全失業者数は**176万人**と、前年に比べ**2万人減少**（**3年連続の減少**）
   (1) 男女別

男性	101万人（4万人の減少）
女性	76万人（3万人の**増加**）

労働力調査

(2) 求職理由別

勤め先や事業の都合による離職	22万人（3万人の減少）
自発的な離職（自己都合）	75万人（前年と同数）
新たに求職	48万人（1万人の**増加**）

3．就業者数は6781万人と、前年に比べ**34万人増加**（**4年連続の増加**）

・男女別

男性	3699万人（3万人の**増加**）
女性	3082万人（31万人の**増加**）

4．15～64歳の就業者数は5851万人と**18万人の増加**

・男女別

男性	3161万人（1万人の減少）
女性	2690万人（19万人の**増加**）

5．就業率は61.7％と、**0.5ポイントの上昇**（**4年連続の上昇**）

・男女別

男性	69.6％（0.1ポイントの**上昇**）
女性	54.2％（0.6ポイントの**上昇**）

6．15～64歳の就業率は**79.4％**と**0.5ポイントの上昇**

・男女別

男性	84.5％（0.2ポイントの**上昇**）
女性	74.1％（0.8ポイントの**上昇**）

7．就業者のうち、前年に比べ最も増加した産業は「**情報通信業**」

・産業別

情報通信業	292万人（14万人の**増加**）
医療，福祉	922万人（12万人の**増加**）
宿泊業，飲食サービス業	407万人（9万人の**増加**）
製造業	1046万人（9万人の減少）
農業，林業	180万人（7万人の減少）
建設業	477万人（6万人の減少）

第3章 第1節

第3章 第1節　労働経済関係統計調査

8．正規の職員・従業員数は3654万人と、前年に比べ**39万人増加（10年連続の増加）**

・男女別

男性	2355万人（9万人の増加）
女性	1299万人（31万人の増加）

9．非正規の職員・従業員数は2126万人と**2万人増加（3年連続の増加）**

（1）　男女別

男性	682万人（1万人の減少）
女性	1444万人（3万人の増加）

（2）　役員を除く雇用者に占める非正規の職員・従業員の割合は36.8%（0.2ポイントの低下）

10．労働力人口は6957万人と、前年に比べ**32万人増加（2年連続の増加）**

・男女別

男性	3800万人（1万人の減少）
女性	3157万人（33万人の増加）

11．労働力人口比率は63.3%と、**0.4ポイントの上昇（4年連続の上昇）**

・男女別

男性	71.5%（0.1ポイントの上昇）
女性	55.6%（0.8ポイントの上昇）

12．非労働力人口は4031万人と、前年に比べ**53万人減少（4年連続の減少）**

・男女別

男性	1510万人（6万人の減少）
女性	2521万人（47万人の減少）

Check Point!

□ 労働力人口比率（労働力率）とは、15歳以上人口に占める労働力人口（就業者＋完全失業者）の割合をいう。労働力人口比率を性別ごとにみると男性は20歳台で上昇し、その後横ばいになり、60歳以上になると低くなる**台形型**となっているが、女性は20歳台で上昇したのち、30歳台で低下し、40歳台になると再び上昇し、50歳以上になると再び低下する**M字型**となっている。

> □ 就業率とは、15歳以上人口に占める就業者の割合をいう。

3 まとめ

総務省「労働力調査」によると、2024年平均の活動状態に基づく区分ごとの人口は次の通りである。

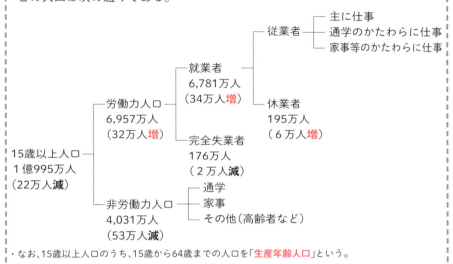

・なお、15歳以上人口のうち、15歳から64歳までの人口を「**生産年齢人口**」という。

参考
1. **労働力人口**：15歳以上人口のうち就業者と完全失業者を合わせた人口をいう。
2. **就業者**：従業者と休業者を合わせたものをいう。
3. **従業者**：調査週間中に賃金、給料、諸手当、内職収入などの収入を伴う仕事（以下「仕事」という。）を**1時間以上**した者。なお、家族従業者は、無給であっても仕事をしたとする。
4. **休業者**：仕事を持ちながら、調査週間中に少しも仕事をしなかった者のうち、
   (1) 雇用者で、給料・賃金（休業手当を含む。）の支払を受けている者又は受けることになっている者。
   なお、職場の就業規則などで定められている育児（介護）休業期間中の者も、職場から給料・賃金をもらうことになっている場合は休業者となる。雇用保険法に基づく育児休業給付や介護休業給付をもらうことになっている場合も休業者に含む。
   (2) 自営業主で、自分の経営する事業を持ったままで、その仕事を休み始めてから30日にならない者。
   なお、家族従業者で調査週間中に少しも仕事をしなかった者は、休業者とはならず、完全失業者又は非労働力人口のいずれかとなる。
5. **完全失業者**：次の3つの条件を満たす者
   (1) 仕事がなくて調査週間中に少しも仕事をしなかった（就業者ではない。）。
   (2) 仕事があればすぐ就くことができる。
   (3) 調査週間中に、仕事を探す活動や事業を始める準備をしていた（過去の求職活動の結果を待っている場合を含む。）。

毎月勤労統計調査

❶ 概要等

1 調査の概要

「毎月勤労統計調査」は、雇用、給与及び労働時間について、全国調査にあってはその全国的変動を毎月明らかにすることを、地方調査にあってはその都道府県別の変動を毎月明らかにすることを目的とした調査であり、統計法に基づき、国の重要な統計調査である基幹統計調査として実施されている。

2 令和6年分結果確報・調査結果のポイント

前年と比較して
1．現金給与総額は347,994円（2.8％増）となった。うち一般労働者が453,256円（3.2％増）、パートタイム労働者が111,901円（3.9％増）となり、パートタイム労働者比率が30.86％（0.51ポイント上昇）となった。なお、一般労働者の所定内給与は332,599円（2.4％増）、パートタイム労働者の時間当たり給与は1,343円（4.3％増）となった。
2．就業形態計の所定外労働時間は10.0時間（2.7％減）となった。
3．就業形態計の常用雇用は1.2％増となった。

毎月勤労統計調査

(事業所規模5人以上)

区分	就業形態計 (前年比(差))		一般労働者 (前年比(差))		パートタイム労働者 (前年比(差))	
月間現金給与額	円	%	円	%	円	%
現金給与総額	347,994	2.8	453,256	3.2	111,901	3.9
きまって支給する給与	281,959	2.0	359,632	2.4	107,746	3.2
所定内給与	262,325	2.1	332,599	2.4	104,706	3.1
(時間当たり給与)	—	—	—	—	1,343	4.3
所定外給与	19,634	0.0	27,033	0.5	3,040	3.0
特別に支払われた給与	66,035	6.7	93,624	7.0	4,155	25.3
実質賃金						
現金給与総額	—	−0.3	—	0.0	—	0.7
きまって支給する給与	—	−1.2	—	−0.8	—	0.0
月間実労働時間数等	時間	%	時間	%	時間	%
総実労働時間	136.9	−1.0	162.2	−0.7	80.2	−1.0
所定内労働時間	126.9	−0.9	148.7	−0.5	77.9	−1.0
所定外労働時間	10.0	−2.7	13.5	−2.4	2.3	2.6
	日	日	日	日	日	日
出勤日数	17.7	0.1	19.4	−0.1	13.7	0.1
常用雇用	千人	%	千人	%	千人	%
本調査期間末	50,814	1.2	35,135	3.2	15,678	−3.2
	%	ポイント	%	ポイント	%	ポイント
パートタイム労働者比率	30.86	0.51	—	—	—	—
入職率	2.04	−0.10	1.48	−0.01	3.28	−0.22
離職率	1.94	−0.07	1.45	0.00	3.04	−0.14

・前年比(差)は、単位が％のものは前年比、ポイント又は日のものは前年差である。

(賃金構造基本統計調査と毎月勤労統計調査の相違について)
　厚生労働省では、賃金に関する基幹統計調査として「賃金構造基本統計調査」と「毎月勤労統計調査」を行っている。いずれも労働者の賃金や労働時間を調べているが、調査目的が違い、作成される統計が異なっているため、用途に応じ使い分けている。
　賃金構造基本統計調査は、賃金構造の実態を詳細に把握するための調査である。労働者の雇用形態、就業形態、職種、性、年齢、学歴、勤続年数、経験年数等の属性別に賃金等を明らかにしている。毎年6月分の賃金(賞与については前年1年間)について同年7月に調査を実施し、その結果については、とりまとめて公表している。
　毎月勤労統計調査は、賃金、労働時間及び雇用の毎月の変動を把握するための調査である。産業別、就業形態別の賃金等を毎月明らかにしている。調査の結果については、翌々月上旬に速報、その半月後に確報として公表している。
　通常、労働者全体の賃金の水準や増減の状況をみるときは毎月勤労統計調査を用いる。毎

第3章 第1節　労働経済関係統計調査

　月勤労統計調査は、特定の年の水準を100とする指数や季節による変動を取り除いた季節調整値も公表している。
　一方、男女、年齢、勤続年数や学歴などの属性別にみるとき、また、賃金の分布をみるときは、賃金構造基本統計調査を用いる。
（毎月勤労統計調査と労働力調査の相違について）
　毎月勤労統計調査は「事業所」を対象としているのに対し、労働力調査は「世帯」を対象としている。また、その他にも、調査の範囲等に以下のような違いがある。

	労働力調査	毎月勤労統計調査
調査実施省	総務省	厚生労働省
調査の目的	労働力調査は、我が国における就業及び不就業の状態を明らかにするための基礎資料を得ることを目的とする。	毎月勤労統計調査は、雇用、給与及び労働時間について、全国調査にあってはその全国的変動を毎月明らかにすることを、地方調査にあってはその都道府県別の変動を毎月明らかにすることを目的とする。
調査周期	毎月	毎月
調査の対象及び範囲	**世帯** 我が国に居住している全人口。ただし、外国政府の外交使節団、領事機関の構成員（随員を含む。）及びその家族、外国軍隊の軍人・軍属（その家族を含む。）は除外。	**事業所** 常用労働者5人以上の民営及び公営事業所。なお、農林漁業及び行政事務を行う官公署などの公務の事業所は除く。
標本数	約4万世帯、15歳以上の者約10万人	全国調査　約33,000事業所 地方調査　約44,000事業所
調査事項	**【基礎調査票】** 就業状態、所属の事業所の事業の種類等、仕事の種類、従業上の地位、雇用形態、就業時間及び就業日数、求職状況など **【特定調査票】** 非正規の雇用者が現職の雇用形態についている理由、仕事からの年間収入、仕事につけない理由、求職活動の期間、就業希望の有無など	就業形態別常用労働者数、実労働時間数、出勤日数、現金給与額など
就業者・常用労働者の定義	**就業者** 調査期間中（月末1週間）に、収入を伴う仕事を1時間以上した者、または、仕事を持っていながら一時的に休んでいた者（雇用者の他、自営業主及び家族従業者を含む。）をいう。	**常用労働者** 期間を定めずに雇われている者、または、1か月以上の期間を定めて雇われている者をいう。

就労条件総合調査 重要度A

① 概要等

1 調査の概要

「就労条件総合調査」は、統計法に基づく一般統計調査であり、主要産業における企業の労働時間制度、賃金制度等について総合的に調査し、我が国の民間企業における就労条件の現状を明らかにすることを目的として実施されている（調査対象は常用労働者30人以上の民間企業）。

2 令和6年調査結果のポイント

1．年間休日総数（令和5年）
 (1) 1企業平均年間休日総数**112.1日**（前年調査110.7日）［昭和60年以降過去最多］
 (2) 労働者1人平均年間休日総数**116.4日**（前年調査115.6日）［昭和60年以降過去最多］
2．年次有給休暇の取得状況（令和5年（又は令和4会計年度））
 (1) 年間の年次有給休暇の労働者1人平均付与日数**16.9日**（前年調査17.6日）
 (2) 年間の年次有給休暇の労働者1人平均取得日数**11.0日**（同10.9日）
 (3) 年間の年次有給休暇の労働者1人平均取得率**65.3%**（同62.1％）
 [**昭和59年以降過去最高**]

② 労働時間制度

1 所定労働時間

1日の所定労働時間は、1企業平均7時間47分（令和5年調査7時間48

第3章 第1節　労働経済関係統計調査

分）となっている。週所定労働時間は、１企業平均39時間23分（同39時間20分）となっており、これを産業別にみると、「金融業，保険業」が38時間14分で最も短く、「運輸業，郵便業」が40時間00分で最も長くなっている。

2 週休制

　主な週休制の形態をみると、「何らかの週休２日制」を採用している企業割合は90.9％（令和５年調査85.4％）となっており、「完全週休２日制」を採用している企業割合は56.7％（同53.3％）となっている。また、「何らかの週休３日制」を採用している企業割合は1.6％となっており、「完全週休３日制」を採用している企業割合は0.3％となっている。

　「完全週休２日制」を採用している企業割合を企業規模別にみると、「1,000人以上」が72.3％、「300〜999人」が66.9％、「100〜299人」が61.4％、「30〜99人」が53.6％となっている。

　週休制の形態別適用労働者割合をみると、「何らかの週休２日制」は93.3％（令和５年調査86.2％）となっており、「完全週休２日制」は65.2％（同61.2％）となっている。

3 年間休日総数

　令和６年調査における令和５年１年間の年間休日総数の１企業平均は112.1日（令和５年調査110.7日）、労働者１人平均は116.4日（同115.6日）となっており、いずれも昭和60年以降最も多くなっている。

　１企業平均年間休日総数を企業規模別にみると、「1,000人以上」が117.1日、「300〜999人」が115.9日、「100〜299人」が113.6日、「30〜99人」が110.0日となっている。

4 年次有給休暇

　令和５年１年間に企業が付与した年次有給休暇日数（繰越日数を除く。）をみると、労働者１人平均は16.9日（令和５年調査17.6日）、このうち労働者が取得した日数は11.0日（同10.9日）で、取得率は65.3％（同62.1

就労条件総合調査

％）となっており、**昭和59年以降最も高くなっている。**

　取得率を産業別にみると、「**鉱業，採石業，砂利採取業**」が71.5％と**最も高く**、「**宿泊業，飲食サービス業**」が51.0％と**最も低く**なっている。

　年次有給休暇の計画的付与制度がある企業割合は40.1％（令和5年調査43.9％）となっており、これを計画的付与日数階級別にみると、「5〜6日」が72.4％（同72.4％）と最も高くなっている。

5 特別休暇制度

　夏季休暇、病気休暇等の特別休暇制度がある企業割合は59.9％（令和5年調査55.0％）となっており、これを特別休暇制度の種類（複数回答）別にみると、「夏季休暇」40.0％（同37.8％）、「病気休暇」27.9％（同21.9％）、「リフレッシュ休暇」14.7％（同12.9％）、「ボランティア休暇」6.5％（同4.4％）、「教育訓練休暇」5.0％（同3.4％）、「左記以外の1週間以上の長期の休暇」13.8％（同14.2％）となっている。

6 変形労働時間制

　変形労働時間制がある企業割合は**60.9％**（令和5年調査59.3％）となっており、これを企業規模別にみると、「1,000人以上」が82.8％、「300〜999人」が73.4％、「100〜299人」が67.0％、「30〜99人」が56.9％となっている。

　また、変形労働時間制の種類（複数回答）別にみると、「1年単位の変形労働時間制」が32.3％、「1か月単位の変形労働時間制」が25.2％、「1週間単位の非定型的変形労働時間制」が1.4％、「フレックスタイム制」が7.2％となっている。

種類	種類別採用企業割合
1年単位の変形労働時間制	**32.3％**
1か月単位の変形労働時間制	25.2％
1週間単位の非定型的変形労働時間制	1.4％
フレックスタイム制	7.2％

第3章 第1節　労働経済関係統計調査

　変形労働時間制の適用を受ける労働者割合は**52.3%**（令和5年調査51.7％）となっており、これを変形労働時間制の種類別にみると、「1年単位の変形労働時間制」は16.7%、「1か月単位の変形労働時間制」は23.7%、「1週間単位の非定型的変形労働時間制」は0.3%、「フレックスタイム制」は11.5%となっている。

種類	種類別適用労働者割合
1年単位の変形労働時間制	16.7%
1か月単位の変形労働時間制	**23.7%**
1週間単位の非定型的変形労働時間制	0.3%
フレックスタイム制	11.5%

Check Point!

☐　変形労働時間制の採用割合を企業規模別にみると、「1か月単位の変形労働時間制」及び「フレックスタイム制」は規模が大きくなるほど割合が高くなっており、「1年単位の変形労働時間制」は規模が小さくなるほど割合が高くなっている。

■変形労働時間制・企業規模別の採用割合（単位：%）

企業規模	変形労働時間制を採用している企業	変形労働時間制の種類（複数回答）				変形労働時間制を採用していない企業
		1年単位の変形労働時間制	1か月単位の変形労働時間制	1週間単位の非定型的変形労働時間制	フレックスタイム制	
令和6年調査計	60.9	32.3	25.2	1.4	7.2	38.9
1,000人以上	82.8	21.6	54.2	1.1	34.9	16.7
300〜999人	73.4	23.0	43.3	0.2	19.6	26.2
100〜299人	67.0	30.5	32.0	1.3	9.2	32.4
30〜99人	56.9	34.2	20.3	1.6	4.4	42.9

7 みなし労働時間制

みなし労働時間制がある企業割合は**15.3%**（令和5年調査14.3%）となっており、これをみなし労働時間制の種類（複数回答）別にみると、「事業場外みなし労働時間制」が13.3%、「専門業務型裁量労働制」が2.2%、「企画業務型裁量労働制」が1.0%となっている。

種類	種類別採用企業割合
事業場外みなし労働時間制	**13.3%**
専門業務型裁量労働制	2.2%
企画業務型裁量労働制	1.0%

みなし労働時間制の適用を受ける労働者割合は**9.2%**（令和5年調査8.9%）となっており、これをみなし労働時間制の種類別にみると、「事業場外みなし労働時間制」が7.6%、「専門業務型裁量労働制」が1.4%、「企画業務型裁量労働制」が0.2%となっている。

種類	種類別適用労働者割合
事業場外みなし労働時間制	**7.6%**
専門業務型裁量労働制	1.4%
企画業務型裁量労働制	0.2%

8 勤務間インターバル制度

勤務間インターバル制度の導入状況別の企業割合をみると、「導入している」が5.7%（令和5年調査6.0%）、「導入を予定又は検討している」が15.6%（同11.8%）、「導入予定はなく、検討もしていない」が78.5%（同81.5%）となっている。

勤務間インターバル制度の導入予定はなく、検討もしていない企業について、導入予定はなく、検討もしていない理由（複数回答）別の企業割合をみると、「**超過勤務の機会が少なく、当該制度を導入する必要性を感じないため**」が57.6%（令和5年調査51.9%）と**最も高く**なっている。また、「当該制度を知らなかったため」の全企業に対する企業割合は14.7%（同19.2%）となっている。

第3章 第1節　労働経済関係統計調査

❸ 賃金制度

1 時間外労働の割増賃金率

　時間外労働の割増賃金率（1か月60時間を超える時間外労働に係る割増賃金率は除く。）を「一律に定めている」企業割合は83.3％（令和5年調査86.4％）となっており、このうち時間外労働の割増賃金率を「25％」とする企業割合は94.2％（同94.3％）、「26％以上」とする企業割合は5.5％（同4.6％）となっている。

　時間外労働の割増賃金率を「26％以上」とする企業割合を企業規模別にみると、「1,000人以上」が19.1％、「300～999人」が11.9％、「100～299人」が6.5％、「30～99人」が3.9％となっている。

2 1か月60時間を超える時間外労働に係る割増賃金率

　時間外労働の割増賃金率を定めている企業のうち、1か月60時間を超える時間外労働に係る割増賃金率を定めている企業割合は61.1％（令和5年調査33.4％）となっており、このうち時間外労働の割増賃金率を「25～49％」とする企業割合は0.9％（同33.3％）、「50％以上」とする企業割合は99.0％（同64.5％）となっている。

　1か月60時間を超える時間外労働に係る割増賃金率を定めている企業割合を中小企業該当区分別にみると、「中小企業」が59.6％、「中小企業以外」が70.8％となっている。

❹ 資産形成

1 貯蓄制度の種類

　貯蓄制度がある企業割合は33.2％となっている。企業規模別にみると、「1,000人以上」が74.8％、「300～999人」が61.0％、「100～299人」が44.3％、「30～99人」が25.6％となっている。

　これを貯蓄制度の種類（複数回答）別にみると、「財形貯蓄」が28.9％と最も多くなっている。また、財形貯蓄の種類（複数回答）別みると、「一

80

般財形貯蓄」が28.0％と最も多くなっている。

2 住宅資金融資制度

　住宅資金融資制度がある企業割合は3.4％となっている。企業規模別にみると、「1,000人以上」が21.1％、「300〜999人」が8.8％、「100〜299人」が4.4％、「30〜99人」が2.0％となっている。

　これを住宅資金融資制度の種類（複数回答）別にみると、「社内融資」が2.5％と最も多くなっている。

（厚生労働省 「令和6年就労条件総合調査」）

5 賃金構造基本統計調査 重要度C

❶ 概要等

1 調査の概要

「賃金構造基本統計調査」は、統計法による基幹統計調査であり、全国の主要産業に雇用される労働者の賃金の実態を、雇用形態、就業形態、職種、性、年齢、学歴、勤続年数、経験年数別等に明らかにすることを目的として、毎年6月分の賃金等について7月に調査を実施している。

令和6年調査結果は、全国及び都道府県別の賃金について、調査客体として抽出された78,679事業所のうち有効回答を得た58,375事業所から、10人以上の常用労働者を雇用する民営事業所（50,682事業所）について集計したものである。

2 令和6年調査結果のポイント

1．一般労働者（短時間労働者以外の常用労働者）の賃金（月額）[※1]

男女計	330,400円（前年比3.8%増）（年齢44.1歳、勤続年数12.4年）
男性	363,100円（同3.5%増）（年齢44.9歳、勤続年数13.9年）
女性	275,300円（同4.8%増）（年齢42.7歳、勤続年数10.0年）

・男女計、男性及び女性とも平成3年以来33年ぶりの高い伸び率
・男女間賃金格差（男＝100）75.8（前年差1.0ポイント上昇）は、比較可能な昭和51年以降で、格差が最も縮小

2．短時間労働者[※2]の賃金（1時間当たり）[※1]

男女計	1,476円（前年比4.5%増）（年齢45.9歳、勤続年数6.5年）
男性	1,699円（同2.5%増）（年齢43.1歳、勤続年数5.4年）
女性	1,387円（同5.7%増）（年齢47.0歳、勤続年数6.9年）

[※1] 6月分として支払われた所定内給与額の平均値（1.は月額、2.は時間額）。
[※2] 同一事業所の一般の労働者より1日の所定労働時間が短い又は1日の所定労働時間が同じでも1週の所定労働日数が少ない常用労働者をいう。

❷ 一般労働者の賃金

１ 賃金の推移

賃金は、男女計330.4千円、男性363.1千円、女性275.3千円となっている。男女間賃金格差（男＝100）は、75.8となっている。

２ 性別にみた賃金

男女別に賃金カーブをみると、男性では、年齢階級が高くなるにつれて賃金も高く、**55～59歳**で444.1千円（20～24歳の賃金を100とすると189.6）と賃金がピークとなり、その後下降している。女性では、**45～49歳**の298.0千円（同129.2）がピークとなっているが、男性に比べ賃金の上昇が緩やかとなっている。

　１．学歴別にみた賃金
　　学歴別に賃金をみると、男女計では、高校288.9千円、専門学校306.9千円、高専・短大307.2千円、大学385.8千円、大学院497.0千円となっている。男女別にみると、男性では、高校313.2千円、大学417.7千円、女性では、高校237.7千円、大学315.1千円となっている。

　２．企業規模別にみた賃金
　　企業規模別に賃金をみると、男女計では、大企業364.5千円、中企業323.1千円、小企業299.3千円となっている。男女別にみると、男性では、大企業403.4千円、中企業355.6千円、小企業324.5千円、女性では、大企業296.6千円、中企業271.3千円、小企業255.5千円となっている。

　３．産業別にみた賃金
　　産業別に賃金をみると、男女計では、「電気・ガス・熱供給・水道業」（437.5千円）が最も高く、次いで「金融業，保険業」（410.6千円）となっており、「宿泊業，飲食サービス業」（269.5千円）が最も低くなっている。

　４．雇用形態別にみた賃金
　　雇用形態別に賃金をみると、男女計では、正社員・正職員348.6千円に対し、正社員・正職員以外233.1千円となっている。男女別にみると、男性では、正社員・正職員376.9千円に対し、正社員・正職員以外259.2千円、女性では、正社員・正職員294.2千円に対し、正社員・正職員以外210.3千円となっている。
　　雇用形態間賃金格差（正社員・正職員＝100）は、男女計66.9、男性68.8、女性71.5となっている。男女計でみると賃金格差が最も大きいのは、企業規模別では大企業（61.2）で、産業別では「卸売業，小売業」（58.8）となっている。

　５．勤続年数階級別にみた賃金
　　勤続年数階級別に賃金をみると、賃金が最も高い勤続年数階級は、男女計では、30年以上433.9千円、男性では、25～29年457.7千円、女性では、30年以上359.6千円となっている。

　６．役職別にみた賃金
　　一般労働者のうち、雇用期間の定めのない者について、役職別の賃金をみると、男女計

第3章 第1節 労働経済関係統計調査

では、部長級627.2千円、課長級512.0千円、係長級385.9千円となっている。男女別にみると、男性では、部長級636.4千円、課長級522.4千円、係長級396.3千円、女性では、部長級549.9千円、課長級458.1千円、係長級354.0千円となっている。

7．在留資格区分別にみた賃金
外国人労働者の賃金は242.7千円で、在留資格区分別にみると、専門的・技術的分野（特定技能を除く）292.0千円、特定技能211.2千円、身分に基づくもの300.3千円、技能実習182.7千円、その他（特定活動及び留学以外の資格外活動）226.5千円となっている。

8．新規学卒者の学歴別にみた賃金
新規学卒者の賃金を学歴別にみると、男女計で高校197.5千円、専門学校222.8千円、高専・短大223.9千円、大学248.3千円、大学院287.4千円となっている。

❸ 短時間労働者の賃金

1 性別にみた賃金

短時間労働者の1時間当たり賃金は、男女計1,476円、男性1,699円、女性1,387円となっている。

男女別に1時間当たり賃金を年齢階級別にみると、1時間当たり賃金が最も高い年齢階級は、男性では、**50～54歳**で2,434円、女性では、**30～34歳**で1,545円となっている。

2 企業規模別にみた賃金

企業規模別に1時間当たり賃金をみると、男女計では、大企業1,413円、中企業1,638円、小企業1,424円となっている。男女別にみると、男性では、大企業1,527円、中企業2,089円、小企業1,605円、女性では、大企業1,365円、中企業1,458円、小企業1,358円となっている。

3 産業別にみた賃金

産業別に1時間当たり賃金をみると、男女計で1時間当たり賃金が最も高い産業は、「教育，学習支援業」（2,627円）となっている。男女別にみると、男性では、「医療，福祉」（3,833円）、女性では、「教育，学習支援業」（2,219円）となっている。

（厚生労働省「令和6年賃金構造基本統計調査」）

84

雇用均等基本調査

雇用均等基本調査 重要度 B

1 概要等

1 調査の概要

「雇用均等基本調査」は、統計法に基づく一般統計調査であり、男女の均等な取扱いや仕事と家庭の両立などに関する雇用管理の実態把握を目的に実施している。令和5年度は、全国の企業と事業所を対象に、管理職等に占める女性割合や、育児休業制度の利用状況などについて、令和5年10月1日現在の状況を調査している。

2 令和5年度調査結果のポイント

1．企業調査結果のポイント（カッコ内の数値は各設問における前回調査の結果）
  （1） 女性管理職等を有する企業割合
      係長相当職以上の女性管理職等を有する企業割合を役職別にみると、部長相当職ありの企業は12.1％（令和4年度12.0％）、課長相当職ありの企業は21.5％（同22.3％）、係長相当職ありの企業は23.9％（同22.9％）となっている。
  （2） 管理職等に占める女性の割合
      管理職等に占める女性の割合は、部長相当職では7.9％（令和4年度8.0％）、課長相当職では12.0％（同11.6％）、係長相当職では19.5％（同18.7％）となっている。
2．事業所調査結果のポイント
  ・育児休業取得者の割合
   女性：84.1％（令和4年度80.2％）
   男性：30.1％（令和4年度17.13％）

第3章 第1節　労働経済関係統計調査

> ※　令和3年10月1日から令和4年9月30日までの1年間に在職中に出産した女性（男性の場合は配偶者が出産した男性）のうち、令和5年10月1日までに育児休業（産後パパ育休を含む。）を開始した者（育児休業の申出をしている者を含む。）の割合。

❷ 企業調査結果概要

1 職種別正社員・正職員の状況

1．正社員・正職員の男女比率

> 　正社員・正職員に占める女性の割合は27.3％と、前回調査（令和4年度26.9％）より0.4ポイント上昇した。
> 　これを職種別にみると、総合職21.5％、限定総合職35.4％、一般職34.5％、その他20.1％となっている。

2．正社員・正職員の構成比

> 　女性の正社員・正職員に占める各職種の割合は、一般職が43.5％と最も高く、次いで総合職38.6％、限定総合職13.6％の順となっている。
> 　男性の正社員・正職員に占める各職種の割合は、総合職が53.0％と最も高く、次いで一般職31.1％、限定総合職9.3％の順となっている。

参考 1．総合職
　基幹的な業務や総合的な判断を行う業務に属し、勤務地の制限がない職種
2．限定総合職
　準総合職、専門職など基幹的な業務や総合的な判断を行う業務に属し、転居を伴う転勤がない又は一定地域内や一定職種内でのみ異動がある職種
3．一般職
　「総合職」「限定総合職」と比して基幹的な業務や総合的な判断を行う業務が少ない職種

2 正社員・正職員の採用状況

1．採用状況

> 　令和5年春卒業の新規学卒者を採用した企業割合は22.6％と、前回調査（令和4年度21.1％）に比べ1.5ポイント上昇した。

雇用均等基本調査

採用した企業について採用区分ごとにみると、総合職については「男女とも採用」した企業の割合が56.4％と最も高く、次いで「男性のみ採用」が30.1％となっている。限定総合職では「男性のみ採用」が39.1％と最も高く、「男女とも採用」は34.6％、「女性のみ採用」は26.3％となっている。一般職では「女性のみ採用」が40.9％、「男性のみ採用」が33.2％となっている。その他では「男性のみ採用」が38.8％と最も高く、「女性のみ採用」が34.5％、「男女とも採用」が26.7％となっている。

2. 新規学卒者を採用した企業の女性の採用状況

新規学卒者の採用を行った企業を規模別にみると、企業規模が大きいほど女性を採用した企業割合が高い傾向にあり、5,000人以上規模では100.0％、1,000〜4,999人規模では95.0％となっている。

女性を採用した企業を採用者に占める女性の割合別にみると、「80％以上」の企業割合は40.3％と最も高く、次いで「女性が40％以上60％未満」が18.3％、「女性が60％以上80％未満」が17.1％の順となっている。

3 管理職等について

1. 女性管理職等を有する企業割合

課長相当職以上（役員を含む。以下同じ。）の女性管理職を有する企業割合は**54.2％**（令和４年度52.1％）、係長相当職以上（役員を含む。以下同じ。）の女性管理職等を有する企業割合は62.7％（同60.5％）となっている。また、女性管理職を有する企業割合を役職別にみると、部長相当職ありの企業は12.1％（同12.0％）、課長相当職は21.5％（同22.3％）となっている。

規模別にみると、規模が大きくなるほど、各管理職の女性を有する企業割合が高くなる傾向にあり、5,000人以上規模では、部長相当職の女性管理職を有する企業が80.8％、課長相当職の女性管理職を有する企業が97.3％、1,000〜4,999人規模では、部長相当職の女性管理職を有する企業が51.7％、課長相当職の女性管理職を有する企業が82.3％となっている。

第3章 第1節 労働経済関係統計調査

2. 管理職等に占める女性の割合

課長相当職以上の管理職に占める女性の割合は12.7％と、前回調査（令和４年度12.7％）と同率、係長相当職以上の管理職等に占める女性の割合は15.1％と、前回調査（同14.7％）より0.4ポイント上昇した。

それぞれの役職に占める女性の割合は、役員では20.9％（同21.1％）、部長相当職では7.9％（同8.0％）、課長相当職では12.0％（同11.6％）、係長相当職では19.5％（同18.7％）となっている。

規模別にみると、いずれの管理職等の割合においても**10～29人規模**が**最も高く**、部長相当職が13.2％、課長相当職が17.5％、係長相当職が26.8％となっている。

課長相当職以上の管理職に占める女性の割合を産業別にみると、**医療，福祉**（52.7％）が**突出して高く**なっており、教育，学習支援業（24.8％）、生活関連サービス業，娯楽業（20.1％）、宿泊業，飲食サービス業（19.4％）と続いている。

4 昇進について

1. 女性昇進者がいた企業割合

令和４年10月１日から令和５年９月30日の間に、各役職に新たに就いた女性がいたかをみると、課長相当職以上への女性昇進者がいた企業割合は**8.6％**と、前回調査（令和３年度8.1％）より0.5ポイント上昇、係長相当職以上への女性昇進者がいた企業割合は13.3％と、前回調査（同12.8％）より0.5ポイント上昇した。これを役職別にみると、部長相当職へは1.9％（同2.1％）、課長相当職へは4.9％（同4.7％）、係長相当職へは7.7％（同6.4％）となっている。

規模別にみると、規模が大きくなるほど各役職とも女性昇進者を有する企業割合が高くなり、5,000人以上規模では、部長相当職へが37.7％、課長相当職へは70.7％、係長相当職へは70.7％、1,000～4,999人規模では、部長相当職へが22.0％、課長相当職へは50.5％、係長相当職へは59.0％であった。

2. 昇進者に占める女性の割合

　令和4年10月1日から令和5年9月30日の間に、新たに役職についた昇進者に占める女性割合（以下「女性昇進者割合」という。）は、課長相当職以上では14.6%と、前回調査（令和3年度14.5%）より0.1ポイント上昇、係長相当職以上では19.0%と、前回調査（同18.6%）より0.4ポイント上昇した。これを役職別にみると、部長相当職では9.5%（同9.8%）、課長相当職では15.8%（同15.7%）、係長相当職では25.7%（同25.2%）となっている。

　課長相当職以上への女性昇進者割合を産業別にみると、医療，福祉（55.2%）、教育，学習支援業（25.9%）、金融業，保険業（22.7%）の順で高くなっている。

　企業規模別にみると、課長相当職以上への女性昇進者割合は、5,000人以上規模で13.3%、1,000〜4,999人規模で11.4%、300〜999人規模で12.0%、100〜299人規模で13.3%、30〜99人規模で17.8%、10〜29人規模で17.1%となっている。

5 不妊治療と仕事との両立支援制度について

　不妊治療と仕事との両立のために利用できる制度を設けている企業割合は**36.9%**であり、前回調査（令和3年度34.2%）より2.7ポイント上昇した。制度の内容別に内訳をみると、「**短時間勤務制度**」が48.5%と最も高く、次いで「特別休暇制度（多目的であり、不妊治療にも利用可能なもの）」が44.7%、「時差出勤制度」が37.4%、「所定外労働の制限の制度」が34.3%、「フレックスタイム制度」が26.8%となっている。

6 ハラスメントを防止するための対策の取組の有無

1. セクシュアルハラスメント

　セクシュアルハラスメントを防止するための対策に「取り組んでいる」企業割合は**86.0%**と、前回調査（令和4年度85.9%）より0.1ポイント上昇した。

規模別にみると、企業規模が大きいほど割合が高く、5,000人以上では100.0%、1,000〜4,999人では99.9%、300〜999人では99.8%、100〜299人では98.6%、30〜99人では92.4%、10〜29人では81.2%となっている。

2. 妊娠・出産・育児休業等に関するハラスメント

妊娠・出産・育児休業等に関するハラスメントを防止するための対策に「取り組んでいる」企業割合は**82.7%**と、前回調査（令和4年度81.5%）より1.2ポイント上昇した。

規模別にみると、5,000人以上では100.0%、1,000〜4,999人では99.9%、300〜999人では99.4%、100〜299人では98.0%、30〜99人では87.4%、10〜29人では78.2%となっている。

3. パワーハラスメント

パワーハラスメントを防止するための対策に「取り組んでいる」企業割合は**86.2%**と、前回調査（令和4年度84.4%）より1.8ポイント上昇した。

規模別にみると、企業規模が大きいほど取り組んでいる企業割合が高く、5,000人以上では100.0%、1,000〜4,999人では99.9%、300〜999人では99.7%、100〜299人では98.3%、30〜99人では90.5%、10〜29人では82.4%となっている。

4. 性的指向・性自認に関するハラスメント

相手の性的指向・性自認に関する侮辱的な言動など、性的指向・性自認に関するハラスメントについて、社内の通知や研修で取り上げる等防止対策の対象として明示する取組に「取り組んでいる」企業割合は**41.7%**であった。

規模別にみると、企業規模が大きいほど取り組んでいる企業割合が高く、5,000人以上では87.2%、1,000〜4,999人では74.7%、300〜999人では70.3%、100〜299人では62.9%、30〜99人では45.9%、10〜29人では36.1%となっている。

雇用均等基本調査

7 ハラスメントに関する事案への対応状況

1. セクシュアルハラスメント

過去3年間に、セクシュアルハラスメントに関する相談実績又は事案のあった企業は**6.0%**であった。

規模別にみると、企業規模が大きいほど割合が高く、5,000人以上規模では88.7%、1,000〜4,999人規模では60.7%となっている。

相談実績又は事案のあった企業のうち、その事案にどのように対応したか（複数回答）をみると、「事実関係を確認した」が94.7%、「被害者に対する配慮を行った」が84.2%、「再発防止に向けた措置を講じた」が80.4%であった。

2. 妊娠・出産・育児休業等に関するハラスメント

過去3年間に、妊娠・出産・育児休業等に関するハラスメントに関する相談実績又は事案のあった企業は**0.4%**であった。

規模別にみると、5,000人以上規模では38.5%、1,000〜4,999人規模では11.5%となっている。

相談実績又は事案のあった企業のうち、その事案にどのように対応したか（複数回答）をみると、「事実関係を確認した」が79.2%、「行為者に対する措置を行った」が76.3%、「再発防止に向けた措置を講じた」が72.3%であった。

3. パワーハラスメント

過去3年間に、パワーハラスメントに関する相談実績又は事案のあった企業は**13.5%**であった。

規模別にみると、企業規模が大きいほど割合が高く、5,000人以上規模では85.8%、1,000〜4,999人規模では80.8%、300〜999人規模では60.9%となっている。

相談実績又は事案のあった企業のうち、その事案にどのように対応したか（複数回答）をみると、「事実関係を確認した」が90.6%、「被害者に対する配慮を行った」が75.1%、「再発防止に向けた措置を講じた」が74.6%であっ

第3章 第1節

91

第3章 第1節　労働経済関係統計調査

た。

8 ハラスメントに関する望ましい取組への取組状況

1. 顧客から自社の労働者に対する著しい迷惑行為（以下「カスタマーハラスメント」という）

　カスタマーハラスメント対策の取組について「一定の取組をしている」企業割合は**24.3%**、「今後取組を検討している」企業割合は**33.5%**、「取り組んでいない」企業割合は**42.2%**であった。

　規模別にみると、企業規模が大きいほど取り組んでいる企業割合が高く、5,000人以上では63.4%、1,000〜4,999人では46.1%、300〜999人では40.3%、100〜299人では32.4%、30〜99人では23.5%、10〜29人では22.9%となっている。

2. 就職活動中やインターンシップ中の学生・求職者へのハラスメント

　就職活動中やインターンシップ中の学生・求職者へのハラスメント対策の取組について「一定の取組をしている」企業割合は**19.9%**、「今後取組を検討している」企業割合は**28.5%**、「取り組んでいない」企業割合は**51.6%**であった。

　規模別にみると、企業規模が大きいほど取り組んでいる企業割合が高く、5,000人以上では59.4%、1,000〜4,999人では48.1%、300〜999人では39.2%、100〜299人では30.9%、30〜99人では20.5%、10〜29人では17.3%となっている。

3. 取引先の労働者やフリーランス等自社の労働者以外の者へのハラスメント

　取引先の労働者やフリーランス等自社の労働者以外の者へのハラスメント対策の取組について「一定の取組をしている」企業割合は**20.9%**、「今後取組を検討している」企業割合は**30.7%**、「取り組んでいない」企業割合は**48.4%**であった。

　規模別にみると、企業規模が大きいほど取り組んでいる企業割合が高く、

雇用均等基本調査

5,000人以上では60.7%、1,000～4,999人では46.3%、300～999人では38.5%、100～299人では26.9%、30～99人では18.8%、10～29人では20.1%となっている。

❸ 事業所調査結果概要

1 育児休業制度

1. 育児休業者の有無別事業所割合

（1） 女性

令和3年10月1日から令和4年9月30日までの1年間に、在職中に出産した女性がいた事業所に占める女性の育児休業者（上記の期間に出産した者のうち令和5年10月1日までの間に育児休業を開始した者（育児休業の申出をしている者を含む。））がいた事業所の割合は**87.6%**と、前回調査（令和4年度86.7%）より0.9ポイント**上昇**した。

また、女性の有期契約労働者についてみると、在職中に出産した女性の有期契約労働者がいた事業所のうち、育児休業者がいた事業所の割合は**83.8%**で、前回調査（同75.4%）より**8.4ポイント上昇**した。

（2） 男性

令和3年10月1日から令和4年9月30日までの1年間に、配偶者が出産した男性がいた事業所に占める男性の育児休業者（上記の期間に配偶者が出産した者のうち令和5年10月1日までの間に育児休業（産後パパ育休を含む。）を開始した者（育児休業の申出をしている者を含む。））がいた事業所の割合は**37.9%**と、前回調査（令和4年度24.2%）より**13.7ポイント上昇**した。

また、男性の有期契約労働者についてみると、育児休業者がいた事業所の割合は**30.0%**で、前回調査（同11.2%）より**18.8ポイント上昇**した。

2. 育児休業者割合

（1） 女性

令和3年10月1日から令和4年9月30日までの1年間に在職中に出産し

第3章 第1節

93

た女性のうち、令和5年10月1日までに育児休業を開始した者（育児休業の申出をしている者を含む。）の割合は**84.1%**と、前回調査（令和4年度80.2%）より3.9ポイント上昇した。

また、同期間内に出産した、有期契約労働者の育児休業取得率は75.7%で、前回調査（同65.5%）より10.2ポイント上昇した。

(2) **男性**

令和3年10月1日から令和4年9月30日までの1年間に配偶者が出産した男性のうち、令和5年10月1日までに育児休業（産後パパ育休を含む。）を開始した者（育児休業の申出をしている者を含む。）の割合は**30.1%**と、前回調査（令和4年度17.13%）より13.0ポイント上昇した。

また、同期間内において配偶者が出産した、有期契約労働者の育児休業取得率は**26.9%**で、前回調査（同8.57%）より18.3ポイント上昇した。

3. 育児休業終了後の復職状況

令和4年4月1日から令和5年3月31日までの1年間に育児休業（産後パパ育休を含む。）を終了し、復職予定であった女性のうち、実際に復職した者の割合は**93.2%**（令和3年度93.1%）、退職した者の割合は6.8%（同6.9%）であった。男性については復職した者の割合は**97.3%**（同97.5%）、退職した者の割合は2.7%（同2.5%）であった。

4. 育児休業の取得期間

令和4年4月1日から令和5年3月31日までの1年間に育児休業（産後パパ育休を含む。）を終了し、復職した女性の育児休業期間は、「**12か月～18か月未満**」が32.7%（令和3年度34.0%）と**最も高く**、次いで「10か月～12か月未満」が30.9%（同30.0%）、「8か月～10か月未満」11.4%（同8.7%）の順となっている。

一方、男性は「**1か月～3か月未満**」が28.0%（令和3年度24.5%）と**最も高く**、次いで「5日～2週間未満」が22.0%（同26.5%）、「2週間～1か月未満」が20.4%（同13.2%）となっており、**2週間以上取得する割合が上昇**している。

5. 男性の育児休業・育児目的休暇の取得率の公表状況

男性の育児休業・育児目的休暇の取得率を公表している事業所は**20.2%**（令和3年度15.8%）となっている。事業所規模別に見ると、500人以上の事業所で65.7%（同25.9%）、100人〜499人の事業所で37.3%（同24.4%）、30〜99人の事業所で23.9%（同19.7%）、5〜29人の事業所で18.8%（同14.3%）である。

公表している事業所のうち、育児休業のみを算定対象としている事業所は53.4%（令和3年度60.9%）、育児休業と育児目的休暇の両方を対象としている事業所は43.2%（同37.7%）である。

2 育児のための所定労働時間の短縮措置等の制度の導入状況

1. 育児のための所定労働時間の短縮措置等の制度の有無、利用可能期間

育児のための所定労働時間の短縮措置等の制度がある事業所の割合は**67.2%**と、前回調査（令和4年度77.5%）に比べ10.3ポイント低下した。

産業別にみると、複合サービス事業（97.1%）、電気・ガス・熱供給・水道業（96.6%）、金融業，保険業（93.4%）において、制度がある事業所の割合が高くなっている。

規模別にみると、500人以上で98.0%、100〜499人で95.4%、30〜99人で84.8%、5〜29人で63.0%と、規模が大きい事業所の方が制度がある割合が高い傾向にある。

育児のための所定労働時間の短縮措置等の制度がある事業所の最長利用可能期間をみると、「**3歳未満**」が最も高く**32.1%**（令和4年度38.1%）、次いで「小学校卒業以降も利用可能」が30.5%（同23.0%）、「小学校就学の始期に達するまで」が17.2%（同19.8%）となっている。制度がある事業所において、「小学校就学の始期に達するまで及び小学校入学以降も対象」としている事業所割合は60.7%（同55.8%）で前回調査に比べて増加しているものの、全事業所に対する割合は40.8%（同43.3%）と、前回調査に比べ2.5ポイント低下した。

第3章 第1節　労働経済関係統計調査

2.　育児のための所定労働時間の短縮措置等の各制度の導入状況

育児のための所定労働時間の短縮措置等の各種制度の導入状況（複数回答）をみると、「**短時間勤務制度**」61.0%（令和4年度71.6%）、「所定外労働の制限」55.4%（同67.1%）、「始業・終業時刻の繰上げ・繰下げ」36.8%（同41.5%）の順で多くなっている。

「制度あり」と回答している事業所において、導入割合の多い措置の最長利用可能期間の状況をみると、「短時間勤務制度」については、「3歳未満」が最も高く48.8%（令和4年度55.8%）、次いで「小学校就学の始期に達するまで」が14.1%（同13.9%）であり、「小学校就学の始期に達するまで及び小学校入学以降も対象」としている事業所割合は45.4%（同40.0%）となっている。

「所定外労働の制限」については、「3歳未満」が最も高く45.5%（令和4年度51.4%）、次いで「小学校就学の始期に達するまで」が24.8%（同24.9%）であり、「小学校就学の始期に達するまで及び小学校入学以降も対象」としている事業所割合は46.2%（同41.6%）となっている。

「始業・終業時刻の繰上げ・繰下げ」については、「3歳未満」が最も高く34.3%（令和4年度42.7%）、次いで「小学校卒業以降も利用可能」が29.2%（同23.9%）であり、「小学校就学の始期に達するまで及び小学校入学以降も対象」としている事業所割合は59.6%（同52.2%）となっている。

3.　育児のための短時間勤務制度の短縮時間分賃金の取扱い

育児のための「短時間勤務制度」を導入している事業所において、短時間勤務により短縮した時間分の賃金の取扱いについては「**無給**」が**79.4%**（令和3年度78.8%）で**最も多く**、「一部有給」が11.4%（同10.4%）、「有給」が9.1%（同10.7%）となっている。

③ 多様な正社員制度に関する事項

1.　多様な正社員制度の実施状況

多様な正社員制度の実施状況は、「勤務できる（制度が就業規則等で明文化されている）」が23.5%（令和4年度24.1%）となっている。制度ごとの

状況（複数回答）をみると、「短時間正社員」が17.0%（同16.8%）、「勤務地限定正社員」が14.6%（同15.4%）、「職種・職務限定正社員」が12.1%（同12.4%）となっている。

2. 多様な正社員制度の利用状況別事業所割合

多様な正社員として勤務できる（制度が就業規則等で明文化されている）事業所において、令和4年10月1日から令和5年9月30日までの間に制度を利用した者がいた事業所割合は、「短時間正社員」が**34.8%**（令和4年度32.6%）、「勤務地限定正社員」が**48.6%**（同44.8%）、「職種・職務限定正社員」が**38.6%**（同38.6%）となっている。

3. 多様な正社員制度の利用者割合

多様な正社員として勤務できる（制度が就業規則等で明文化されている）事業所において、令和4年10月1日から令和5年9月30日までの間に制度を利用した者の割合は、「短時間正社員」が3.2%（令和4年度3.4%）、「勤務地限定正社員」が15.4%（同11.6%）、「職種・職務限定正社員」が16.0%（同13.9%）となっている。

（厚生労働省「令和5年度雇用均等基本調査」）

7 賃金引上げ等の実態に関する調査 重要度C

❶ 概要等

1 調査の概要

「賃金引上げ等の実態に関する調査」は、統計法に基づく一般統計調査であり、民間企業(労働組合のない企業を含む)における賃金・賞与の改定額、改定率、賃金・賞与の改定方法、改定に至るまでの経緯等を把握することを目的として実施されている。

2 令和6年調査結果のポイント

1. 賃金の改定状況
  (1) 賃金の改定の実施状況別企業割合
    「1人平均賃金※を引き上げた・引き上げる」企業割合91.2%(前年89.1%)
  (2) 1人平均賃金の改定額(予定を含む。)11,961円(前年9,437円)
        改定率(予定を含む。)4.1%(同3.2%)
    「労働組合あり」の1人平均賃金の改定額(予定を含む。)13,668円
                                    (前年10,650円)
        改定率(予定を含む。)4.5%
                                    (同3.4%)
    「労働組合なし」の1人平均賃金の改定額(予定を含む。)10,170円
                                    (前年8,302円)
        改定率(予定を含む。)3.6%
                                    (同3.1%)
  ※ 1人平均賃金とは、所定内賃金(諸手当等を含むが、時間外・休日手当や深夜手当等の割増手当、慶弔手当等の特別手当を含まない)の1か月1人当たりの平均額をいう。

賃金引上げ等の実態に関する調査

2．定期昇給等の実施状況

(1) 賃金の改定を実施した又は予定している企業及び賃金の改定を実施しない企業における定期昇給の状況

定期昇給を「行った・行う」企業割合
　　・管理職76.8%（前年71.8%）
　　・一般職83.4%（同79.5%）

(2) 定期昇給制度がある企業におけるベースアップの状況

ベースアップを「行った・行う」企業割合
　　・管理職47.0%（前年43.4%）
　　・一般職52.1%（同49.5%）

第3章 第1節

問題チェック 予想問題

次の文中の□□□の部分を適切な語句で埋め、完全な文章とせよ。

1．□A□とは、物価水準の上昇、企業の成長、生産性の向上等に対応して賃金水準を引き上げること（**賃金表の書き換えになる**）をいう。

2．□B□とは、**賃金表の中**で個々の労働者の賃金を職務内容、職務遂行能力、年齢等に対応して引き上げることをいい、□C□とは、あらかじめ労働協約、就業規則等で定められた制度に従って行われる□B□のことで、一定の時期に毎年増額することをいう。年齢、勤続年数による自動□B□のほかに、能力、業績評価に基づく□B□があり、毎年時期を定めて査定を行っている場合も含む。

解答　　　　　　　　　　　　　　　　　　　　　　　　労働一般常識

A：ベースアップ　B：昇給　C：定期昇給

---

❷ 賃金の改定の実施状況

令和6年中における賃金の改定の実施状況（9～12月予定を含む。）をみると、「1人平均賃金を引き上げた・引き上げる」企業の割合は**91.2%**（前年89.1%）、「1人平均賃金を引き下げた・引き下げる」は0.1%（同0.2%）、「賃金の改定を実施しない」は2.3%（同5.4%）、「未定」は6.4%（同5.3%）となっている。

企業規模別にみると、すべての規模で「1人平均賃金を引き上げた・引き

99

第3章 第1節　労働経済関係統計調査

> 上げる」企業の割合が**9割**を超えており、いずれも前年の割合を上回っている。

❸ 賃金の改定額及び改定率

令和6年中に賃金の改定を実施した又は予定していて額も決定している企業及び賃金の改定を実施しない企業について、賃金の改定状況（9～12月予定を含む。）をみると、「1人平均賃金の改定額」は11,961円（前年9,437円）、「1人平均賃金の改定率」は4.1％（同3.2％）となっている。

企業規模別にみると、「1人平均賃金の改定額」、「1人平均賃金の改定率」ともに全ての企業規模において前年を上回っている。

労働組合の有無別にみると、労働組合ありでは「1人平均賃金の改定額」は13,668円（同10,650円）、「1人平均賃金の改定率」は4.5％（同3.4％）、労働組合なしでは10,170円（同8,302円）、3.6％（同3.1％）となっている。

▌**Check Point!** ▶

□　年次推移をみると、「1人平均賃金の改定額」、「1人平均賃金の改定率」
　　ともに、平成23年調査以降増加傾向で推移し、令和2年、3年調査では
　　低下したが、令和4年、5年、6年調査では上昇した。

❹ 定期昇給制度、ベースアップ等の実施状況

❶ 定期昇給の実施状況

令和6年中に賃金の改定を実施した又は予定している企業及び賃金の改定を実施しない企業における定期昇給（以下「定昇」という。）制度のある企業の定昇の実施状況をみると、管理職では定昇を「行った・行う」企業の割合は**76.8％**（前年71.8％）、「行わなかった・行わない」は4.3％（同5.0％）となっている。また、一般職では定昇を「行った・行う」は83.4％（同79.5％）、「行わなかった・行わない」は2.6％（同3.7％）となっている。

100

賃金引上げ等の実態に関する調査

2 ベースアップ等の実施状況

令和6年中に賃金の改定を実施した又は予定している企業及び賃金の改定を実施しない企業のうち定昇制度がある企業について、ベースアップ（以下「ベア」という。）等の実施状況をみると、管理職では「ベアを行った・行う」企業の割合は**47.0%**（前年43.4%）、「ベアを行わなかった・行わない」は18.1%（同21.0%）となっている。また、一般職では「ベアを行った・行う」は52.1%（同49.5%）、「ベアを行わなかった・行わない」は14.9%（同18.2%）となっている。

❺ 賃金の改定事情

(1) 賃金の改定に当たり最も重視した要素

令和6年中に賃金の改定を実施した又は予定していて額も決定している企業について、賃金の改定の決定に当たり最も重視した要素をみると、「**企業の業績**」の割合が35.2%（前年36.0%）と最も多くなっている。次いで「労働力の確保・定着」が14.3%（同16.1%）、「雇用の維持」が12.8%（同11.6%）となっている。

(2) 企業の業績評価及び業績評価の理由

令和6年中に賃金の改定を実施した又は予定していて額も決定している企業のうち、賃金の改定の決定に当たり「企業の業績」を重視したと回答した企業（複数回答）について、企業の業績評価をみると、「良い」と回答した企業が45.6%、「悪い」と回答した企業が15.2%、「どちらともいえない」と回答した企業が37.9%となっている。

また、当該評価の理由として、「良い」と回答した企業では「販売数の増加・減少」が35.0%で最も多く、「悪い」と回答した企業では「販売数の増加・減少」が9.1%で最も多くなっている。

❻ 夏の賞与の支給状況

令和6年における夏の賞与の支給状況をみると、「支給した又は支給する（額決定）」企業の割合は88.1（前年86.0%）、「支給するが額は未定」は3.9

％（同4.9％）、「支給しない」は6.5％（同6.9％）となっている。
　産業別にみると、「支給しない」では、「**宿泊業，飲食サービス業**」が17.8％（同14.7％）と最も高くなっている。

（労働組合からの賃上げ要求状況）
・令和6年における労働組合がある企業の割合は24.5％（前年20.5％）となっている。
・労働組合がある企業を100とした場合の、労働組合からの賃上げ要求交渉の有無をみると、「賃上げ要求交渉があった」企業の割合は80.2％（同88.9％）、「賃上げ要求交渉がなかった」は15.6％（同9.0％）となっている。

（厚生労働省「令和6年賃金引上げ等の実態に関する調査」）

若年者雇用実態調査

❶ 概要等

1 調査の概要

「若年者雇用実態調査」は、厚生労働省が、事業所における若年労働者の雇用状況、若年労働者の就業に関する意識など若年者の雇用実態について把握することを目的とし、5人以上の常用労働者を雇用する事業所約17,000カ所と、そこで働く若年労働者（**満15～34歳**の労働者）約23,000人を対象として令和5年10月1日現在の状況について調査を実施したものである。

2 令和5年調査結果のポイント

1．事業所調査
 (1) 労働者に占める若年労働者の割合は**低下**
  ・全労働者に占める若年労働者の割合23.7％（前回（平成30年）調査27.3％）
  ・正社員に占める若年労働者の割合25.4％（同27.7％）
  ・正社員以外の労働者に占める若年労働者の割合20.8％（同26.8％）
 (2) 「若年労働者の定着のための対策を行っている」事業所の割合は**上昇**
  ・若年正社員73.7％（同72.0％）
  ・正社員以外の若年労働者60.1％（同57.1％）
 (3) 若年労働者の定着のための対策では、「**労働時間の短縮・有給休暇の積極的な取得奨励**」を実施している事業所割合が**上昇**
  ・若年正社員52.9％（同37.8％）
  ・正社員以外の若年労働者44.9％（同33.4％）
2．個人調査
 (1) 在学していない若年労働者が初めて勤務した会社で現在も働いているかの有無

第3章 第1節　労働経済関係統計調査

・「勤務している」55.5%

・「勤務していない」42.7%

　　初めて勤務した会社をやめた理由（3つまでの複数回答）は「**労働時間・休日・休暇の条件がよくなかった**」28.5%、「**人間関係がよくなかった**」26.4%の順

(2)　今後「転職したいと思っている」若年正社員の割合**31.2%**（同27.6%）

　　転職しようと思う理由（複数回答）は「**賃金**の条件がよい会社にかわりたい」59.9%、「**労働時間・休日・休暇**の条件がよい会社にかわりたい」50.0%の順

❷ 事業所調査

1 若年者の雇用状況

1．若年労働者のいる事業所の割合

　　令和5年10月1日現在で、若年労働者が就業している事業所の割合は**73.6%**となっており、その内訳は「若年正社員がいる」事業所が62.0%、「正社員以外の若年労働者がいる」事業所が34.4%となっている。

　　「若年正社員がいる」事業所割合を産業別にみると、「**金融業，保険業**」が86.6%と最も高く、次いで「電気・ガス・熱供給・水道業」79.0%となっている。一方、「正社員以外の若年労働者がいる」事業所の割合は「**宿泊業，飲食サービス業**」が60.4%と最も高く、次いで「教育，学習支援業」が49.7%となっている。

　　事業所規模別にみると、30人以上の各事業所規模において「若年労働者がいる」事業所割合が9割を超えているのに対して、「5〜29人」規模では69.5%と7割弱となっている。

　　また、前回調査（平成30年）と比較すると「若年労働者がいる」事業所の割合は、正社員、正社員以外ともに低下している。

2．雇用形態別若年労働者の割合

　　全労働者に占める若年労働者の割合は**23.7%**となっており、若年労働者

の割合を産業別にみると、「宿泊業，飲食サービス業」が34.3％と最も高く、次いで「情報通信業」32.0％、「生活関連サービス業，娯楽業」26.8％の順となっている。

　正社員に占める若年労働者の割合が高い産業は「情報通信業」の33.5％、「金融業，保険業」の30.1％などとなっており、正社員以外の労働者に占める若年労働者の割合が高い産業は「宿泊業，飲食サービス業」の38.5％、「生活関連サービス業，娯楽業」の28.1％などとなっている。

　事業所規模別にみると、正社員に占める若年労働者の割合は、「1,000人以上」規模が35.9％と最も高く、事業所規模が大きいほど高くなっている。正社員以外に占める若年労働者割合は、「1,000人以上」規模で27.4％と最も高くなっている一方で、「5〜29人」規模が23.2％と他の事業所規模に比べて高くなっている。

2 若年労働者の採用状況

1．採用された若年労働者の有無

　過去1年間（令和4年10月〜令和5年9月）に正社員として採用された若年労働者がいた事業所の割合は33.4％、正社員以外の労働者として採用された若年労働者がいた事業所は19.8％となっている。

　採用された若年労働者がいた事業所割合を産業別にみると、正社員では「金融業，保険業」（56.2％）、「情報通信業」（53.1％）の順で、正社員以外では「宿泊業，飲食サービス業」（34.1％）、「教育，学習支援業」（32.7％）の順で高くなっている。

2．若年正社員の採用選考にあたり重視した点

　若年正社員の採用選考をした事業所のうち、採用選考にあたり重視した点（複数回答）について採用区分別にみると、「新規学卒者」、「中途採用者」とも「職業意識・勤労意欲・チャレンジ精神」がそれぞれ 79.3％、72.7％と最も高くなっている。次いで「新規学卒者」、「中途採用者」とも「コミュニケーション能力」（74.8％、66.9％）、「マナー・社会常識」（58.6％、58.1％）となっており、積極性や他者との関わり合いの中で円滑に業務を遂行す

ることができる能力、スキルが重視されている。

　また、「新規学卒者」に比べ「中途採用者」は「**業務に役立つ職業経験・訓練経験**」（14.7％、42.3％）が重視されている。

③ 若年労働者の育成状況

　若年労働者の育成方法についてみると、若年正社員の育成を行っている事業所の割合は77.9％、正社員以外の若年労働者の育成を行っている事業所の割合は**66.3％**となっている。

　若年正社員の育成方法（複数回答）についてみると、「OJT」69.8％、「OFF-JT」35.2％、「自己啓発への支援」33.1％、「ジョブローテーション」24.0％の順となっている。また、正社員以外の若年労働者の育成方針をみると、「OJT」56.5％、「OFF-JT」20.2％、「自己啓発への支援」15.8％、「ジョブローテーション」9.0％の順となっている。

④ 正社員への転換について

　正社員以外の労働者を正社員へ転換させる制度についてみると、「制度がある」事業所は**59.9％**、「制度がない」事業所は36.9％となっている。

　「制度がある」事業所の割合を産業別にみると、「**複合サービス事業**」（87.8％）、「宿泊業，飲食サービス業」（70.4％）、「金融業，保険業」（69.9％）の順で高くなっている。

⑤ 若年労働者の定着について

1. 自己都合により退職した若年労働者の有無

　過去1年間（令和4年10月～令和5年9月）に若年労働者がいた事業所のうち、「自己都合により退職した若年労働者がいた」事業所は**40.9％**となっており、自己都合により退職した若年労働者を雇用形態別（複数回答）でみると「正社員」が28.4％、「正社員以外」の若年労働者が18.4％となっている。

　産業別にみると、「**生活関連サービス業，娯楽業**」（56.5％）、「情報通信業」

若年者雇用実態調査

（47.5%）、「卸売業，小売業」（45.6%）の順で「自己都合により退職した若年労働者がいた」事業所割合が高くなっている。

2. 定着のための対策

　若年正社員の「定着のための対策を行っている」事業所は**73.7%**、正社員以外の若年労働者の「定着のための対策を行っている」事業所は**60.1%**となっており、若年労働者の定着のために実施している対策（複数回答）をみると、「**職場での意思疎通の向上**」が若年正社員、正社員以外の若年労働者ともに最も高くなっている。また、若年正社員、正社員以外の若年労働者ともに、前回（平成30年）調査より「**労働時間の短縮・有給休暇の積極的な取得奨励**」を実施する事業所割合が大きく増加している。

❸ 個人調査

1 現在の就業状況

1. 在学していない若年労働者の雇用・就業形態

　若年労働者のうち「在学していない若年労働者」の割合は**88.7%**となっており、これを雇用形態別にみると「正社員」が74.8%、「正社員以外の労働者」が24.9%となっている。

　また、性別でみると、男では「正社員」が83.8%となっており、概ね**年齢階級が上がるほど「正社員」の割合は高く**なっており、女では「正社員」が「**20〜24歳**」層の79.3%をピークに、**年齢階級が上がるほど「正社員」の割合は低く**なっている。

　最終学歴別にみると、学歴が高くなるほど、「正社員」の割合が概ね高くなっている。

2. 同居家族の状況

　家族と「同居している」若年労働者は72.5%、「同居していない」若年労働者は26.6%となっている。

第3章 第1節

第3章 第1節　労働経済関係統計調査

　同居している若年労働者の同居家族の続柄（複数回答）についてみると、男女ともに「親」が最も高く、それぞれ41.2％、43.6％となっている。雇用形態別には、「親」と同居について、若年正社員で36.5％、正社員以外の若年労働者で54.5％となっている。「配偶者」と同居については、若年正社員で27.2％、正社員以外の労働者で19.3％となっている。

3.　主な収入源

　若年労働者の主な収入源についてみると、「自分自身の収入」が59.6％、「親の収入」が26.0％、「配偶者の収入」が11.3％の順となっている。

　性別にみると、男では「自分自身の収入」が73.8％と最も高く、年齢階級が上がるほど「親の収入」の割合が低くなる一方で「自分自身の収入」は高くなり、25～34歳の各層では「自分自身の収入」が約8割となっている。女では「自分自身の収入」が47.1％と最も高いものの、ピークとなる「25～29歳」層でも54.0％にとどまっている。また、年齢階級が上がるほど「親の収入」の割合は低くなる一方で「配偶者の収入」割合が高くなり、ピークとなる「30～34歳」層では38.9％となっている。

　雇用形態別では、正社員では「自分自身の収入」が72.2％、次いで「親の収入」が17.7％となっており、正社員以外では「親の収入」が42.8％、次いで「自分自身の収入」が34.1％となっている。

4.　働いている理由

　若年労働者の働いている理由（3つまでの複数回答）をみると、「**主たる稼ぎ手として生活を維持するため**」が51.0％で最も高く、次いで「自分の学費や娯楽費を稼ぐため」が49.7％、「自立のため」が31.5％の順となっている。

　年齢階級別にみると、男では15～24歳の各層では「自分の学費や娯楽費を稼ぐため」が最も高く、25～34歳の各層になると「主たる稼ぎ手として生活を維持するため」が最も高くなっている。

　女では15～29歳の各層では「自分の学費や娯楽費を稼ぐため」が最も高く、「30～34歳」層では「主たる稼ぎ手ではないが生活を維持するには不可欠であるため」が最も高くなっている。

若年者雇用実態調査

　雇用形態別にみると、正社員では「主たる稼ぎ手として生活を維持するため」が63.3％、正社員以外の労働者では「自分の学費や娯楽費を稼ぐため」が57.1％と最も高くなっている。

5．雇用形態別にみた賃金総額階級

　令和5年9月に支払われた若年労働者の賃金総額階級を雇用形態別にみると、正社員では「**20万円～25万円未満**」が33.2％と最も高く、正社員以外の労働者では「**10万円～15万円未満**」が23.5％と最も高くなっている。
　ピークとなる賃金総額階級について、性別にみると、正社員では、男女ともに「**20万円～25万円未満**」で男が29.3％、女は37.5％となっている。正社員以外の労働者では男が「**15万円～20万円未満**」で23.3％、女が「**10万円～15万円未満**」で26.2％となっている。正社員以外の若年労働者の就業形態別には「フルタイム」では「**15万円～20万円未満**」で35.8％、「短時間」では「**5万円～10万円未満**」で32.1％となっている。

2　これまでの就業状況

1．最終学校卒業から1年間の状況

⑴　正社員もしくは正社員以外の労働者として勤務した又は働いていなかった割合

　在学していない若年労働者の最終学校卒業から1年間の状況をみると、「**正社員として勤務した**」が76.2％、「正社員以外の労働者として勤務した」が19.2％、「働いていなかった」が4.2％となっている。
　性別に「正社員として勤務した」若年労働者をみると、男で78.7％、女で73.9％となっている。最終学歴別には、大学までは、学歴が高くなるほど「正社員として勤務した」割合が高くなっているが、**大学院では大学より低く**なっている。
　また、雇用形態別には、若年正社員では「正社員として勤務した」が87.9％、「正社員以外の労働者として勤務した」が10.2％に対し、正社員以外の若年労働者では「正社員として勤務した」が41.2％、「正社員以外の労働者として勤務した」が46.0％となっている。

第3章 第1節　労働経済関係統計調査

⑵　正社員以外の労働者として勤務した理由

　　最終学校卒業から1年間に、正社員以外の労働者として勤務した主な理由についてみると、「元々、正社員を希望していなかった」が19.6％と最も高く、次いで「正社員求人に応募したが採用されなかった」が18.2％、「自分の希望する条件に合わなかったので正社員として勤務しなかった」が12.9％の順となっている。

2.　初めて勤務した会社で現在も働いているかどうか

　　在学していない若年労働者が初めて勤務した会社で現在も働いているかどうかについてみると、「勤務している」が55.5％、「勤務していない」が42.7％となっている。

　　これを性別にみると、「勤務している」では男が59.4％、女が52.0％となっている。

　　最終学歴別に「勤務している」割合をみると、概ね学歴が高くなるほど「勤務している」割合は高くなっており、雇用形態別に「勤務している」割合をみると、正社員では**65.4％**、正社員以外の労働者では**26.0％**となっている。

3.　初めて勤務した会社をやめた主な理由

　　初めて勤務した会社をやめた理由（3つまでの複数回答）についてみると、「**労働時間・休日・休暇の条件がよくなかった**」が28.5％、「**人間関係がよくなかった**」が26.4％、「**賃金の条件がよくなかった**」が21.8％、「**仕事が自分に合わない**」が21.7％の順となっている。

　　これを初めて勤務した会社での勤続期間階級別にみると、1年未満の期間では「**人間関係がよくなかった**」と回答した割合が最も高くなっており、1年～10年未満の期間では「**労働時間・休日・休暇の条件がよくなかった**」と回答した割合が最も高くなっている。また、10年以上の期間では「**人間関係がよくなかった**」と回答した割合が最も高く、次いで「労働時間・休日・休暇の条件がよくなかった」となっている。

110

若年者雇用実態調査

3 今後の職業生活

1. 若年正社員の転職希望

若年正社員が、現在の会社から今後「転職したいと思っている」割合は31.2％、「転職したいと思っていない」割合は30.3％となっている。

これを性別にみると、男では今後「転職したいと思っている」が27.7％、「転職したいと思っていない」が32.6％、女では今後「転職したいと思っている」が35.1％、「転職したいと思っていない」が27.8％となっている。

年齢階級別にみると、今後「転職したいと思っている」は「**20～24歳**」層が35.0％と最も高くなっている。

2. 若年正社員の転職希望理由

現在の会社から今後、転職したいと思っている若年正社員について、転職しようと思う理由（複数回答）をみると、「**賃金の条件がよい会社にかわりたい**」が59.9％、「労働時間・休日・休暇の条件がよい会社にかわりたい」が50.0％と高くなっている。

3. 正社員以外の在学していない若年労働者の今後の働き方の希望

正社員以外の在学していない若年労働者の今後の働き方の希望をみると、「正社員として働きたい」が35.7％、「正社員以外の労働者として働きたい」が32.5％、「独立して事業を始めたい」が1.4％となっている。

性別にみると、男では「正社員として働きたい」が44.0％、「正社員以外の労働者として働きたい」が18.6％、女では「正社員として働きたい」が32.0％、「正社員以外の労働者として働きたい」が38.6％となっている。

4 職業生活の満足度

在学していない若年労働者の職業生活の満足度D.I.について雇用形態別にみると、若年正社員では、「**雇用の安定性**」が66.4ポイントと最も高く、次いで「職場の人間関係、コミュニケーション」が57.3ポイント、「仕事の内容・やりがい」が55.2ポイントとなっている。

第3章 第1節

111

第3章 第1節　労働経済関係統計調査

　正社員以外の若年労働者では、「**仕事の内容・やりがい**」が59.9ポイントと最も高く、次いで「労働時間・休日等の労働条件」が54.8ポイント、「職場の人間関係、コミュニケーション」が54.5ポイントと高い反面、「雇用の安定性」（38.1ポイント）は正社員に比べて満足度は低くなっている。

　「賃金」については若年正社員、正社員以外の若年労働者ともに**最も満足度は低く**、若年正社員でマイナス5.9ポイント、正社員以外の若年労働者では0.6ポイントとなっている。

　「職業生活全体」でみると、若年正社員が37.8ポイント、正社員以外の若年労働者が45.3ポイントとなっている。

（厚生労働省「令和5年若年者雇用実態調査」）

9 障害者雇用状況の集計結果 重要度B

❶ 概要等

1 調査の概要

「障害者雇用状況の集計結果」は、障害者雇用促進法に基づき、毎年6月1日現在の身体障害者、知的障害者及び精神障害者の雇用状況について、障害者の雇用義務のある事業主などに報告を求め、それを集計したものである。

2 令和6年集計結果のポイント

民間企業（法定雇用率2.5％、令和6年3月までの法定雇用率は2.3％）
・雇用障害者数は67万7,461.5人、対前年差3万5,283.5人**増加**、対前年比5.5％**増加**
・実雇用率2.41％、対前年比0.08ポイント**上昇**

Check Point!
☐ 雇用障害者数、実雇用率ともに過去最高を更新した。
☐ 法定雇用率達成企業の割合は46.0％、対前年比で4.1ポイント低下した。

第3章 第1節 労働経済関係統計調査

❷ 民間企業における雇用状況

1 雇用されている障害者の数、実雇用率、法定雇用率達成企業の割合

- 民間企業（常用労働者数が40.0人以上の企業：法定雇用率2.5%）に雇用されている障害者の数は677,461.5人で、前年より35,283.5人増加（対前年比5.5%増）し、**21年連続で過去最高を更新**した。
- 雇用者のうち、身体障害者は368,949.0人（対前年比2.4%増）、知的障害者は157,795.5人（同4.0%増）、精神障害者は150,717.0人（同15.7%増）と、いずれも前年より増加し、**特に精神障害者の伸び率が大きかった。**
- 実雇用率は、13年連続で過去最高の2.41%（前年は2.33%）、法定雇用率達成企業の割合は46.0%（同50.1%）であった。

2 企業規模別の状況

- 企業規模別にみると、雇用されている障害者の数は、今年から新たに報告対象となった常用労働者数が40.0〜43.5人未満規模の企業では4,962.5人であった。また、従来から報告対象であった企業を規模別に見ると、43.5〜100人未満で73,317.5人（前年は70,302.5人）、100〜300人未満で124,637.0人（同122,195.0人）、300〜500人未満で57,178.5人（同54,084.5人）、500〜1,000人未満で76,515.5人（同73,435.5人）、1,000人以上で340,850.5人（同322,160.5人）と、**全ての企業規模で前年より増加**した。
- 実雇用率は、今年から新たに報告対象となった常用労働者数が40.0〜43.5人未満規模の企業では2.10%であった。また、従来から報告対象であった企業を規模別に見ると、43.5〜100人未満で1.95%（前年は1.95%）、100〜300人未満で2.19%（同2.15%）、300〜500人未満で2.29%（同2.18%）、500〜1,000人未満で2.48%（同2.36%）、1,000人以上で2.64%（同2.55%）と、**全ての企業規模で前年より増加した**[※]。なお、**1,000人以上規模の企業は、実雇用率が法定雇用率を上回っている。**
- ※　小数点第3位で比較した場合、43.5〜100人未満においても増加している。

114

障害者雇用状況の集計結果

・法定雇用率達成企業の割合は、今年から新たに報告対象となった常用労働者数が40.0～43.5人未満規模の企業では33.3％であった。また、従来から報告対象であった企業を規模別に見ると、43.5～100人未満で45.4％（前年は47.2％）、100～300人未満で49.1％（同53.3％）、300～500人未満で41.1％（同46.9％）、500～1,000人未満で44.3％（同52.4％）、1,000人以上で54.7％（同67.5％）となり、**全ての企業規模で前年より低下した**※。

※　昨年比で法定雇用率が0.2ポイント上がっていることの影響による低下を含む。

3 産業別の状況

・産業別にみると、雇用されている障害者の数は、**全ての業種で前年よりも増加**した。
・産業別の実雇用率では、「**医療、福祉**」（3.19％）が法定雇用率を上回っている。

4 法定雇用率未達成企業の状況

・令和6年の法定雇用率未達成企業は63,364社。そのうち、不足数が0.5人または1人である企業（1人不足企業）が、64.1％と過半数を占めている。
・また、障害者を1人も雇用していない企業（0人雇用企業）は36,485社であり、未達成企業に占める割合は、57.6％となっている。

参考 1．公的機関の障害者雇用状況（法定雇用率2.8％、都道府県等の教育委員会は2.7％）
　　雇用障害者数、実雇用率ともに対前年で上回る。
　　・国：雇用障害者数1万428.0人、実雇用率3.07％
　　・都道府県：雇用障害者数1万1,030.5人、実雇用率3.05％
　　・市町村：雇用障害者数3万7,433.5人、実雇用率2.75％
　　・教育委員会：雇用障害者数1万7,719.0人、実雇用率2.43％
　　2．独立行政法人等の障害者雇用状況（法定雇用率2.8％）
　　雇用障害者数、実雇用率ともに対前年で上回る。
　　・雇用障害者数1万3,419.0人、実雇用率2.85％

（厚生労働省「令和6年障害者雇用状況の集計結果」）

第3章 第1節　労働経済関係統計調査

10 高年齢者雇用状況等報告の集計結果 重要度 C

❶ 概要等

⬜1 調査の概要

「高年齢者等の雇用の安定等に関する法律」では、65歳までの雇用の確保を目的として、「定年制の廃止」や「定年の引上げ」、「継続雇用制度の導入」のいずれかの措置（高年齢者雇用確保措置）を講じるよう、企業に義務付けている。

加えて、70歳までの就業機会の確保を目的として、「定年制の廃止」や「定年の引上げ」、「継続雇用制度の導入」という雇用による措置や、「業務委託契約を締結する制度の導入」、「社会貢献事業に従事できる制度の導入」という雇用以外の措置のいずれかの措置（高年齢者就業確保措置）を講じるように努めることを企業に義務付けている。

今回の集計結果は、従業員21人以上の企業237,052社からの報告に基づき、このような高年齢者の雇用等に関する措置について、令和6年6月1日時点での企業における実施状況等をまとめたものである。

問題チェック 予想問題

次の文中の⬜の部分を適切な語句で埋め、完全な文章とせよ。

継続雇用制度には、⬜A⬜と⬜B⬜の2種類がある。⬜A⬜とは、一定年齢で退職させることなく引き続き雇用する制度をいい、⬜B⬜とは、一定年齢でいったん退職させたのち再び雇用する制度をいう。

解答　　　　　　　　　　　　　　　　　　　　　　　　労働一般常識

A：勤務延長制度　B：再雇用制度

116

高年齢者雇用状況等報告の集計結果

2 令和6年集計結果のポイント

1. 65歳までの高年齢者雇用確保措置の実施状況

65歳までの高年齢者雇用確保措置を実施済みの企業は99.9% ［変動なし］

・中小企業では99.9%［変動なし］、**大企業**では100.0%［0.1ポイント**増加**］

・高年齢者雇用確保措置の措置内容別の内訳は、
「継続雇用制度の導入」により実施している企業が67.4%［1.8ポイント**減少**］、
「**定年の引上げ**」により実施している企業は28.7%［1.8ポイント**増加**］

2. 70歳までの高年齢者就業確保措置の実施状況

70歳までの高年齢者就業確保措置を実施済みの企業は31.9%［2.2ポイント**増加**］

・中小企業では32.4%［2.1ポイント増加］、大企業では25.5%［2.7ポイント増加］

3. 企業における定年制の状況

65歳以上定年企業（定年制の廃止企業を含む）は32.6%［1.8ポイント増加］

※ ［ ］は対前年差

※ この集計では、従業員21人〜300人規模を「中小企業」、301人以上規模を「大企業」としている。

❷ 65歳までの高年齢者雇用確保措置の実施状況

1 65歳までの高年齢者雇用確保措置の実施状況

高年齢者雇用確保措置（以下「雇用確保措置」という。)を実施済みの企業（236,920社）は、報告した企業全体の99.9%［変動なし］で、中小企業では99.9%［変動なし］、大企業では100.0%［0.1ポイント増加］であった。

117

第3章 第1節　労働経済関係統計調査

参考 （雇用確保措置）
高年齢者等の雇用の安定等に関する法律第9条第1項に基づき、定年を65歳未満に定めている事業主は、雇用する高年齢者の65歳までの安定した雇用を確保するため、以下のいずれかの措置（高年齢者雇用確保措置）を講じなければならない。
①定年制の廃止、②定年の引上げ、③継続雇用制度※（再雇用制度・勤務延長制度）の導入
※継続雇用制度とは、現に雇用している高年齢者が希望するときは、当該高年齢者をその定年後も引き続いて雇用する制度をいう。平成24年度の法改正により、平成25年度以降、制度の適用者は原則として「希望者全員」となった。平成24年度までに労使協定により継続雇用制度の対象者を限定する基準を定めていた場合、令和7年3月31日までは基準を適用可能（経過措置）。基準を適用できる年齢について、老齢厚生年金の報酬比例部分の支給開始年齢以上となるよう、段階的に引き上げており、令和4年4月1日から令和7年3月31日における基準を適用できる年齢は64歳である。

2 雇用確保措置を実施済みの企業の内訳

雇用確保措置を実施済みの企業（236,920社）について、雇用確保措置の措置内容別に見ると、次の通りであった。
　①　定年制の廃止（9,247社）は3.9%［変動なし］
　②　定年の引上げ（68,099社）は28.7%［1.8ポイント**増加**］
　③　継続雇用制度の導入（159,574社）は67.4%［1.8ポイント減少］

3 継続雇用制度の導入により雇用確保措置を講じている企業の状況

継続雇用制度の導入により雇用確保措置を講じている企業（159,574社）を対象に、継続雇用制度の内容を見ると、希望者全員を対象とする継続雇用制度を導入している企業は86.2%［1.6ポイント増加］で、中小企業では87.6%［1.5ポイント増加］、大企業では71.1%［3.0ポイント増加］であった。

一方、経過措置に基づき、対象者を限定する基準がある継続雇用制度を導入している企業（経過措置適用企業）は、企業規模計では13.8%［1.6ポイント減少］であったが、大企業に限ると28.9%［3.0ポイント減少］であった。

高年齢者雇用状況等報告の集計結果

❸ 70歳までの高年齢者就業確保措置の実施状況

1 70歳までの高年齢者就業確保措置の実施状況

高年齢者就業確保措置（以下「就業確保措置」という。）を実施済みの企業（75,643社）は、報告した企業全体の31.9%［2.2ポイント増加］で、中小企業では32.4%［2.1ポイント増加］、大企業では25.5%［2.7ポイント増加］であった。

参考（就業確保措置）
高年齢者等の雇用の安定等に関する法律第10条の2に基づき、定年を65歳以上70歳未満に定めている事業主または65歳までの継続雇用制度（70歳以上まで引き続き雇用する制度を除く。）を導入している事業主は、その雇用する高年齢者について、次に掲げるいずれかの措置（高年齢者就業確保措置）を講ずることにより、65歳から70歳までの就業を確保するよう努めなければならない。
　①定年制の廃止
　②定年の引上げ
　③継続雇用制度（再雇用制度・勤務延長制度）の導入
　④業務委託契約を締結する制度の導入
　⑤社会貢献事業に従事できる制度の導入〔事業主が自ら実施する社会貢献事業または事業主が委託、出資（資金提供）等する団体が行う社会貢献事業〕

2 就業確保措置を実施済みの企業の内訳

就業確保措置を実施済みの企業（75,643社）について措置内容別に見ると、次の通りであった。

報告した企業全体のうち、
①定年制の廃止（9,247社）は3.9%［変動なし］
②定年の引上げ（5,690社）は2.4%［0.1ポイント増加］
③継続雇用制度の導入（60,570社）は25.6%［2.1ポイント増加］
④創業支援等措置の導入（136社）は0.1%［変動なし］

参考（創業支援等措置）
上記 1 **参考**（就業確保措置）④⑤の措置（雇用以外の措置）をいう。

❹ 企業における定年制の状況

報告した企業における定年制の状況について、定年年齢別に見ると次のとおりであった。

第3章　第1節

119

第3章 第1節　労働経済関係統計調査

①定年制を廃止している企業（9,247社）は3.9％［変動なし］

②定年を60歳とする企業（152,776社）は64.4％［2.0ポイント減少］

③定年を61～64歳とする企業（6,930社）は2.9％［0.2ポイント増加］

④定年を65歳とする企業（59,693社）は25.2％［1.7ポイント増加］

⑤定年を66～69歳とする企業（2,716社）は1.1％［変動なし］

⑥定年を70歳以上とする企業（5,690社）は2.4％［0.1ポイント増加］

（厚生労働省「令和6年 高年齢者雇用状況等報告の集計結果」）

外国人雇用状況の届出状況

① 概要等

1 調査の概要

　外国人雇用状況の届出制度は、労働施策の総合的な推進並びに労働者の雇用の安定及び職業生活の充実等に関する法律に基づき、外国人労働者の雇用管理の改善や再就職支援などを目的とし、すべての事業主に、外国人の雇入れ・離職時に、氏名、在留資格、在留期間等を確認し、厚生労働大臣（ハローワーク）へ届け出ることを義務付けている。

　届出の対象は、事業主に雇用される外国人労働者（特別永住者、在留資格「外交」・「公用」の者を除く。）であり、数値は令和6年10月末時点で事業主から提出のあった届出件数を集計したものである。

2 令和6年10月末現在届出状況のポイント

1. 外国人労働者数は2,302,587人で前年比253,912人増加し、届出が義務化された平成19年以降、**過去最多を更新**し、対前年増加率は12.4％と前年と同率。
2. 外国人を雇用する事業所数は342,087所で前年比23,312所増加、届出義務化以降、**過去最多を更新**し、対前年増加率は7.3％と前年の6.7％から0.6ポイント上昇。
3. 国籍別では、**ベトナム**が最も多く570,708人（外国人労働者数全体の24.8％）、次いで**中国**408,805人（同17.8％）、**フィリピン**245,565人（同10.7％）の順。
4. 在留資格別では、「**専門的・技術的分野の在留資格**」が届出義務化以降、初めて最も多くなり718,812人、前年比122,908人（20.6％）増加、次いで「身分に基づく在留資格」が629,117人、前年比13,183人（2.1％）増加、「技能実習」が470,725人、前年比58,224人（14.1％）増加、「資

第3章 第1節　労働経済関係統計調査

格外活動」が398,167人、前年比45,586人（12.9％）増加、「特定活動」
が85,686人、前年比14,010人（19.5％）増加。

❷外国人労働者の状況

1 国籍別の状況

１．労働者数が多い上位３か国
- ・ベトナム　　　570,708人（全体の24.8％）〔前年　518,364人〕
- ・中国　　　　　408,805人（　同　17.8％）〔　同　397,918人〕
- ・フィリピン　　245,565人（　同　10.7％）〔　同　226,846人〕

２．対前年増加率が大きい主な３か国
- ・ミャンマー　　114,618人（前年比 61.0％増）〔前年　71,188人〕
- ・インドネシア　169,539人（　同　39.5％増）〔　同　121,507人〕
- ・スリランカ　　 39,136人（　同　33.7％増）〔　同　 29,273人〕

2 在留資格別の状況

１．労働者数が多い上位３資格
- ・専門的・技術的分野の在留資格　718,812人（全体の31.2％）〔前年　595,904人〕
- ・身分に基づく在留資格　　　　　629,117人（　同　27.3％）〔　同　615,934人〕
- ・技能実習　　　　　　　　　　　470,725人（　同　20.4％）〔　同　412,501人〕

２．対前年増加率が大きい上位３資格
- ・専門的・技術的分野の在留資格　718,812人（前年比 20.6％増）〔前年　595,904人〕
- ・特定活動　　　　　　　　　　　 85,686人（　同　19.5％増）〔　同　 71,676人〕
- ・技能実習　　　　　　　　　　　470,725人（　同　14.1％増）〔　同　412,501人〕

3 都道府県別の状況

- ・労働者数が多い上位３都府県
  - ・東京585,791人（全体の 25.4％）〔前年　542,992人〕

外国人雇用状況の届出状況

- ・愛知229,627人（　同　　10.0％）〔　同　　210,159人〕
- ・大阪174,699人（　同　　　7.6％）〔　同　　146,384人〕

❸ 外国人を雇用する事業所の状況

1 外国人を雇用する事業所の状況について

　外国人を雇用する事業所は342,087所（前年318,775所）。前年比で23,312所増加し、届出が義務化された平成19年以降、過去最高を更新し、対前年増加率は7.3％となり、前年の6.7％から0.6ポイント上昇。

2 都道府県別の状況

- ・事業所数が多い上位3都府県
  - ・東京82,294所（全体の 24.1％）〔前年　79,707所〕
  - ・大阪28,167所（　同　　8.2％）〔　同　25,450所〕
  - ・愛知26,979所（　同　　7.9％）〔　同　25,225所〕

3 事業所規模別の状況

　外国人を雇用する事業所数は「**30人未満**」規模の事業所が最も多く、事業所数全体の62.4％、外国人労働者数全体の36.2％となっている。
　外国人を雇用する事業所数はいずれの事業所規模においても増加。

❹ 産業別の状況

　外国人労働者数は、「**製造業**」が最も多く、全体の26.0％となっている。
　外国人を雇用する事業所数は、「**卸売業、小売業**」が最も多く、全体の18.7％となっている。

（厚生労働省「外国人雇用状況」の届出状況まとめ（令和6年10月末時点））

第3章 第1節

123

第3章 第1節　労働経済関係統計調査

12 労働組合基礎調査 重要度 B

❶ 概要等

1 調査の概要

　「労働組合基礎調査」は、統計法に基づく一般統計調査であり、労働組合、労働組合員の産業、企業規模及び加盟上部組合別にみた分布状況など、労働組合組織の実態を明らかにすることを目的に実施されるもので、全ての産業の労働組合を対象とし、毎年6月30日現在の状況について7月に調査を行い、集計している。

2 令和6年の調査結果のポイント

1．労働組合数、労働組合員数及び推定組織率
　・労働組合数 22,513組合（前年より276組合（1.2%）減少）
　・労働組合員数 991万2千人（前年より2万5千人（0.3%）減少）
　・推定組織率 16.1%（前年（16.3%）より0.2ポイント低下）**過去最低**
2．パートタイム労働者の労働組合員数及び推定組織率
　・労働組合員数 146万3千人（前年より5万3千人（3.8%）**増加**）**過去最高**
　・全労働組合員数に占める割合 14.9%（前年（14.3%）より0.6ポイント**上昇**）**過去最高**
　・推定組織率 8.8%（前年（8.4%）より0.4ポイント**上昇**）**過去最高**

労働組合基礎調査

■ 問題チェック 予想問題

次の文中の□□□の部分を適切な語句で埋め、完全な文章とせよ。

推定組織率とは、□A□に占める□B□の割合をいい※、本調査で得られた□B□を、総務省統計局が実施している「**労働力調査**」の□A□（6月分の原数値）で除して計算している。

※　女性労働者の推定組織率とは、女性□A□に占める女性の□B□の割合をいい、パートタイム労働者の推定組織率とは、一定の短時間□A□に占めるパートタイム労働者の□B□の割合をいう。

解答
令和6年労働組合基礎調査・用語の定義他

A：**雇用者数**　B：**労働組合員数**

1．労働組合及び労働組合員の状況

令和6年6月30日現在における単一労働組合の労働組合数は22,513組合、労働組合員数は991万2千人で、前年に比べて労働組合数は276組合（1.2％）減、労働組合員数は2万5千人（0.3％）減少している。

また、推定組織率（雇用者数に占める労働組合員数の割合）は16.1％で、前年より0.2ポイント低下している。

女性の労働組合員数は350万6千人で、前年に比べ3万2千人（0.9％）の増、推定組織率（女性雇用者数に占める女性の労働組合員数の割合）は12.4％で、前年と同水準となっている。

2．パートタイム労働者の状況

労働組合員数（単位労働組合）のうち、パートタイム労働者についてみると146万3千人となっており、前年に比べて5万3千人（3.8％）の増、全労働組合員数に占める割合は14.9％で、前年より0.6ポイント上昇している。

また、推定組織率は8.8％で、前年より0.4ポイント上昇している。

3．産業別の状況

労働組合員数（単位労働組合）を産業別にみると、「製造業」が261万5千人（全体の26.5％）と最も多く、次いで、「卸売業、小売業」が156万人（同15.8％）、「建設業」が83万9千人（同8.5％）などとなっている。

対前年差をみると、増加幅が大きかった産業は、「宿泊業、飲食サービス業」2万9千人（8.6％）増、「卸売業、小売業」1万9千人（1.2％）増などであり、減少幅が大きかった産業は、「公務（他に分類されるものを除く）」1万6千人

第 3 章 第 1 節　労働経済関係統計調査

（2.2%）減、「運輸業、郵便業」1万2千人（1.4%）減、「教育、学習支援業」
1万人（2.4%）減、「製造業」1万人（0.4%）減などとなっている。

4．企業規模別（民営企業）の状況

　民営企業の労働組合員数（単位労働組合）は869万5千人で、前年に比べて
3千人（0.0%）増となっている。

　これを企業規模別にみると、1,000人以上規模が587万5千人（全体の67.6%）
と6割以上を占め、300〜999人規模が108万人（同12.4%）、100〜299人規模が53
万3千人（同6.1%）などとなっている。

（厚生労働省「令和6年労働組合基礎調査」）

個別労働紛争解決制度の施行状況

13 個別労働紛争解決制度の施行状況 重要度 B

① 概要

　「個別労働紛争解決制度」は、個々の労働者と事業主との間の労働条件や職場環境などをめぐるトラブルを未然に防止し、迅速に解決を図るための制度で、「総合労働相談」、都道府県労働局長による「助言・指導」、紛争調整委員会による「あっせん」の3つの方法がある。

② 令和5年度結果のポイント

1. 総合労働相談件数は高止まり。助言・指導の申出件数、あっせんの申請件数は前年度より増加。
   ・総合労働相談件数は121万412件で、4年連続で120万件を超え、高止まり。

内　　容		件　　数	前年度比
総合労働相談		121万　412件	3.0%減
内訳 延べ数	法制度の問い合わせ	83万4,829件	3.1%減
	労働基準法等の違反の疑いがあるもの	19万2,961件	2.4%増
	民事上の個別労働関係紛争相談	26万6,162件	2.2%減
助言・指導申出		8,372件	4.8%増
あっせん申請		3,687件	5.6%増

2. 民事上の個別労働関係紛争における相談、あっせんの申請では「いじめ・嫌がらせ※」の件数が引き続き最多。
   ・「いじめ・嫌がらせ」の相談件数は、60,125件（前年度比14.0%減）で**12年連続最多**
   ・「いじめ・嫌がらせ」のあっせんの申請は、800件（同7.6%減）で**10年連続最多**
3. 民事上の個別労働関係紛争における相談、助言・指導の申出、あっせん

第3章 第1節　労働経済関係統計調査

の申請の全項目で、「労働条件の引下げ」の件数が前年度から増加。

・「労働条件の引下げ」の相談件数は、30,234件（前年度比6.9％増加）、助言・指導の申出は、1,023件（同27.1％増加し最多）、あっせんの申請は、380件（同20.6％増加）

※　令和4年4月の改正労働施策総合推進法の全面施行に伴い、同法に規定する職場におけるパワーハラスメントに関する相談については同法に基づき対応されるため、「総合労働相談」のうち「法制度の問い合わせ」や「労働基準法等の違反の疑いがあるもの」として計上され、「民事上の個別労働紛争（のいじめ・嫌がらせ）」の相談件数には計上されていない。同じく、同法に規定する紛争について、その解決の援助の申立や調停の申請があった場合には、同法に基づき対応している。なお、職場におけるパワーハラスメントとは、職場において行われる、以下1～3の要素を全て満たすものをいう。

　　1　優越的な関係を背景とした言動であって、

　　2　業務上必要かつ相当な範囲を超えたものにより、

　　3　労働者の就業環境が害されるもの

▌Check Point!

□　総合労働相談件数は、4年連続で120万件を超え、高止まり。

問題チェック　予想問題

次の文中の□□□の部分を適切な語句で埋め、完全な文章とせよ。

1. 「**総合労働相談**」：都道府県労働局、各労働基準監督署内、駅近隣の建物など379か所（令和6年4月1日現在）に、あらゆる労働問題に関する相談に□ A □で対応するための総合労働相談コーナーを設置し、専門の相談員が対応。なお、平成28年度から、都道府県労働局の組織見直しにより「雇用環境・均等（部）室」が設置され、これまで「雇用均等室」で対応していた男女雇用機会均等法等に関しても一体的に労働相談として対応することになったため、それらの相談件数も計上されている。

2. 「**助言・指導**」：民事上の個別労働紛争について、□ B □が、紛争当事者に対して解決の方向を示すことで、紛争当事者の自主的な解決を促進する制度。助言は、当事者の話合いを促進するよう□ C □で行うものであり、指導は、当事者のいずれかに問題がある場合に問題点を指摘し、解決の方向性を□ D □で示すもの。

3. 「**あっせん**」：□ E □に設置されている□ F □のあっせん委員（弁護士や大学教授など労働問題の専門家）が紛争当事者の間に入って話合いを促進することに

個別労働紛争解決制度の施行状況

より、紛争の解決を図る制度。

4.「**民事上の個別労働紛争**」：労働条件その他労働関係に関する事項についての　G　と事業主との間の紛争（**労働基準法等の違反**に関するものを**除く**）。

解答　　　　　　　　　　　　　　令和5年度個別労働紛争解決制度の施行状況

A：ワンストップ　　B：都道府県労働局長　　C：口頭又は文書　　D：文書

E：都道府県労働局　　F：紛争調整委員会　　G：個々の労働者

（厚生労働省「令和5年度個別労働紛争解決制度の施行状況」）

第3章 第1節

第3章 第2節

社会保障関係統計数値

1 社会保障費用統計

2 国民医療費の概況

3 令和5年度厚生年金保険・
国民年金事業の概況

4 人口動態統計

社会保障費用統計 重要度B

❶ 調査の概要

社会保障費用統計は、年金や医療保険、介護保険、雇用保険、生活保護など、社会保障制度に関するその年度内の収支を国際基準に則って集計したものである。

OECD（経済協力開発機構）基準による「社会支出」、ILO（国際労働機関）基準による「社会保障給付費」と「社会保障財源」、EU（欧州連合）基準による「社会保障財源」として取りまとめている。

社会支出（OECD基準）には、社会保障給付費（ILO基準）と比べ、施設整備費や管理費など直接個人には帰着されない支出まで集計範囲に含む。また、社会保障財源（ILO基準）、社会保障財源（EU基準）とは、社会保障給付、施設整備費や管理費などに充てられる財源である。

❷ 令和4（2022）年度　集計結果のポイント

1．社会支出（OECD基準）
（1）社会支出の総額
142兆3,215億円。前年度と比べ6,683億円（0.5%）**減少**。
（2）1人当たりの社会支出
113万9,100円。前年度と比べ300円（0.03%）減少。
（3）政策分野別
最大が「**保健**」で61兆9,775億円、次いで「高齢」48兆9,733億円、「家族」11兆2,086億円。
（4）前年度と比べて増減額が大きかった政策分野
「**保健**」1兆4,565億円（2.4%）**増加**。「積極的労働市場政策」1兆5,437億円（48.0%）減少、「家族」1兆1,808億円（9.5%）減少。

社会保障費用統計

> 「保健」は医療保険給付、新型コロナウイルス感染症対策関係費による増加が大きかった。「積極的労働市場政策」は雇用調整助成金、「家族」は子育て世帯等臨時特別支援事業費補助金（子育て世帯分）による減少が大きかった。

２．社会保障給付費（ILO基準）

(1) 社会保障給付費の総額

137兆8,337億円。前年度と比べ9,189億円（0.7%）減少。

(2) １人当たりの社会保障給付費

110万3,100円。前年度と比べ2,400円（0.2%）減少。

(3) 部門別

「医療」48兆7,511億円、「年金」55兆7,908億円、「福祉その他」33兆2,918億円。

(4) 前年度からの増減額

「医療」１兆3,306億円（2.8%）増加。「年金」244億円（0.04%）減少、「福祉その他」２兆2,251億円（6.3%）減少。

> 「医療」は医療保険給付、新型コロナウイルス感染症対策関係費による増加が大きかった。「福祉その他」は子育て世帯等臨時特別支援事業費補助金（子育て世帯分）、雇用調整助成金による減少が大きかった。

３．社会保障財源（ILO基準）

社会保障財源（社会保険料や公費など）：総額152兆9,922億円。前年度と比べ10兆3,986億円（6.4%）減少。

> ・社会保障財源を項目別にみると「社会保険料」が77兆2,894億円で、収入総額の50.5%を占める。次に「公費負担」が64兆2,172億円で42.0%を占める。
> ・前年度と比べて減少額が大きかったのは「資産収入」（８兆6,782億円、60.0%減）、「国庫負担」（２兆4,693億円、5.2%減）である。「資産収入」の減少は、年金積立金の運用実績が前年度と比べて減少したことによる。

Check Point !

□ 令和２、３年度に増加した新型コロナ対策関係費が減少に転じ、社会保障費用は前年度から減少した。

参考（社会支出の政策分野）

高齢	老齢年金等
遺族	遺族年金等
障害、業務災害、傷病	障害年金、障害者自立支援給付、労災保険等
保健	医療保険、公費負担医療、介護保険等
家族	児童手当、児童扶養手当、施設等給付、育児・介護休業給付等
積極的労働市場政策	教育訓練給付、雇用調整助成金等
失業	求職者給付、求職者支援制度等
住宅	住宅扶助等
他の政策分野	生活扶助、生業扶助、災害救助費等

（国立社会保障・人口問題研究所「令和4（2022）年度社会保障費用統計」）

国民医療費の概況

国民医療費の概況 重要度A

① 調査の概要

国民医療費は、その年度内の医療機関等における保険診療の対象となり得る傷病の治療に要した費用の推計である。ここでいう費用とは、医療保険などによる給付のほか、公費負担、患者負担によって支払われた**医療費を合算**したものである。

また、国民医療費には、医科診療医療費、歯科診療医療費、薬局調剤医療費、入院時食事・生活医療費、訪問看護医療費等は含まれるが、**保険診療の対象とならない費用**や、**正常な妊娠・分娩、健康診断、予防接種等、傷病の治療以外の費用は含まれない**。

② 令和4（2022）年度 結果のポイント

1. 令和4年度の国民医療費は46兆6,967億円（前年度に比べ1兆6,608億円、3.7%の増加）。人口1人当たりでは37万3,700円（同1万4,900円、4.2%の増加）。

2. 制度区分別の国民医療費

公費負担医療給付分	3兆4,884億円（全体に占める割合7.5%）
医療保険等給付分	21兆1,015億円（同45.2%）
後期高齢者医療給付分	16兆4,544億円（同35.2%）
患者等負担分	5兆6,524億円（同12.1%）

3. 財源別の国民医療費

公費	国庫	11兆7,912億円（全体に占める割合25.3%）
	地方	5兆8,925億円（同12.6%）
保険料	事業主	10兆1,316億円（同21.7%）
	被保険者	13兆2,189億円（同28.3%）
その他	患者負担	5兆4,395億円（同11.6%）

第3章 第2節　社会保障関係統計数値

Check Point!

□ 令和4年度の国民医療費は46兆6,967億円、人口1人当たり37万3,700円である。

・**年齢階級別国民医療費**

　国民医療費を年齢階級別にみると、0〜14歳は2兆6,359億円（構成割合5.6%）、15〜44歳は5兆7,317億円（同12.3%）、45〜64歳は10兆2,140億円（同21.9%）、**65歳以上は28兆1,151億円（同60.2%）**となっている。人口1人当たり国民医療費をみると、**65歳未満は20万9,500円、65歳以上は77万5,900円**となっている。そのうち医科診療医療費では、65歳未満が14万2,300円、65歳以上が58万5,100円となっている。歯科診療医療費では、65歳未満が2万1,600円、65歳以上が3万6,200円となっている。薬局調剤医療費では、65歳未満が3万9,400円、65歳以上が12万4,000円となっている。

　また、年齢階級別国民医療費を性別にみると、0〜14歳の男は1兆4,463億円（構成割合6.4%）、女は1兆1,897億円（同4.9%）、15〜44歳の男は2兆5,130億円（同11.1%）、女は3兆2,187億円（同13.4%）、45〜64歳の男は5兆3,279億円（同23.5%）、女は4兆8,861億円（同20.3%）、65歳以上の男は13兆3,602億円（同59.0%）、女は14兆7,549億円（同61.4%）となっている。人口1人当たり国民医療費をみると、65歳未満の男は20万6,200円、女は21万2,800円、65歳以上の男は84万9,600円、女は71万9,400円となっている。

（厚生労働省「令和4（2022）年度国民医療費の概況」）

令和5年度厚生年金保険・国民年金事業の概況

❶ 公的年金制度の概況

1 適用状況

1. 公的年金被保険者数

   公的年金被保険者数は、令和5年度末現在で6,745万人となっており、前年度末に比べて1万人（0.0％）増加している。
   公的年金被保険者数を男女別にみると、男子は3,523万人となっており、前年度末に比べて3万人（0.1％）増加している。また、女子は3,222万人となっており、前年度末に比べて2万人（0.1％）減少している。

2. 国民年金の第1号被保険者数

   国民年金の第1号被保険者数（任意加入被保険者を含む）は、令和5年度末現在で1,387万人となっており、前年度末に比べて18万人（1.3％）減少している。

3. 厚生年金被保険者数

   厚生年金被保険者数（第1～4号）は、令和5年度末現在で4,672万人（うち第1号4,211万人、第2～4号461万人）となっており、前年度末に比べて54万人（1.2％）増加している。

4. 国民年金の第3号被保険者数

   国民年金の第3号被保険者数は、令和5年度末現在で686万人となっており、前年度末に比べて36万人（4.9％）減少している。

2 給付状況

公的年金受給者数（延人数）は、令和5年度末現在で7,747万人となっており、前年度末に比べて38万人（0.5％）増加している。
重複のない公的年金の実受給権者数は、令和5年度末現在で3,978万人で

第3章 第2節　社会保障関係統計数値

あり、前年度末に比べて2万人（0.1％）増加している。

　公的年金受給者の年金総額は、令和5年度末現在で56兆8,281億円となっており、前年度末に比べて1兆1,069億円（2.0％）増加している。

❷ 厚生年金保険

・この統計では基本的に、被用者年金一元化により新たに厚生年金保険の適用対象となった、国家公務員共済組合、地方公務員共済組合及び日本私立学校振興・共済事業団の情報を含まない。

① 適用状況

1．適用事業所数

　令和5年度末現在の適用事業所数は、279.1万か所であり、前年度末に比べて10.3万か所（3.8％）増加している。

2．被保険者数

　被保険者数は、令和5年度末現在で4,211万人となっており、前年度末に比べて54万人（1.3％）増加している。男女別にみると、男子は2,512万人（対前年度末比14万人、0.6％増）、女子は1,699万人（対前年度末比40万人、2.4％増）となっている。

3．短時間労働者数

　短時間労働者数は、令和5年度末現在で92万人となっており、前年度末に比べて10万人（11.7％）増加している。男女別にみると、男子は22万人（対前年度末比2万人、8.9％増）、女子は70万人（対前年度末比8万人、12.7％増）となっている。

4．育児休業等期間中の保険料免除者

　育児休業等期間中（産前産後休業期間を含む）の保険料免除者数は、令和5年度末現在で50万人であり、前年度末に比べて1.3万人（2.6％）増加している。男女別にみると、男子は3万人（対前年度末比0.7万人、28.6％増）、女子は47万人（対前年度末比1万人、1.2％増）となっている。

5．被保険者の年齢構成

　令和5年度末現在の被保険者の年齢構成は、男女共に50～54歳の割合

が最も高くなっている。平均年齢は、男子は45.4歳、女子は43.8歳となっている。

6．短時間労働者の年齢構成

令和5年度末現在の短時間労働者の年齢構成は、男子は60〜64歳、65〜69歳の割合が他の年齢階級と比較して高くなっており、女子は50〜54歳の割合が最も高くなっている。平均年齢は、男子は52.9歳、女子は49.9歳となっている。

7．標準報酬月額の平均

標準報酬月額の平均は、令和5年度末現在で32万6千円（男子は37万円、女子は26万1千円）であり、前年度末に比べて1.6％増加している。令和5年度の年度平均についても、32万3千円（男子は36万7千円、女子は25万8千円）と、前年度に比べて1.2％増加している。

短時間労働者の標準報酬月額の平均は、令和5年度末現在で15万2千円（男子は16万4千円、女子は14万8千円）であり、前年度末に比べて3.6％増加している。令和5年度の年度平均については、15万円（男子は16万2千円、女子は14万6千円）と、前年度に比べて1.4％増加している。

2 給付状況

1．受給者

令和5年度末現在の厚生年金保険（第1号）受給者数は3,622万人となっており、前年度末に比べて24万人（0.7％）増加している。うち、老齢年金の受給者数は1,572万人、通算老齢年金・25年未満の受給者数は1,417万人となっている。

令和5年度末現在における厚生年金保険（第1号）の老齢給付の受給者の平均年金月額は、併給する老齢基礎年金の額を含めて、老齢年金が14万7千円、通算老齢年金・25年未満が6万5千円となっている。

令和5年度末現在の厚生年金保険（第1号）受給者の年金総額は25兆7,560億円となっており、前年度末に比べて4,473億円（1.8％）増加している。

2．受給権者

令和5年度末現在の厚生年金保険（第1号）受給権者数は3,767万人となっており、前年度末に比べて18万人（0.5％）増加している。うち、老

齢年金の受給権者数は1,605万人となっている。

令和5年度末現在の厚生年金保険（第1号）の老齢給付の受給権者の平均年金月額は、併給する老齢基礎年金の額を含めて、老齢年金が14万6千円、通算老齢年金・25年未満が6万5千円となっている。

令和5年度末現在の厚生年金保険（第1号）受給権者の年金総額は26兆4,222億円となっており、前年度末に比べて4,364億円（1.7%）増加している。

3．新規裁定者

令和5年度における新規裁定の老齢年金受給権者数は、57万4千人であり、平均年金月額は、8万7千円である。

また、令和5年度における新規裁定の老齢年金受給者数は、52万2千人であり、平均年金月額は、8万5千円である。

4．在職者の受給権者及び受給者

令和5年度末現在の在職者の老齢給付の受給権者数は、413万9千人となっており、前年度末に比べて12万9千人（3.2%）増加している。そのうち、65歳以上の新法老齢厚生年金受給権者数は323万9千人となっており、前年度末に比べて16万人（5.2%）増加している。

令和5年度末現在の在職者の老齢給付の受給者数は、404万人となっており、前年度末に比べて14万人（3.6%）増加している。そのうち、65歳以上の新法老齢厚生年金受給者数は322万9千人となっており、前年度末に比べて16万人（5.2%）増加している。

5．繰上げ・繰下げ受給状況

老齢厚生年金受給権者のうち、特別支給の老齢厚生年金の受給権者を含まない受給権者の繰上げ・繰下げ受給状況をみると、令和5年度末現在で繰上げ率は0.9%、繰下げ率は1.6%となっている。

年度末時点で70歳の老齢厚生年金受給権者の繰上げ・繰下げ受給状況をみると、令和5年度末現在で繰上げ率は0.9%、繰下げ率は3.2%で上昇傾向となっている。

令和5年度厚生年金保険・国民年金事業の概況

③ 国民年金

1 適用状況（第1号被保険者及び第3号被保険者）

1．第1号被保険者数

　　令和5年度末現在の第1号被保険者数（任意加入被保険者を含む）は、1,387万人となっており、前年度末に比べて18万人（1.3%）減少している。男女別にみると、男子は731万人（対前年度末比10万人、1.3%減）、女子は656万人（対前年度末比8万人、1.2%減）となっている。

2．第3号被保険者数

　　令和5年度末現在の第3号被保険者数は、686万人となっており、前年度末に比べて36万人（4.9%）減少している。男女別にみると、男子は13万人（対前年度末比0.5万人、4.3%増）、女子は673万人（対前年度末比36万人、5.1%減）となっている。

3．保険料の免除者・猶予者

　　令和5年度末現在の全額免除・猶予者数は596万人、全額免除・猶予割合は43.6%となっている。また、一部免除者数は32万人、一部免除割合は2.3%となっている。

4．年齢構成

　　令和5年度末現在の被保険者の年齢構成は、第1号被保険者（任意加入被保険者を含む）では、男女共に20～24歳の割合が最も高く、次いで男子は50～54歳、女子は55～59歳の割合が高くなっている。また、第3号被保険者では、男子は55～59歳、女子は50～54歳の割合が高くなっている。第1号被保険者の平均年齢は、男子は39.1歳、女子は39.5歳となっている。

2 給付状況

1．受給者

　　令和5年度末現在の国民年金受給者数は3,626万人となっており、前年度末に比べて9万人（0.3%）増加している。そのうち、基礎のみ共済なし・旧国年の受給者数は、671万人となっている。

　　国民年金の老齢年金受給者の平均年金月額は、令和5年度末現在で

第3章　第2節

141

第3章 第2節 社会保障関係統計数値

5万8千円、令和5年度新規裁定者で5万5千円となっている。また、基礎のみ共済なし・旧国年の老齢年金受給者の平均年金月額は、令和5年度末現在で5万3千円となっている。

令和5年度末現在の国民年金受給者の年金総額は25兆1,109億円となっており、前年度末に比べて6,173億円（2.5％）増加している。

2．受給権者

令和5年度末現在の国民年金受給権者数は3,691万人となっており、前年度末に比べて9万人（0.2％）増加している。そのうち、基礎のみ共済なし・旧国年の受給権者数は、689万人となっている。

国民年金の老齢年金受給権者の平均年金月額は、令和5年度末現在で5万8千円、令和5年度新規裁定者で5万5千円となっている。また、基礎のみ共済なし・旧国年の老齢年金受給権者の平均年金月額は、令和5年度末現在で5万3千円となっている。

令和5年度末現在の国民年金受給権者の年金総額は25兆5,146億円となっており、前年度末に比べて6,257億円（2.5％）増加している。

3．繰上げ・繰下げ状況

老齢基礎年金（25年以上）の受給者の平均年金月額は、令和5年度末現在で5万8千円となっている。繰上げ・繰下げ状況の別にみると、繰上げが4万5千円、本来が5万9千円、繰下げが7万6千円となっている。

国民年金（5年年金を除く）の受給権者の繰上げ・繰下げ受給状況をみると、繰上げ率は低下傾向にある一方で、繰下げ率は上昇傾向にある。

令和5年度末現在の基礎のみ・旧国年の受給権者の繰上げ率は24.5％、繰下げ率は2.2％となっている。

年度末時点で70歳の老齢基礎年金受給権者の繰上げ・繰下げ状況をみると、繰上げ率は低下傾向にある一方で、繰下げ率は上昇傾向にある。令和5年度末現在で70歳の基礎のみの受給権者の繰上げ率は11.5％、繰下げ率は4.6％となっている。

（厚生労働省「令和5年度厚生年金保険・国民年金事業の概況」）

人口動態統計

① 調査の概要

統計法に基づく基幹統計「人口動態統計」（確定数）は、出生、死亡、婚姻、離婚及び死産の実態を表すものとして毎年作成しており、令和6年6月に公表した令和5年人口動態統計月報年計（概数）に修正を加えたものである。

② 令和5（2023）年人口動態統計（確定数）調査結果のポイント

出生数	727,288人	過去最少	（8年連続減少）（対前年43,471人減少）
合計特殊出生率	1.20	過去最低	（8年連続低下）（同0.06ポイント低下）
死亡数	1,576,016人	過去最多	（3年連続増加）（同6,966人増加）
自然増減数	△848,728人	過去最大の減少	（17年連続減少）（同50,437人減少）
死産数	15,534胎	増加	（同355胎増加）
婚姻件数	474,741組		（同30,189組減少）
離婚件数	183,814組		（同4,715組増加）

Check Point!

☐ 令和5（2023）年の合計特殊出生率は1.20である。

（厚生労働省「令和5（2023）年人口動態統計（確定数）の概況」）

第3章 第2節　社会保障関係統計数値

問題チェック　予想問題

次の文中の　　　　の部分を適切な語句で埋め、完全な文章とせよ。

(1) 自然増減

　A　数から　B　数を減じたもの

(2) 合計特殊出生率

「　C　〜　D　歳までの女性の年齢別出生率を合計したもの」で、次の2つの種類があり、一人の女性がその年齢別出生率で一生の間に生むとしたときの子どもの数に相当する。

① 期間合計特殊出生率

　ある期間（1年間）の出生状況に着目したもので、その年における各年齢（　C　〜　D　歳）の女性の出生率を合計したもの。女性人口の年齢構成の違いを除いた「その年の合計特殊出生率」であり、年次比較、国際比較、地域比較に用いられている。

② コーホート合計特殊出生率

　ある世代の出生状況に着目したもので、同一世代生まれ（コーホート）の女性の各年齢（　C　〜　D　歳）の出生率を過去から積み上げたもの（「その世代の合計特殊出生率」である）。

　実際に「一人の女性が一生の間に生む子どもの数」は②のコーホート合計特殊出生率であるが、この値はその世代が50歳に到達するまで得られないため、それに相当するものとして①の期間合計特殊出生率が一般に用いられている。

解答　　　　　　　　　令和5（2023）年人口動態統計（確定数）の概況・調査の概要

A：出生　B：死亡　C：15　D：49

第4章

社会保障制度

1 社会保障総論

2 社会保障制度の変遷

3 医療保険制度の変遷

4 介護保険の変遷

5 年金制度の変遷

6 社会保障協定等

7 日本年金機構及び審議機関等

社会保障総論

❶ 社会保障の目的及び機能

1 社会保障の目的

　社会保障制度は、社会保険、社会福祉、公的扶助、保健医療・公衆衛生からなり、人々の生活を生涯にわたって支えるものである。近年では、一般に、「**国民の生活の安定が損なわれた場合に、国民にすこやかで安心できる生活を保障**することを目的として、公的責任で生活を支える給付を行うもの」〔社会保障制度審議会「社会保障将来像委員会第1次報告」（1993年）〕とされている。

■**社会保障の体系**

　　　　　※　児童・母子・身障者・高齢者等

問題チェック　予想問題

　次の文中の□□□の部分を適切な語句で埋め、完全な文章とせよ。
　国民生活は国民一人一人が自らの責任と努力によって営むこと（「　A　」）が**基本**であるが、往々にして、**病気やけが**、**老齢や障害**、**失業**などにより、自分の**努力**だけでは解決できず、**自立**した生活を維持できない場合も生じてくる。このように**個人の**責任や「　A　」努力のみでは対応できない**リスク**に対して、**国民が相互に連帯**して支え合うことによって**安心した生活を保障**することが「　B　」であり、**年金**、医療保険、介護保険、雇用保険などの社会保険制度は、基本的にこの「　B　」を体現した制度である。
　さらに、「　A　」や「　B　」によってもなお**生活に困窮**する場合などもある。このような「　A　」や「　B　」によっても対応できない**困窮**などの状況に対し、**所得**や**生活水準・家庭状況**などの**受給要件**を定めた上で必要な**生活保障**を行うのが「　C　」で

社会保障総論

あり、　D　（生活保護等）や社会福祉などがこれに当たる。

解答　　　　　　　　　　　　　　　　平成22年版「厚生労働白書」P163

A：自助　　B：共助　　C：公助　　D：公的扶助

2 社会保障の機能

　社会保障の機能としては、主として、**生活安定・向上機能**、**所得再分配機能**、**経済安定機能**の３つが挙げられる。なお、これらの機能は相互に重なり合っていることが多い。

1. 生活安定・向上機能

　社会保障の機能の１つ目としては、生活の安定を図り、安心をもたらす「**生活安定・向上機能**」がある。

　例えば、病気や負傷の場合には、医療保険により負担可能な程度の自己負担で必要な医療を受けることができる。現役引退後の高齢期には、老齢年金や介護保険により安定した生活を送ることができる。雇用・労働政策においては、失業した場合には、雇用保険により失業等給付が受給でき、生活の安定が図られるほか、業務上の傷病等を負った場合には、労災保険により、自己負担なしで受診できる。また、職業と家庭の両立支援策等は、子育てや家族の介護が必要な人々が就業を継続することに寄与することで、その生活を保障し安心をもたらしている。

　このような社会保障の機能により、私たちは社会生活を営んでいく上での危険（リスク）を恐れず、日常生活を送ることができるとともに、人それぞれの様々な目標に挑むことができ、それがひいては社会全体の活力につながっていく。逆に言えば、社会保障が不安定となれば、将来の生活への不安感から、例えば、必要以上に貯蓄をするために消費を抑制する等の行動をとることによって経済に悪影響が及ぼされるなど、社会の活力が低下するおそれがある。

2. 所得再分配機能

　社会保障の機能の２つ目としては、所得を個人や世帯の間で移転させることにより、国民の生活の安定を図る「**所得再分配機能**」がある。

　具体的には、異なる所得階層間で、高所得層から資金を調達して、低所得層へ

147

第4章　社会保障制度

その資金を移転したり、稼得能力のある人々から稼得能力のなくなった人々に所得を移転したりすることが挙げられる。

3.　経済安定機能

社会保障の3つ目の機能としては、景気変動を増幅し、経済成長を支えていく「**経済安定機能**」がある。

例えば、雇用保険制度は、失業中の家計収入を下支えする効果に加え、マクロ経済的には個人消費の減少による景気の落ち込みを抑制する効果（スタビライザー機能）がある。

また、公的年金制度のように、経済不況期においても継続的に一定の額の現金が支給される制度は、高齢者等の生活を安定させるだけでなく、消費活動の下支えを通じて経済社会の安定に寄与している。さらに、雇用保険制度に限らず雇用・労働政策全般についても、前述の生活安定・向上の機能を有するのみならず、国民に、困った時には支援を受けられるという安心をもたらすことによって、個人消費の動向を左右する消費者マインドを過度に萎縮させないという経済安定の機能があるといえる。　　　　　　　　　　（平成24年版「厚生労働白書」P29〜33）

問題チェック　予想問題

次の文中の 　　　 の部分を適切な語句で埋め、完全な文章とせよ。

生活保護制度では、 A を財源にした「**所得のより多い人**」から「**所得の少ない人**」への再分配が行われている。また、**公的年金**制度は B を**主要財源**にした、**現役世代**から高齢世代への**世代間**の所得再分配とみることができる。

また、**所得再分配**には、現金給付だけでなく、医療サービスや保育等の現物給付による方法もある。このような現物給付による再分配は、報酬に比例した B 額の設定など支払能力（所得水準）に応じた負担を求める一方、必要に応じた給付を行うものであり、これにより、所得の多寡にかかわらず、生活を支える基本的な社会サービスに国民が平等にアクセスできるようになっている。

解答
平成24年版「厚生労働白書」P30、31

A：税　B：保険料

社会保障総論

3 社会保障の経済的機能

　社会保障の経済的機能としては、大きく分けて、セーフティネット機能と総需要拡大機能がある。

　セーフティネット機能としては、「**生活安定機能**」がある。例えば、年金による老後の所得保障は、自らの老後の安心を確保することにより、現役世代の需要喚起（過剰貯蓄の解消）にもつながる。また、「**労働力保全機能**」としては、医療による健全な労働力の育成・保全や、保育・介護サービスにより、女性が働くことが可能になるという側面がある。「**所得再分配機能**」により、格差が固定化することを未然に防止し、社会の安定に寄与している。

　総需要拡大機能としては、まずは「**雇用創出機能**」がある。社会保障の拡充により、医療、介護、子ども・子育てなどの分野で多くの雇用が**創出**されている。例えば、医療・福祉産業では直近10年間で238万人の雇用が増加し、今後、子育て分野でも一層の雇用創出が期待される。また、そのほかにも、医薬品、医療・介護機器などの材料、機械等の購入を通じた「**生産誘発機能**」や、年金積立金、企業年金等の資金運用により金融資本市場に活力を与える「**資金循環機能**」などがある。　　　　　　　（平成24年版「厚生労働白書」P 225）

4 社会保障制度の類型

1. **社会保障制度**は、国民の相互扶助と社会連帯の考え方を基盤とするものであるが、その仕組みは、社会保険**方式**と社会扶助**方式**に大別される。
2. 社会保険とは、保険の技術を用いて保険料を**財源**として**給付**を行う仕組みであり、**国や公的な団体を**保険者とし、被保険者は強制**加入**が前提である。
3. 社会扶助とは、租税を**財源**にして保険の技術を用いずに**給付**を行う仕組みであり、**国や地方公共団体の**施策として、国民や住民に対して**現金又は**サービスの**提供**が行われる仕組みである。

Check Point!

☐ 社会保険制度の典型は、医療保険制度や年金保険制度である。また、社会扶助の典型は、公的扶助制度である生活保護制度であるが、児童福祉、障害福祉、老人福祉といった社会福祉制度、児童手当、福祉年金も含まれる。

第4章　社会保障制度

問題チェック　予想問題

次の文中の□□□の部分を適切な語句で埋め、完全な文章とせよ。

所得の喪失を補う働きをする社会保障制度は、これを2つに大別することができる。1つは厚生年金保険を代表例とする　A　であり、他の1つは、生活保護を典型例とする　B　である。この2つの所得保障制度の相違点としては、前者が老齢、障害あるいは死亡といった代表的な保険事故により加入者（加入者であった者を含む。）の生活の安定がそこなわれることを加入者の拠出する**保険料及び国庫負担（国庫補助）**によって防止するという　C　的な役割を果たすのに対し、後者は、現在の所得の喪失に関してその原因を問うことなく、**税金を財源**として給付を行うという　D　的な役割を果たすところにある。

解答
社会一般常識

A：**年金保**険　B：公的扶助　C：防貧　D：救貧

5 社会保険の特色

社会保険は、私的保険と比較して下表のような特色を持っている。

社会保険	私的保険
相互扶助の精神を基盤とする	自助努力の精神を基盤とする
一般的危険を担保する	個別的危険を担保する
人的事故のみ保険の対象とする	物的事故も保険の対象とする
国家及び公法人が運営する	私法人が運営する
強制加入である	任意加入である

Check Point!

□　個人年金は、公的年金と異なり、低所得者に対する保険料軽減や、給付面での所得再分配機能をもっていない。

社会保障総論

・公的年金と個人年金の違い

公的年金と個人年金を比較すると、次の通りである。

	公的年金	個人年金
目的	老後の所得保障の柱 （社会保障）	より豊かな老後生活 （個人の自助努力）
加入	強制加入が原則	任意加入
給付	物価、国民生活の向上に応じて改定し、実質価値を維持	公的年金のような年金額の実質価値の維持は困難
支給期間	終身年金が中心	有期年金が中心
年金の原資	本人及び後世代の支払った保険料、運用収入、国庫負担（基礎年金の1/2）	本人の支払った保険料、その他運用収入
課税	原則として非課税	一部が非課税
低所得者に対する所得再分配	その機能がある	その機能がない

第4章

問題チェック 予想問題

次の文中の _____ の部分を適切な語句で埋め、完全な文章とせよ。

社会保険は、保険技術の3原則を修正する側面を有しており、具体的には以下のとおりである。

(1) 支払われる保険金は、納入する保険料に見合ったものでなければならないとする ___A___ に対し、所得に応じて負担し、必要に応じて保険給付を行うという修正を行っている。

(2) 保険料は、個人の危険度合に対応したものでなければならないという ___B___ に対し、被保険者の平均危険度合で保険料を定めるという修正を行っている。

(3) 保険料の総額たる収入と保険金の総額たる支出は等しくなければならないという ___C___ が、国庫負担による収入があることにより修正されている。

解答
社会一般常識

A：給付反対給付均等原則　　B：保険技術的公平原則　　C：収支相等原則

151

第4章　社会保障制度

6 生活保護制度

　日本国憲法第25条では、全ての国民は、「健康で文化的な最低限度の生活を営む権利」（生存権）を有するとしている。この憲法の理念に基づき、国民の生存権を保障する国の制度が、生活保護制度であり、「社会保障の最後のセーフティネット」といわれている。

　国民は、生活に困窮した場合には、生活保護法の定める要件を満たす限り、無差別平等に保護を受けることができる。

　生活保護はその世帯で利用できる資産、働く能力、年金・手当・給付金など他の制度による給付、親子間などの扶養・援助などあらゆるものを活用しても、なお生活できないときに行われる。そのため、支給に当たってはその者が本当に活用できるお金などの所得や資産がないか調査することになっている。また、生活保護で保障される生活水準は、健康で文化的な最低限度の生活を維持するためのものとされている。　　　（平成24年版『厚生労働白書』P66）

　被保護者数は1995（平成7）年を底に増加し、2015（平成27）年3月に過去最高を記録したが、以降減少に転じた。

　2024（令和6）年2月時点の生活保護受給者数は約202万人（保護率：1.63%）であり、対前年同月比は2015（平成27）年9月以降、約8年連続でマイナスとなっており、減少傾向にある。

　2024年2月時点の生活保護受給世帯数は約165万世帯であり、対前年同月比は2022（令和4）年5月以降、1年10か月連続でプラスとなっている。近年の世帯数の動向を世帯類型別にみると、「高齢者世帯」は増加率が縮小し、2022年1月以降は増加率0のあたりを横ばいで推移しており、「母子世帯」は、対前年同月比が約11年連続でマイナスであり、「その他の世帯」は、コロナ禍となった2020（令和2）年6月以降、対前年同月比がプラスに転化などの状況となっている。

　また、生活保護の申請件数の動向を、年度単位でみると、世界金融危機以降に約10年連続で減少が続いていたところ、コロナ禍を境として増加傾向に転じている。　　（令和5年版『厚生労働白書』P245、令和6年版『厚生労働白書』P270）

社会保障総論

Check Point!

□ 2024年2月時点の生活保護受給者数は約202万人であり、対前年同月比は2015年9月以降、約8年連続でマイナスとなっている。

1. 生活保護は、次の基本原理に基づき制度の実施・運営が行われている。
　(1) 国家責任による最低生活保障の原理
　(2) 保護請求権無差別平等の原理
　(3) 健康で文化的な最低生活保障の原理
　(4) **保護の補足性の原理**（資産、能力などあらゆるものを活用し、民法上の扶養義務者からの援助も頼み、年金など他の制度があればそれを受給し、それでも最低限度の生活ができない場合に初めて給付を行うという原理）
2. 生活保護の給付には、**生活扶助**、**教育扶助**、**住宅扶助**、**医療扶助**、**介護扶助**、**出産扶助**、**生業扶助**及び**葬祭扶助**の**8種類**があり、日常の生活費、住居費、病気の治療費、出産費用など、健康で文化的な最低限度の生活を送る上で必要な給付が行われている。財源は全て公費であり、国が4分の3、自治体が4分の1を負担する。

（平成21年版「厚生労働白書」P 92、平成29年版「厚生労働白書」P 116）

社会保障制度の変遷

❶ 第2次世界大戦以前の社会保障制度

1 第2次世界大戦以前の社会情勢

　世界初の社会保険は、ドイツで誕生した。当時のドイツでは、資本主義経済の発達に伴って深刻化した労働問題や労働運動に対処するため、1883（明治16）年に医療保険に相当する疾病保険法、翌1884（明治17）年には労災保険に相当する災害保険法を公布した。
　一方、**日本**では、**第1次世界大戦（1914年～1918年）**をきっかけに空前の好景気を迎え、重化学工業を中心に急速に工業化が進展し、労働者数は大幅に増加した。一方で、急激なインフレで労働者の実質賃金は低下したほか、米価の急上昇により全国で米騒動が発生した。また、第1次世界大戦後は一転して「戦後恐慌」と呼ばれる不況となり、大量の失業者が発生した。このため、賃金引上げや解雇反対等を求める労働争議が頻発し、労働運動が激化した。

| Check Point!

☐ 世界初の社会保険は、1883年ドイツで誕生した疾病保険法である。

2 日本最初の医療保険の誕生

　こうした中で、政府は、労使関係の対立緩和、社会不安の沈静化を図る観点から、**ドイツ**に倣い**労働者を対象**とする**疾病保険制度**の検討を開始し、**1922（大正11）年**に「健康保険法」を制定した。しかしながら、その翌年に関東大震災が発生したことから、**法施行**は1927（昭和2）年まで延期された。

社会保障制度の変遷

Check Point!

☐ 健康保険法は、1922（大正11）年に制定された。

参考 健康保険法の内容は、①工場法や鉱業法の適用を受ける10人以上の従業員を持つ事業所を適用事業所とし、被保険者はその従業員で報酬が年間1,200円未満の**肉体労働者（ブルーカラー）**としたこと、②保険者は政府または法人とし、前者の場合は**政府管掌健康保険**、後者の場合は**組合管掌健康保険**としたこと、③保険給付は、被保険者の業務上、あるいは業務外の疾病負傷、死亡または分娩に対して行われたこと、④保険料を労使折半としたこと、⑤国庫は保険給付費の10%を負担すること等であった。制度発足時の被保険者数は、1926（昭和元）年末で政府管掌健康保険が**約100万人**、組合管掌**健康保険**が**約80万人**であった。
その後、常時10人以上を使用する**会社や銀行、商店等で働く「職員」（ホワイトカラー）**を被保険者とする**職員健康保険法**が1939（昭和14）年に**制定**されたが、**1942（昭和17）年の健康保険法改正で同法と統合**され、**家族給付等**が**法定化**されたほか、**診療報酬支払点数単価方式が導入**された。
なお、後述のとおり、船員については1939（昭和14）年に医療保険を含む**総合保険**である**船員保険制度**が**創設**された。

3 国民健康保険法の制定と厚生省の発足

　大正時代末期の戦後恐慌に引き続き、昭和に入ってからも**1927（昭和2）年**の金融恐慌、**1929（昭和4）年**に始まる世界恐慌の影響を受けて昭和恐慌が相次いで発生した。また、東北地方を中心に大凶作等が発生し、農村を中心とする地域社会を不安に陥れた。困窮に陥った農家では欠食児童や婦女子の身売りが続出し、大きな社会問題となった。農家は赤字が続き、負債の多くを医療費が占めていた。

　そこで、当時社会保険を所管した内務省は、農村における貧困と疾病の連鎖を切断し、併せて医療の確保や医療費軽減を図るため、農民等を被保険者とする国民健康保険制度の創設を検討した。その後、1938（昭和13）年1月に**厚生省**が発足し、**同年**4月には「国民健康保険法」が**制定**され、**同法**は**同年7月に施行**された。

参考 国民健康保険の保険者は、組合（普通国民健康保険組合・特別国民健康保険組合）単位で設立することができたが、その設立も加入も基本的に任意であった。また、保険給付には療養、助産・葬祭給付があり、その種類や範囲は組合で決めることができるとされた。
国民健康保険は、先進国に前例のある被用者保険と異なり、日本特有の地域保険としての性格を有していた。国民健康保険の誕生は、日本の医療保険が労働保険の域を脱し国民全般をも対象に含むこととなり、戦後の国民皆保険制度展開の基礎が戦前のこの時期に作り上げられたことを意味した。

第4章　社会保障制度

4 戦前における国民皆保険運動の展開

　健兵健民政策（人口増加・健康増進を目的として1942年から行われた官製国民運動）を推進する厚生省は、「国保なくして健民なし」として同制度の一層の普及を図ることとした。このため、**1942（昭和17）年**には、地方長官の権限による**国民健康保険組合の強制設立**や、**組合員加入義務の強化**などを内容とする国民健康保険法の改正が行われた。これを機に国民健康保険の一大普及計画が全国で実施され、その結果、1943（昭和18）年度末には、市町村の95%に国民健康保険組合が設立された。1945（昭和20）年には組合数10,345、被保険者数4,092万人となったが、組合数の量的拡大は必ずしも質を伴うものでなく、戦局悪化のため皆保険計画は目標どおりには進まなかった。また、療養の給付についても、医薬品や医師の不足により十分には行われなくなった。

5 日本最初の公的年金制度の創設

　日本における最初の社会保険が健康保険制度であるのに対し、年金制度の源流は、軍人や官吏を対象とする恩給制度から始まった。1875（明治8）年に「陸軍武官傷痍扶助及ヒ死亡ノ者祭粢並ニ其家族扶助概則」及び「海軍退隠令」、1884（明治17）年に「官吏恩給令」が公布され、1890（明治23）年にはそれぞれ「軍人恩給法」「官吏恩給法」に発展した。また、教職員や警察官等についても、明治中期から後期にかけて恩給制度が設けられた。これらの恩給制度は、1923（大正12）年に「恩給法」に統一された。このほか現業に携わる公務員に対しては、明治末期から共済組合制度が次々に創設された。

　その後、戦時体制下になり、国防上の観点で物資の海上輸送を担う船員の確保が急務であったこと等から、船員を対象とする**「船員保険制度」**が**1939（昭和14）年**に創設された。

　船員保険制度は、政府を保険者、船員法に定める船員を被保険者とし、療養の給付、傷病手当金、養老年金、廃疾年金（現在の障害年金に相当する）、廃疾手当金、脱退手当金等を給付する制度で、年金保険制度のほか医療保険制度等を兼ねた**総合保険制度**であった。

社会保障制度の変遷

Check Point!

☐ 船員保険制度における養老年金及び廃疾年金は、社会保険方式による日本最初の公的年金制度となった。

6 厚生年金保険制度の創設

　船員保険制度の創設を受けて、船員を除く被用者に対する公的年金制度の創設が検討され、**1941（昭和16）年**に**工場で働く男子労働者**を対象とした「**労働者年金保険法**」が公布された。

　その後、労働者年金保険は、戦局悪化に伴う雇用構造の変化に伴い、**1944（昭和19）年**に**女子**や**事務職員**、適用事業所規模も従業員５人以上に適用対象が拡大され、名称も「厚生年金保険」と改められた。

　このように公的年金制度が設けられるに至った理由としては、資本主義の発展に伴い労働力を合理的に保全するため、健康保険制度の創設等に続き、長期保険による労働者保護を行うことが必要と認められてきたことがあげられる。また、当時の時代背景として「一台でも多くの機械を、一かけでも多くの石炭を増産してもらいたい」といった戦時体制下における生産力の拡充、労働力の増強確保を行うための措置の一環としての要請があった。さらに、インフレ防止の見地等からの保険料を納付させることによる強制貯蓄的機能が期待されていた。

（平成23年版「厚生労働白書」P35〜37）

Check Point!

☐ 労働者年金保険法（後の厚生年金保険法）は、1941（昭和16）年に工場で働く男子労働者を対象とする公的年金制度として制定された。

参考 労働者年金保険の内容は、①健康保険法の適用を受けた従業員10人以上の工業、鉱業及び運輸業の事業所で働く男子労働者を被保険者としたほか、②保険事故は、老齢、廃疾、死亡及び脱退とし、それぞれに対し養老年金（資格期間20年で支給開始55歳）、廃疾年金、廃疾手当金、遺族年金及び脱退手当金の５種類が給付された。保険料は、健康保険と同様労使折半で負担することとされた。

第4章 社会保障制度

❷ 第2次世界大戦後の社会保障制度

1 戦後の社会保障制度の変遷

戦後の社会保障制度の変遷は、次の通りである。

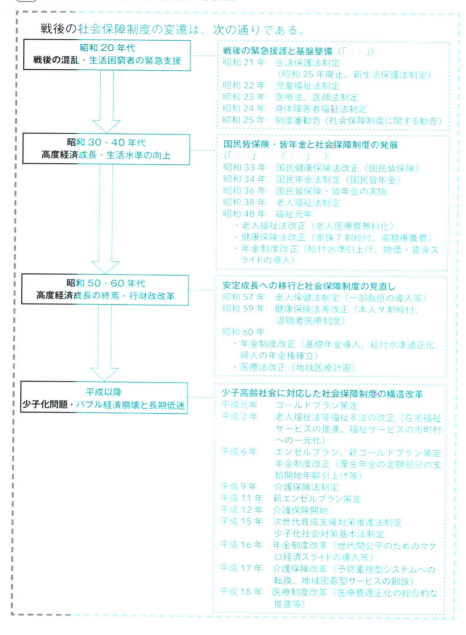

昭和20年代 戦後の混乱・生活困窮者の緊急支援	戦後の緊急援護と基盤整備（「　　」） 昭和21年　生活保護法制定 　　　　　　（昭和25年廃止、新生活保護法制定） 昭和22年　児童福祉法制定 昭和23年　医療法、医師法制定 昭和24年　身体障害者福祉法制定 昭和25年　制度審勧告（社会保障制度に関する勧告）
昭和30・40年代 高度経済成長・生活水準の向上	国民皆保険・皆年金と社会保障制度の発展 （「　　」・「　　」） 昭和33年　国民健康保険法改正（国民皆保険） 昭和34年　国民年金法制定（国民皆年金） 昭和36年　国民皆保険・皆年金の実施 昭和38年　老人福祉法制定 昭和48年　福祉元年 　・老人福祉法改正（老人医療費無料化） 　・健康保険法改正（家族7割給付、高額療養費） 　・年金制度改正（給付水準引上げ、物価・賃金スライドの導入）
昭和50・60年代 高度経済成長の終焉・行財政改革	安定成長への移行と社会保障制度の見直し 昭和57年　老人保健法制定（一部負担の導入等） 昭和59年　健康保険法等改正（本人9割給付、退職者医療制度） 昭和60年 　・年金制度改正（基礎年金導入、給付水準適正化、婦人の年金権確立） 　・医療法改正（地域医療計画）
平成以降 少子化問題・バブル経済崩壊と長期低迷	少子高齢社会に対応した社会保障制度の構造改革 平成元年　ゴールドプラン策定 平成2年　老人福祉法等福祉8法の改正（在宅福祉サービスの推進、福祉サービスの市町村への一元化） 平成6年　エンゼルプラン、新ゴールドプラン策定 　　　　　年金制度改正（厚生年金の定額部分の支給開始年齢引上げ等） 平成9年　介護保険法制定 平成11年　新エンゼルプラン策定 平成12年　介護保険開始 平成15年　次世代育成支援対策推進法制定 　　　　　少子化社会対策基本法制定 平成16年　年金制度改革（世代間公平のためのマクロ経済スライドの導入等） 平成17年　介護保険改革（予防重視型システムへの転換、地域密着型サービスの創設） 平成18年　医療制度改革（医療費適正化の総合的な推進等）

社会保障制度の変遷

参考 **エンゼルプラン**とは、厚生省（現厚生労働省）が1995年に策定した「子育て支援のための総合計画」の通称である。少子化傾向※を食い止めるため、共働き家庭の育児を援護するなどさまざまな施策が盛り込まれている。

　※　1989年の合計特殊出生率が丙午の年を下回り、戦後最低となった**1.57ショック**により、国の少子化に対する危険意識が高まったことが背景にあるとされている。

ゴールドプランとは、高齢社会に備えて、1989年に10年間を見すえ高齢者対策強化の目的で策定された施策計画（高齢者保健福祉推進10ヵ年戦略）であり、市町村における在宅福祉対策の緊急実施、施設の緊急整備が図られ、特別養護老人ホーム、デイサービス、ショートステイなどの施設の緊急整備、ホームヘルパーの養成などによる在宅福祉の推進などが柱として掲げられた。

2 日本国憲法の制定と福祉三法体制の整備

1946（昭和21）年11月に日本国憲法が公布された。憲法では**第11条に基本的人権の尊重**が、**第13条に幸福追求権**が規定されるとともに、**第25条に「すべて国民は、健康で文化的な最低限度の生活を営む権利を有する」**とする「生存権」が初めて規定された。また、**「国は、すべての生活部面について、社会福祉、社会保障及び公衆衛生の向上及び増進に努めなければならない」**と国の責務が同条に明記されたことから、生存権の理念に基づき新たな制度が整備されていくこととなった。

参考 憲法第25条や公的扶助三原則との関係で、旧生活保護法の欠格条項の存在や、国家の責任で行うべき生活保護法の適用に関して、当時、民間の篤志家である民生委員の活用を前提としていたことがGHQより問題視された。このため、旧生活保護法は廃止となり、代わって新「生活保護法」（1950年　以下「新生活保護法」という。）が制定された。また、新生活保護法に基づき、民生委員に代わり有給の公務員である社会福祉主事が設置された。

また、戦災孤児や傷痍軍人等の増大を受けて、「児童福祉法」（1947年）、「身体障害者福祉法」（1949年）が制定された。また、「社会福祉事業法」（1951年）の制定により、公的な社会福祉事業と民間の福祉事業との関係性が明確にされたほか、憲法第89条（公の財産の支出又は利用の制限）に対応して社会福祉法人制度が創設され、社会福祉の第一線機関として福祉事務所が設置されることとなった。

新生活保護法と**児童福祉法**、**身体障害者福祉法**の三法を「**福祉三法**」と呼ぶが、福祉三法と社会福祉事業法の制定によって、福祉三法体制が整備された。

3 社会保障制度審議会「社会保障制度に関する勧告」

1947（昭和22）年、GHQの招聘により来日した**ワンデル博士**を団長とするアメリカ社会保障制度調査団の調査報告書に基づき、1948（昭和23）年12月に**社会保障制度審議会**が設立された。**社会保障制度審議会は首相の直轄**とされ、国会議員、学識経験者、関係諸団体代表及び関係各省事務次官

第4章

159

第4章　社会保障制度

40名で構成された。

　同審議会は1950（昭和25）年に「社会保障制度に関する勧告」を発表した。この勧告の内容は、①各種の社会保険、公的扶助、社会福祉、児童福祉等の諸制度の総合的な運用、②被用者関係の社会保険制度の統合、適用拡大、給付改善などであった。

　同勧告は、日本の社会保障の青写真を提示し、「国民健康保険制度の全国民への適用」、いわゆる「国民皆保険」を提唱した。また、社会保障の中心を社会保険によることを主導した。

参考（国民健康保険の財政基盤の確保）

　戦後復興期の医療保険をめぐる状況は、終戦直後の急激なインフレ等によって保険診療が敬遠され、国民健康保険は制度破綻の危機に直面していた。戦後の社会的、経済的混乱により、国民健康保険を休止又は廃止する組合が続出し、終戦2年目の1947（昭和22）年には、組合数5,619、被保険者数2,786万人と1945年に比べ約半減した。

　このため、国民健康保険の財政基盤を強化する観点から、1948（昭和23）年に国民健康保険法が改正された。主な改正点は、①国民健康保険制度の実施主体を従来の国民健康保険組合から原則として市町村としたこと（市町村公営の原則）、②いったん設立された場合は、その市町村の住民の加入は強制とされたこと（被保険者の強制加入制）等である。

　また、1951（昭和26）年にも国民健康保険法の改正により、国民健康保険税（保険料よりも税の方が徴収しやすく、財政計画が明確に立てられると考えられた）が創設され、保険料でなく税で徴収することも可能となり財政基盤が強化された。その後、日本経済の復活等も加わり、保険診療が急速に増加するに至ったことから再び保険財政の立て直しが急務となったが、1953年の国民健康保険法の改正によって助成交付金の名で事実上の国民健康保険に対する国庫補助が実現し、1955（昭和30）年には国庫補助が法制化された。

（新厚生年金の創設）

　終戦直後の経済混乱の中、急激なインフレによって労働者の生活は苦しくなり、厚生年金保険料の負担も困難となった。また、積立金の実質的な価値が減少し、将来の給付のための財源とならなくなってしまうなどの問題が生じていた。このため、1948（昭和23）年の厚生年金保険法の改正では、保険料率を約3分の1に引下げる等の暫定的な措置がとられた。

　また、1954（昭和29）年の同法改正においては、前年12月に戦時加算のある坑内員の養老年金受給権が発生することに備え、年金の体系について全面的な改正が行われた。それまで報酬比例部分のみであった養老年金を定額部分と報酬比例部分の二階建ての老齢年金とし、男子の支給開始年齢を55歳から60歳に段階的に引上げることとした。加えて、急激な保険料の増加を避けるため、平準保険料率よりも低い保険料率を設定し、その際、保険料率を段階的に引上げる将来の見通しも作成することとした。これらの改正は、現在の厚生年金制度の基本体系となるもので、当時は「新厚生年金制度」といわれた。

　さらに、財政方式を積立方式から修正積立方式（労使の急激な負担増を避けるため、当面保険料を据え置き、積立不足分を後代の被保険者の負担とする財政方式。従来の完全積立方式から賦課方式の方向に修正される形となった）に変更し、国庫負担を導入した。その際、「保険料率は、保険給付に要する費用の予想額並びに予定運用収入及び国庫負担の額に照らし、将来にわたって、財政の均衡を保つことができるものでなければならず、且つ、少なくとも5年ごとに、この基準に従って再計算されるべきものとする」との規定が盛り込まれ、5年に1回は財政再計算を行うことが制度化された。

（平成23年版「厚生労働白書」P39〜41）

社会保障制度の変遷

❸ 平成の30年間の社会保障制度等の改革

1 機能の強化

　平成の30年間、我が国の人口や寿命、働き方、地域社会、世帯や家族、暮らし向きなどは大きく変わってきた。こうした社会変容の中で、社会保障制度等も様々な改革が行われてきた。その内容は大別すると、①**国民の生活ニーズに応えることを目的とした機能の強化**と、②**将来世代に制度を安定的に引き継いでいくための財政面での持続可能性の強化**の2つとなろう。

　社会保障制度の機能強化という観点から見ると、まず、**介護保険制度の創設**が挙げられよう。高齢者介護は、従来、**家族介護が基本**とされ、それを補完する形で措置方式により介護サービスが提供されてきた。**平成**に入り、**要介護高齢者の増加・介護期間の長期化**、**核家族化の進展**といった状況の中で、介護を社会全体で支えるという理念の下、契約方式による**介護保険制度**が導入された。**利用者**が**多様な事業主体**からサービスを選択できるようになり、介護サービスの充実に大きく寄与することとなった。近年は、住み慣れた地域で自分らしい暮らしを人生の最後まで続けられることを目的として、**医療・介護・予防・住まい**などを**包括的に支援**するための取組（**地域包括ケア**）が進められている。

　障害者福祉においても、完全参加と平等を掲げた国際障害者年（1981（昭和56）年）を契機としてノーマライゼーションの理念が広がる中で、**契約方式化**により利用者のサービス選択が可能になり、その後、障害種別を超えたサービスの提供枠組みが構築されたことなどにより、障害福祉サービスの充実が図られている。

　低所得者へのセーフティネットの面でも、様々な改革が行われた。**2008（平成20）年のリーマンショック**を契機として、**就労、生活、住まい**といった**複合的なニーズ**を抱える生活困窮者への支援がクローズアップされ、**雇用保険と生活保護**の間の**セーフティネット**として**生活困窮者自立支援制度の創設**につながった。その後、地域共生社会の実現に向けて、包括的な支援体制づくりが進められている。さらに、**高齢期の所得保障の充実**という観点から、**短時間労働者への厚生年金の適用範囲が拡大**されるとともに、低年金者を対象として**年金生活者支援給付金制度が創設**された。

　関連する労働政策について見ると、**高齢者雇用**や**女性活躍の促進**につい

第4章

第4章　社会保障制度

て、法整備を含め進められてきた。また、働き過ぎを防ぐために、労働時間について**週40時間労働制原則化**や**長時間労働規制**などの取組みが進められている。加えて、近年では同一労働同一賃金などの多様な働き方への対応も進められている。

　また、**医療提供体制**について、**高齢化などによる医療需要の変化**に対応するため、医療機関の機能分化・連携などの取組みが推進されてきた。近年では、地域における**人口構造の変化**への対応を含め、地域ごとに効率的で不足のない医療提供体制を構築すべく、**地域医療構想**や医師の偏在対策などの取組みが進められている。

　少子化対策は、平成の時代にクローズアップされてきたテーマである。**1990（平成2）年**の「**1.57ショック**」を契機に、出生率低下と子ども数の減少が社会的な問題として認識されることとなり、その後、徐々に妊娠・出産・子育ての支援が強化されていった。

　子育て支援については、累次の待機児童対策等とともに、保育制度等の見直しが行われ、子ども・子育て支援新制度の創設、幼児教育・保育の無償化につながった。また、**育児休業法の制定**や**育児休業給付制度の創設**など仕事**と子育て**の両立支援に関する施策も進められてきた。少子化対策は、こうした施策のほか、結婚、教育、まちづくりまで広範な領域での取組みを必要とする課題であり、政府を挙げて推進されている。

（令和2年版『厚生労働白書』P.116）

▌Check Point！

□　1.57ショックとは、平成元（1989）年の合計特殊出生率が1.57となり、「ひのえうま」という特殊要因により過去最低であった昭和41（1966）年の合計特殊出生率1.58を下回ったことが判明した時の衝撃を指す。

2 持続可能性の強化

　平成の時代は、少子高齢化が急速に進んだ30年間であった。それに伴って、社会保障給付も大きく拡大した。税と社会保険料を財源として運営される社会保障制度を将来にわたり安定的に引き継いでいくため、この間、各分野で**給付**と負担の見直しが行われ、財政面における持続可能性の強化が図られてきた。

社会保障制度の変遷

　公的年金については、将来世代の保険料負担に歯止めをかける観点から、**保険料水準の上限を固定**し、その限られた財源の範囲内で給付水準を自動調整する**マクロ経済スライド**の仕組みが導入されるとともに、財源の安定性の強化のため**基礎年金の国庫負担の2分の1**への引上げが行われた。

　医療保険においては、高齢化等による医療費の増加や経済基調の変化による保険料収入の伸びの低下などを踏まえ、給付率の見直し等が行われた。また、高齢者と高齢者以外の者との**費用負担関係が曖昧**との批判があった**老人保健制度**が廃止され、**都道府県単位の広域連合**を**運営主体**とする**後期高齢者医療制度**が創設された。さらに、**国民健康保険制度**も財政運営の安定化を図るため、その**責任主体を都道府県**とすることとされた。

(令和2年版「厚生労働白書」P.117)

Check Point!

☐ 介護保険についても、制度の持続可能性や世代内・間の公平の観点から、医療保険と同様に給付率の見直し等が行われている。

参考（平成の主な社会保障制度等の改革）

1989（H元）	消費税制度導入
90（H2）	高齢者保健福祉推進10カ年計画（**ゴールドプラン**）
91（H3）	育児休業法制定
93（H5）	週40時間労働制原則化
94（H6）	今後の子育て支援のための施策の基本的方向について（**エンゼルプラン**）
	育児休業給付制度創設
	60歳定年の義務化
97（H9）	被用者保険本人給付率8割の実施
2000（H12）	介護保険制度施行
	社会福祉基礎構造改革（措置から契約への移行等）
02（H14）	医療保険の給付率の一元化（70歳未満7割）
03（H15）	少子化対策基本法制定
	次世代育成支援対策推進法制定
04（H16）	公的年金の保険料水準の上限を固定し、給付水準を自動調整する仕組み（**マクロ経済スライド**）の導入
	65歳までの雇用確保措置の義務化
05（H17）	障害者自立支援法制定
	介護保険の見直し（予防給付や地域包括支援センター創設等）
06（H18）	後期高齢者医療制度等創設

第4章　社会保障制度

12（H24）	社会保障・税一体改革関連法成立
	基礎年金国庫負担2分の1の恒久化 **短時間労働者への被用者保険の適用拡大** 年金生活者支援給付金創設 子ども・子育て支援新制度創設
	障害者総合支援法制定
13（H25）	生活困窮者自立支援制度創設
14（H26）	難病医療法制定
	医療介護総合確保推進法制定（地域医療構想、**介護保険の予防給付の地域支援事業への移行**、給付率見直し（**一定以上所得者8割**））
15（H27）	女性活躍推進法制定
	国民健康保険制度改革（財政運営主体の都道府県単位化等）
17（H29）	介護保険等の見直し（**介護医療院創設**、給付率見直し（**現役並み所得者7割**）、包括的支援体制構築、共生型サービス創設）
18（H30）	働き方改革関連法成立（**長時間労働規制、同一労働同一賃金等**）
19（H31）	幼児教育・保育の無償化

（令和2年版『厚生労働白書』P115）

④ 参加型社会保障

　厚生労働省では、これまで、少子高齢化の進展に対応して、介護保険の導入など新しい対策も打ち出してきたが、各制度ばらばらに改革を行ってきた結果、制度のすきまが生じるなど、セーフティネットとしての機能が弱っている。今後、医療、福祉、雇用、年金などの各制度が相まって国民一人ひとりが**安心して暮らせる社会**の姿を制度横断的に検討していかなければならない。その際、社会保障が「機会の平等」の保障のみならず、広く**国民全体の可能性を引き出す**参加型社会保障（ポジティブ・ウェルフェア）の考え方に立って、より質の高い社会の実現を目指す必要がある。

　参加型社会保障（**ポジティブ・ウェルフェア**）とは、かつての社会保障（「**消費型・保護型社会保障**」と名づける）とは異なる新たな概念である。

　就労あるいは社会参加を通じて、国民が自らの可能性を引き出し、発揮することを**支援**する。失業によって貧困に陥った人にも単に金銭給付を行うのみではなく、就労**支援**を併せて行って再就労に結びつけるというトランポリン型の**支援**が求められている。「福祉から就労へ」という考え方は参加型社会保障の大きな柱の1つということができる。

（平成22年版『厚生労働白書』P144、平成23年版『厚生労働白書』P115）

参考 1. 参加型社会保障（**ポジティブ・ウェルフェア**）の基本的考え方をまとめると、以下の

164

とおりとなる。
(1)「機会の平等」の保障のみならず、国民が自らの可能性を引き出し、発揮することを支援すること
(2)働き方や、介護等の支援が必要になった場合の暮らし方について、本人の自己決定（自律）を支援すること（例えば住み慣れた地域や自宅に住み続けられるように支援することなど）
(3)社会的包摂（Social Inclusion）の考え方に立って、労働市場、地域社会、家庭への参加を保障すること

（平成22年版「厚生労働白書」P144）

2.「**消費型・保護型**」では、保護すべきニーズを満たすことに主眼が置かれ、サービスが消費されるだけで終わってしまい、それだけでは何も生み出さない。一方、「**参加型**」では、上記1.の考え方に基づき、本人の能力を最大限に引き出し、労働市場、地域社会や家庭への参加を促すことを目的とする。分野ごとに比較したものが次の表である。

例えば…	かつての社会保障 〈消費型・保護型社会保障〉	参加型社会保障 （ポジティブ・ウェルフェア）
雇　用 （再就職支援）	・失業以外に住宅問題や金銭問題など複雑な事情を持つ失業者への対応が困難で、就業に結びつかないケースがある。	・失業しても、一人ひとりの実情に合わせた対応で、トランポリンのように労働市場に復帰できる。住宅手当・失業手当など生活保障と職業訓練、職業紹介を組み合わせ、必要に応じてパーソナル・サポートを実施する。
医療・介護	・医師不足や医療機関のネットワーク不足により、救急医療など地域医療の維持が困難な地域がある。入院期間も長く、なかなか退院できない。 ・在宅医療・福祉サービスの不足により、住み慣れた地域や家で暮らし続けることが難しい。	・救急医療を中心に医療機関の役割分担と連携により、早期に社会復帰、家庭復帰することが可能になる。 ・中学校区など一定の区域に在宅医療・福祉サービスを整備し、本人の希望を踏まえて最期まで自宅で暮らすことも可能になる。
子育て支援	・保育所には待機者がおり、病児保育、一時保育など多様な保育への対応は不十分。一方、幼稚園には空きがある。	・子ども・子育て新システムにより、幼稚園・保育所の一体化、仕事と生活の両立支援と子どものための多様なサービス提供、待機児童の解消を実現する。
年　金	・就業構造が変化する中で、厚生年金に加入できない非正規労働者等が増えているほか、低年金者の問題がある。	・職業により差がない一元的な所得比例年金と最低保障年金により、職業や多様な働き方に対して公平かつ柔軟に対応できるようにし、国民の安心を確保する。
生活保護	・現在の厳しい雇用情勢のもとで、就労を希望しているが、なかなか就職に結びつかなかったり、求職活動が長期化する中で働く意欲を失ってしまい、就労という社会とのつながりがなくなった結果、社会から長らく孤立する人が増えてきている。	・企業等の一般就労を目指すだけでなく、生活保護受給者の状態に応じて、NPO等の「新しい公共」を活用して就労体験、福祉的就労、ボランティア等のプログラムや交流の場に参加してもらい、社会とのつながりを結び直す支援を講じる。

（平成22年版「厚生労働白書」P145）

第4章 社会保障制度

❺「全世代型」社会保障への更なる方向転換

現役世代の安心という観点から社会保障を考える際、負担や給付の在り方についても考える必要がある。国民の意識を見る限り、若年層ほど社会保障の費用負担の増加に慎重な傾向が見られる中、これまで「世代間」再分配を中心に構築されてきた我が国の社会保障は、今後、人口高齢化に伴い現役世代の負担がますます過重となることが懸念される。これまで一律に「支援される側」として扱われる傾向にあった高齢層の理解も十分に得ながら、年齢にかかわらず、あらゆる世代がその負担能力に応じて公平に負担を分かち合い、同時に恩恵を感じられる**「全世代型」**社会保障への方向転換を更に進めていく必要がある。

また、特に年金制度などは、若年層を中心とする国民ニーズの多様化を踏まえ、公的な保障を基本としつつ、私的年金なども組み合わせることで、個人の価値観に合った多様な保障を支えることも重要である。

（平成29年版「厚生労働白書」P.178）

参考・全世代対応型の社会保障制度を構築するための健康保険法等の一部を改正する法律

我が国は、国民皆保険制度の下で世界最高レベルの平均寿命と保健医療水準を実現してきた。一方で、今後を展望すると、**団塊の世代が全て75歳以上となる2025（令和7）年**や、**団塊ジュニア世代が高齢期**を迎え、支え手の中心となる**生産年齢人口の減少が加速する2040（令和22）年頃**といった将来の日本社会を見据えた改革が求められている。

「全世代型社会保障改革の方針」（2020（令和2）年12月15日閣議決定）等を踏まえ、現役世代への給付が少なく、給付は高齢者中心、負担は現役世代中心というこれまでの社会保障の構造を見直し、全ての世代で広く安心を支えていく「全世代対応型の社会保障制度」を構築するため、「全世代対応型の社会保障制度を構築するための健康保険法等の一部を改正する法律案」を、2021（令和3）年の通常国会に提出し、成立した。主な改正内容は下記1から7までである。

(1) 後期高齢者医療における窓口負担割合の見直し

後期高齢者医療は、給付費の5割を公費で、4割を現役世代からの後期高齢者支援金で、1割を後期高齢者の保険料で負担する支え合いの仕組みであり、現役世代の理解が不可欠である。少子高齢化が進み、2022（令和4）年度以降、団塊の世代が後期高齢者となり始めることで、後期高齢者支援金の急増が見込まれる中で、若い世代は貯蓄も少なく住居費・教育費等の他の支出の負担も大きいという事情に鑑みると、後期高齢者であっても負担能力のある方には可能な範囲で負担いただくことにより、後期高齢者支援金の負担を軽減し、若い世代の保険料負担の上昇を少しでも減らしていくことは重要な課題である。

そのため、現役並みの所得がある方以外は1割とされている後期高齢者医療の窓口負担割合について、課税所得が28万円以上かつ年収が200万円以上（単身世帯の場合。複数世帯の場合は後期高齢者の年収合計が320万円以上）の方に限って、2割とする。一方で、この見直しにより必要な受診が妨げられることがないよう、長期にわたり頻回な受診が必要な患者等への配慮として、外来受診において、施行後3年間、1ヶ月の負担増を最大でも3,000円とする措置を講ずることとしており、所得基準や

施行日（2022年10月から2023（令和5）年3月までの各月の初日を想定）等とともに政令で規定する。

②傷病手当金の支給期間の通算化

健康保険においては、病気やけがの治療のため働くことができない場合に、報酬の3分の2程度を傷病手当金として支給することとされている。その支給期間については、同一の病気やけがに関して、支給を始めた日から起算して1年6ヶ月を超えない期間とされており、その間に一時的に労務可能となり、傷病手当金が支給されなかった期間についても、1年6ヶ月の期間に含まれる仕組みとされていた。

仕事と治療の両立の観点から、がん治療のために入退院を繰り返す場合などに柔軟に傷病手当金を利用できるようにするため、出勤に伴い不支給となった期間がある場合には、その分の期間を延長して傷病手当金の支給を受けられるよう、支給期間の通算化を行う。

③任意継続被保険者制度の見直し

健康保険においては、被保険者が退職した後も、本人の選択によって、引き続き2年間、退職前に加入していた健康保険の被保険者になることができる任意継続被保険者制度が設けられている。

任意継続被保険者の保険料については、「退職した時の標準報酬月額」又は「任意継続被保険者が加入している保険者のすべての被保険者の標準報酬月額の平均に基づく標準報酬月額」のいずれか低い額を基礎とすることとされていたが、それぞれの健康保険組合の実状に応じた柔軟な制度とするため、健康保険組合がその規約で定めた場合には、「退職した時の標準報酬月額」を保険料の基礎とすることも可能とする。

また、任意継続被保険者の生活実態に応じた加入期間の短縮化を支援する観点から、任意継続被保険者からの申請による任意の資格喪失を可能とする。

④育児休業中の保険料の免除要件の見直し

育児休業中の社会保険料については、被保険者の経済的負担に配慮して、月末時点で育児休業を取得している場合にはその月の保険料を免除する仕組みが設けられている。

この免除の仕組みについては、月末時点で育児休業を取得している場合にはその月の保険料が免除される一方、月の途中に短期間の育児休業を取得した場合には保険料が免除されないことや、賞与に係る保険料について、実際の賞与の支払に応じて保険料が賦課されているにもかかわらず、月末時点で育児休業を取得している場合にはその月の保険料が免除されることから、賞与月に育児休業の取得が多いといった偏りが生じている可能性があった。

このため、短期の育児休業の取得に対応して、月内に2週間以上の育児休業を取得した場合には当該月の保険料を免除するとともに、賞与に係る保険料については1月を超える育児休業を取得している場合に限り、免除の対象とすることとする。

⑤子どもに係る国民健康保険料等の均等割額の減額措置の導入

国民健康保険制度の保険料（税）は、応益（均等割・平等割）と応能（所得割・資産割）に応じて設定されているが、子育て世帯の経済的負担軽減の観点から、国・地方の取組みとして、未就学児に係る均等割保険料を半分に軽減する。

⑥生涯現役で活躍出来る社会づくりの推進（予防・健康づくりの強化）

現在、40歳以上の者を対象とする特定健診については、労働安全衛生法に基づく事業主健診等の結果の活用が可能である一方、40歳未満の者については、同様の仕組みがない。

このため、生涯を通じた予防・健康づくりに向けて、健診情報等の活用による効率的・効果的な保健事業を推進していくため、40歳未満の者に係る事業主健診等の結果を保険者が事業者等に求めることを可能とする。併せて、被用者保険者等が保存する特定健診等の情報を後期高齢者医療広域連合へ引き継ぐこと等を可能とする。

⑦国民健康保険制度の取組強化

①財政安定化基金

国民健康保険の財政安定化基金は、国民健康保険の財政運営の安定化を図るため、

第4章　社会保障制度

各都道府県に設置されている。都道府県の財政調整機能の更なる強化の観点から、財政安定化基金に積み立てた剰余金等を、安定的な財政運営のために必要な場合に取り崩し、都道府県の国民健康保険の特別会計に繰り入れることができることとする。

②都道府県国民健康保険運営方針

都道府県は、安定的な財政運営並びに当該都道府県内の市町村の国民健康保険事業の広域的及び効率的な運営の推進を図るため、都道府県国民健康保険運営方針を定めることとされている。都道府県内の市町村における保険料水準の平準化や、一般会計からの法定外繰入等の解消について、都道府県と市町村における議論を促進し、取組みを進めるため、都道府県国民健康保険運営方針の記載事項として位置付ける。

また、「全世代型社会保障改革の方針」に基づき下記(8)及び(9)の対応を行う。

(8)不妊治療の保険適用

不妊治療については、現在、原因が不明な不妊症に対して行われる体外受精や顕微授精等については、保険適用の対象としていないが、子どもを持ちたいという方々の気持ちに寄り添い、保険適用を早急に実現することとしている。具体的には2021（令和3）年度中に詳細を決定し、2022（令和4）年度当初から保険適用を実現することとし、工程表に基づき、保険適用までの作業を進めていく。

(9)大病院への患者集中を防ぎかかりつけ医機能の強化を図るための定額負担の拡大

患者が安心して必要な医療機関を受診できる環境を作るためには、患者自身が医療機関の選択などを適切に理解して医療にかかること（上手な医療のかかり方）が必要である。

日常行う診療はかかりつけ医機能を担う身近な医療機関で受け、必要に応じて紹介を受けて、患者自身の状態にあった他の医療機関を受診し、さらに逆紹介によって身近な医療機関に戻るという流れをより円滑にするため、紹介状を持たない患者が大病院を外来受診した場合に定額負担を求める制度（現行：初診時5,000円・再診時2,500円以上（医科の場合））について、見直しを行うこととしている。

具体的には、対象範囲について、2021（令和3）年の医療法改正により地域の実情に応じて明確化される「医療資源を重点的に活用する外来」を地域で基幹的に担う医療機関（紹介患者への外来を基本とする医療機関）のうち一般病床200床以上の病院に拡大するとともに、かかりつけ医機能を担う地域の医療機関を受診せず、あえて紹介状なしで大病院を受診する患者の初・再診については、保険給付の範囲から一定額を控除し、それと同額以上の定額負担を追加的に求めるよう仕組みを拡充することとしており、引き続き検討を進めていく。　　　（令和3年版「厚生労働白書」P.357～360）

医療保険制度の変遷

3 医療保険制度の変遷 重要度A

① 医療制度の沿革

医療制度の沿革のうち、主要なものは、次の通りである。

大正11年	**健康保険法**の制定（**昭和2年**施行）
昭和13年	**国民健康保険法**の制定（同年施行）
昭和14年	船員保険法の制定（昭和15年施行）
昭和36年	**国民健康保険**全国に普及
昭和48年	**高額療養費制度**の創設、**老人医療費無料化**実施
昭和57年	老人保健法の制定（昭和58年施行）
昭和59年	被用者本人の一部負担（定率1割）導入、退職者医療制度（退職被保険者）創設
平成6年	入院時食事療養費、出産育児一時金創設 育児休業期間中の健康保険の保険料免除（本人負担分）（平成7年施行）
平成9年	被用者本人の一部負担割合を1割から2割へ引上げ
平成12年	育児休業期間中の健康保険の保険料免除（事業主負担分）（平成13年施行） 老人医療の一部負担金を定額から定率1割負担に変更
平成14年	3歳未満・70歳以上の一部負担割合変更 出産育児一時金の家族対象枠の拡大（配偶者から家族へ） **総報酬制導入**（**平成15年**施行）
平成16年	育児休業等終了時改定の導入（平成17年施行） 育児休業期間における保険料免除措置の拡充（平成17年施行）
平成18年	医療制度構造改革 （平成18年施行） **入院時生活療養費**の創設、**保険外併用療養費**の創設（特定療養費の廃止）、70歳以上の一定以上所得者の一部負担割合の変更（2割→3割）、出産育児一時金・埋葬料の見直し （平成19年施行） 標準報酬月額の上限・下限等級の変更、標準賞与額の上限額の変更、任意継続被保険者に対する傷病手当金・出産手当金の廃止、傷病手当金・出産手当金の支給率の変更

169

第4章　社会保障制度

	（平成20年施行） 老人保健法全面改正→**高齢者医療確保法**（新たな高齢者医療制度の創設）、**全国健康保険協会**設立、**高額医療・高額介護合算療養費**の創設
平成19年	船員保険法改正：「職務上疾病・年金部門」「失業部門」の労災保険、雇用保険への統合（平成22年施行）
平成24年	産休期間中の保険料免除（平成26年施行）
平成26年	不服申立て制度の見直し（平成28年施行）
平成27年	（平成28年施行） 健康保険標準報酬月額の上限引上げ 傷病手当金及び出産手当金の支給額の見直し **患者申出療養**の創設（新たな保険外併用療養費の仕組み） （平成30年施行） 国民健康保険の都道府県単位化
令和2年	（令和4年施行） 健康保険の適用業種に「士業」を追加
令和3年	（令和4年施行） 傷病手当金の支給期間の通算化 任意継続被保険者制度の見直し（資格喪失事由の追加等）
令和5年	（令和6年施行） ・産前産後期間相当分の国民健康保険保険料軽減措置の創設 ・退職者医療制度の廃止 ・出産育児交付金の創設 ・マイナンバーカードと被保険者証の一体化

❷ 医療保険の創設期

1 健康保険法の制定

　我が国で最初に誕生した医療保険法規（制度）は、大正11（1922）年に制定され、昭和2（1927）年に施行された健康保険法であり、同法は、次のような特色を持っていた。

　(1)　ドイツの疾病保険法をモデルとして制定されたわが国最初の社会保険制度であった。

　(2)　疾病保険と災害補償を兼ねた保険であり、工場法及び鉱業法の適用のある事業場の労働者に適用された。

医療保険制度の変遷

Check Point!
□ 健康保険法は、当初、疾病保険と災害補償を兼ねた保険であった。

参考
1. 健康保険法が**全面的に施行**されたのは昭和2（1927）年であるが、保険給付及び費用の負担に関する規定を除いては、**大正15（1926）年**7月1日より施行されている。
2. **昭和14（1939）年**には、既存の健康保険制度とは別個のいわゆるホワイトカラーを対象とする職員健康保険法が制定された。**昭和17（1942）年**には、この職員健康保険制度が健康保険制度に統合され、**健康保険法への一本化**が行われた。
3. 昭和17（1942）年には、家族給付の法定給付化（当時は本人10割、家族5割給付）及び結核に対する延長給付の法定給付化といった給付内容の改善が行われた。
4. 昭和22（1947）年には、労働基準法及び労働者災害補償保険法が制定されたため、健康保険においては、業務外の事故についてのみ保険給付が行われることになった。

2 国保法及び船保法の成立

1. **国民健康保険法**は、農山漁村民を対象とし、国民健康保険組合を保険者とする任意加入の医療保険として、昭和13（1938）年に成立した。
2. 昭和14（1939）年には**船員保険法**が制定され、翌年の**昭和15（1940）年**に施行された。

③ 医療保険の整備期

1 国民皆保険制度の確立

国民皆保険の基盤を確立する目的で、市町村に国民健康保険事業の実施を義務づける等の法改正が昭和33（1958）年に行われ、国民皆保険計画の実施が進められた結果、昭和36（1961）年には全市町村において国民健康保険事業が実施されるに至り、ここに国民誰もが一定の自己負担で必要な医療を受けることができる国民皆保険体制が実現された。

Check Point!
□ 昭和36（1961）年に国民皆保険体制が実現された。

第4章　社会保障制度

2 高額療養費支給制度の創設等

　昭和48（1973）年は、**福祉元年**と呼ばれた年で、健康保険において、月額3万円を超える医療費の自己負担分を償還する**高額療養費支給制度**が創設されたほか、家族給付率が従来の5割から7割〔昭和55（1980）年改正後は、入院時は8割〕に引き上げられた。

Check Point!

□　昭和48年には、健康保険に高額療養費制度が導入され、年金保険に物価スライド制が導入された。

3 老人保健法の成立

　我が国の老人保健医療対策は、昭和38（1963）年に制定された老人福祉法により実施されてきた〔昭和48（1973）年改正により、老人医療費の無料化が実施〕が、老人医療費の急激な増加を背景として、現在の「高齢者の医療の確保に関する法律〔平成18（2006）年制定・平成20（2008）年施行〕」の前身である**老人保健法**が、**昭和57（1982）年**に**制定**され、翌**昭和58（1983）年**から**施行**された。

参考　1.　我が国の医療保険制度は、大きく分けて被用者保険と国民健康保険に分かれているが、かつては、加入する医療保険によって保険給付率が異なっており、また、主に市町村国保に加入することとなる高齢者は複数の疾患を抱えて長期の療養生活を送ることも多いことから、高齢者の医療費負担をいかに軽減するかが大きな問題となっていた。こうした中で、昭和44（1969）年に東京都と秋田県が**老人医療費の無料化**に踏み切ったことを契機に、各地の地方公共団体が追随し、昭和47（1972）年には、2県を除いて全国で老人医療費が無料化される状況となった。このような状況を踏まえ、国の施策として昭和47（1972）年に老人福祉法が改正され、昭和48（1973）年から**老人医療費支給**制度が実施されることとなった。この制度は、70歳以上〔寝たきり等の場合は65歳以上〕の高齢者に対して、医療保険の自己負担分を、国と地方公共団体の公費を財源として支給するものであった。この制度により、昭和45（1970）年から昭和50（1975）年までの5年間で、70歳以上の受療率が約1.8倍になるなどの結果が生じ、「必要以上に受診が増えて病院の待合室がサロン化した」との問題も指摘されるようになった。また、介護サービスを必要とする高齢者の受け皿が家庭や福祉施設に乏しいとともに、社会福祉施設に入所するよりも入院の方が手続も容易な上、老人医療費が無料であるため医療機関に入院する方が費用負担が軽いこともあって、いわゆる「社会的入院」を助長しているとの指摘もなされるようになった。

（平成19年版『厚生労働白書』P.16）

　2.　老人医療費無料化以降、老人医療費は著しく増大した。オイルショックを契機に、日本経済が高度成長から安定成長に移行する中で、特に高齢者の割合の高い市町村国保の

財政負担は重くなった。こうした中で、高齢者の医療費の負担の公平化を目指して、**老人保健法**が昭和57（1982）年に成立した。老人保健法においては、各医療保険制度間の負担の公平を図る観点から、全国平均の高齢者加入率に基づいて算出された拠出金を各医療保険者で等しく負担する仕組みが新たに導入された。また、老人医療費の一定額を患者が自己負担することとなった。

（平成19年版『厚生労働白書』P 18）

4 退職者医療制度の創設等

　昭和59（1984）年には、国民健康保険法において**退職者医療**制度が創設され、被用者OBについての医療費を被用者保険が負担する仕組みが採用された。

　一方、健康保険法においては、被保険者本人10割給付が見直され、一部負担金制度が導入された（それまでの初診時800円、入院1日500円の定額負担から定率負担方式に変更された）ほか、特定療養費制度（現在の保険外併用療養費制度）が創設され、**日雇労働者健康保険法**の健康保険法への**吸収統合**も行われた。

参考 昭和59（1984）年改正においては、健康保険法の次のような改正も行われている。
⑴高額療養費支給制度の改善が行われ、**世帯合算制度**が導入された。
⑵健康保険任意継続被保険者の**保険料前納制度**が導入された。

④ 高齢化への対応期

1 給付の範囲・内容の見直し等

　平成6（1994）年には、健康保険法等において次の改正が行われた。
⑴　入院時の看護は医療機関が提供すべきものと法律上明確に位置づけ、**付添看護の解消**を図る。
⑵　在宅医療の推進のため、指定訪問看護事業者から指定訪問看護を受けた場合に「**訪問看護療養費**」を支給する。
⑶　これまで入院時の食事については「療養の給付」として支給されていたが、新たにこれを切り離し「**入院時食事療養費**」として支給することとし、併せて標準負担額を患者の自己負担とする。

参考 平成6（1994）年には、健康保険法等において次の改正も行われた。
⑴「分娩費」と「育児手当金」を包括化し、「出産育児一時金」として支給する。
⑵「療養の給付」として支給されていた移送に要する費用については、「移送費」として現金給付化する。

第4章　社会保障制度

(3)育児休業期間中の被保険者負担分の保険料を免除する。

2 一部負担割合の見直し

平成9（1997）年には、健康保険法等において次の改正が行われた。

(1) 被保険者本人の療養の給付等に係る一部負担の割合を、従来の1割から2割に引き上げる。

(2) 政府管掌健康保険（現在の協会管掌健康保険）の保険料率を1,000分の85に引き上げる。

3 高額療養費の見直し等

平成12（2000）年には、健康保険法等において次の改正が行われた。

(1) 高額療養費支給制度において、医療費の多寡にかかわらず一定であった自己負担限度額を見直し、低所得者の場合を除き、医療費の1％を負担することとする。

(2) 老人保健制度において、それまで定額であった老人の自己負担額を見直し、月額に上限を設けたうえで、定率1割負担とする。

参考 同年の改正において、育児休業期間中の健康保険の保険料について、事業主負担部分についても免除することとされた。

4 給付と負担の見直し等

平成14（2002）年には、健康保険法等において次の改正が行われた。

(1) 国民健康保険と同様に、健康保険の被保険者についても給付率を7割とする。

(2) 70歳以上の高齢者の自己負担を定率1割（現役並み所得者については2割）負担とする。

(3) 3歳未満の乳幼児の給付率を8割に改善する。

(4) 賞与についても月収と同様に保険料を負担する総報酬制を導入するとともに、政府管掌健康保険（現在の協会管掌健康保険）の保険料率を1000分の82に引き下げる。

介護保険の変遷

① 介護保険制度の実施

老人福祉と老人保健の両制度を再編し、社会全体で介護を支える新たな仕組みを構築すべく、平成9（1997）年に介護保険法が制定され、平成12（2000）年4月から施行された。

介護保険制度においては、地域において高齢者が活力ある生活を送れるようにするため、従来家族等が行っていた介護を公的サービスとして実施するものであることから、介護問題に取り組むのに最もふさわしい主体として、地域住民に最も身近な行政主体である市町村が保険者となっている。市町村は、地域ごとの介護サービス水準の違いや介護ニーズの相違などの特性を反映した保険料の設定を行い、住民の要介護認定の申請を受け付け、認定を行い、保険給付としての費用の支払い等を行っている。国としては市町村が行う要介護認定、保険給付等の基準を定めるとともに、全国的にバランスのとれた介護サービスの基盤整備を行うための施設整備等の補助や各市町村の保険料基準額の格差是正のための調整交付金の交付等の財政的支援を行っている。また、都道府県は広域的な事項に係る調整等、市町村の事業の基盤整備に係る支援を行う仕組みとなっている。　　（平成17年版「厚生労働白書」P55、56）

制度の基本的な考え方は、自立支援、利用者本位、社会保険方式の3つである。具体的には、自立支援とは、単に介護を要する高齢者の身の回りの世話をするということを超えて、高齢者ができるだけ自立した生活を送れるよう支援することを理念とするものである。また、利用者の選択により、多様な主体から保健医療サービスや福祉サービスを総合的に受けられる制度とした。さらに給付と負担の関係が明確な社会保険方式を採用した。

（平成28年版「厚生労働白書」P98）

Check Point!

☐ 介護保険法が制定されたのは、平成9（1997）年であるが、同法が施行（実施）されたのは、平成12（2000）年度からである。

第4章 社会保障制度

(平成17年改正の概要)
平成17（2005）年6月22日に可決・成立した「介護保険法等の一部を改正する法律」の主な内容としては、**新予防給付**の創設や**地域支援事業**の創設により、「明るく活力ある超高齢社会」を目指し、市町村を責任主体とし、一貫性・連続性のある「**総合的な介護予防システム**」を確立することや、在宅と施設の利用者負担の公平性の観点から、介護保険施設に係る給付の在り方を見直すことなどがあげられる。また、当該改正法では、日常生活圏域において、小規模で多様かつ柔軟なサービスを展開するため、小規模多機能型介護、夜間対応型訪問介護などの「**地域密着型サービス**」を創設し、市町村が事業者を指定し、地域の実情に応じて運営基準・介護報酬等も変更できることとされており、それぞれの市町村ごとに地域の状況に応じた取組みが展開されることとなった。

（平成17年版『厚生労働白書』P60）

(平成23年改正の概要)

1. **医療と介護の連携の強化等**
   (1) **医療、介護、予防、住まい、生活支援サービス**が連携した要介護者等への包括的な支援（地域包括ケア）を推進。
   (2) **日常生活圏域**ごとに地域ニーズや課題の把握を踏まえた介護保険事業計画を策定。
   (3) 単身・重度の要介護者等に対応できるよう、24時間対応の**定期巡回・随時対応サービス**や**複合型サービス**を創設。
   (4) 保険者の判断による予防給付と生活支援サービスの総合的な実施を可能とする。
   (5) 介護療養病床の廃止期限（平成24年3月末）を猶予（新たな指定は行わない）。

2. **介護人材の確保とサービスの質の向上**
   介護福祉士や一定の教育を受けた介護職員等によるたんの吸引等の実施を可能とする等。

3. **高齢者の住まいの整備等**
   有料老人ホーム等における前払金の返還に関する利用者保護規定を追加。

4. **認知症対策の推進**
   (1) 市民後見人の育成及び活用など、市町村における高齢者の権利擁護を推進。
   (2) 市町村の介護保険事業計画において地域の実情に応じた認知症支援策を盛り込む。

5. **保険者による主体的な取組の推進**
   (1) 介護保険事業計画と医療サービス、住まいに関する計画との調和を確保。
   (2) 地域密着型サービスについて、公募・選考による指定を可能とする。

6. **保険料の上昇の緩和**
   各都道府県の財政安定化基金を**取り崩し**、介護保険料の軽減等に活用。

（厚生労働省「介護サービスの基盤強化のための介護保険法等の一部を改正する法律の概要」）

(平成26年改正の概要)

高齢化がさらに進展し、「団塊の世代」が**75歳以上**となる2025（平成37）年の日本では、およそ5.5人に1人が75歳以上高齢者となり、認知症の高齢者の割合や、世帯主が高齢者の単独世帯・夫婦のみの世帯の割合が増加していくと推計されている。また、首都圏を始めとする都市部では急速に高齢化が進むと推計されている。一方で、自身や家族が介護を必要とする時に受けたい介護の希望を調査したアンケートによれば、自宅での介護を希望する人は**70%**を超えている。

そこで、このような社会構造の変化や高齢者のニーズに応えるために「**地域包括ケアシステム**」の実現を目指している。

平成26年の改正では、**地域包括ケアシステム**の構築の推進の観点から、消費税増収分を用いて、医療介護連携の推進、認知症施策の充実、地域ケア会議の推進及び生活支援サービスの基盤強化のため、地域支援事業の充実を図ることとしている。また、要支援者の多様な生活支援や社会参加のニーズに対応するため、**介護予防給付**の訪問介護・通所介護を**市町村**が介護保険財源を活用して実施する**地域支援事業**に移行する。これを通じて、**市町村**を中心とした支え合いの体制作りを推進し、高齢者が参加し自らが担い手となる支援など多様な担い手による多様なサービスの提供体制を整える。さらに、特別養護老人ホーム

介護保険の変遷

については、限られた資源の中で、より入所の必要性の高い方が入所しやすくなるよう、入所を原則要介護３以上に限定することとし、中重度の要介護高齢者を支える施設としての機能に重点化を図ることとしている。

費用負担の公平化の観点からは、消費税増収分を用いて、低所得の高齢者の保険料軽減を強化する一方、一定以上の所得がある方は現在一律に１割であるサービス利用時の自己負担を２割とする措置や低所得の施設利用者に対して一定の食費・居住費を補助する「補足給付」の要件に資産などを追加する措置を講じることとしている。

(平成26年版「厚生労働白書」P 396～398)

(平成29年の主な改正)

1. ２割負担者のうち特に所得の高い層の負担割合を３割とする（平成30年８月１日施行）。

2. 介護納付金への総報酬割の導入（平成29年８月分の介護納付金から適用）。

3. 今後、増加が見込まれる慢性期の医療・介護ニーズへの対応のため、「日常的な医学管理が必要な重介護者の受入れ」や「看取り・ターミナル」等の機能と、「生活施設」としての機能を兼ね備えた、介護医療院を創設した（平成30年４月施行）。なお、2023（令和５）年12月末現在、介護医療院は816施設（47,934療養床）となっている。　　　　(令和３年版「厚生労働白書」P 365、令和６年版「厚生労働白書」P 345)

第４章

5 年金制度の変遷

❶ 年金制度の沿革

年金制度の沿革のうち、主要なものは、次の通りである。

昭和14年	船員保険法の制定（昭和15年施行）
昭和16年	労働者年金保険法（厚生年金保険法の前身）の制定（昭和17年施行）
昭和19年	厚生年金保険法の施行
昭和34年	国民年金法の制定（自営業者等を対象とした無拠出年金実施）
昭和36年	拠出制国民年金事業の実施
昭和48年	年金額の**自動物価スライド制**導入（5％超変動のとき見直し）
昭和60年	全国民共通の**基礎年金制度**の導入（昭和61年施行）
平成元年	年金額の**完全自動物価スライド制**導入 20歳以上**昼間学生**への国民年金強制適用（平成3年施行） **国民年金基金制度**の創設（平成3年施行）
平成6年	60歳代前半の老齢厚生年金の見直し 可処分所得スライド制の導入・名目賃金→手取賃金（ネット所得） 障害の年金受給権の失権事由緩和 **脱退一時金**制度創設 育児休業期間中の厚生年金保険の保険料免除（被保険者負担分）（平成7年施行）
平成8年	三共済（JT, JR, NTT）の厚生年金保険への統合（平成9年施行） 各年金制度で共通の**基礎年金番号**制度の導入（平成9年施行）
平成12年	国年・学生納付特例制度の導入 育児休業期間中の厚生年金保険の保険料免除（事業主負担分）（同年施行） **総報酬制**の導入（平成15年施行） 60歳代前半の老齢厚生年金の見直し
平成13年	**確定拠出年金法**の制定（平成13年施行） **確定給付企業年金法**の制定（平成14年施行） **農林漁業団体職員共済組合**の厚生年金保険への統合（平成14年施行）

年金制度の変遷

平成14年	国年・**半額免除制度**の導入 厚生年金保険の被保険者資格を70歳未満に延長 60歳代後半の在職老齢年金制度（高在老）の導入
平成16年	（平成16年施行）保険料水準固定方式導入、マクロ経済スライド導入 （平成17年施行）**若年者納付猶予制度**導入、低在老見直し、3歳未満の子の養育の特例等 （平成18年施行）障害基礎年金の併給調整の緩和、**多段階免除制度**の導入 （平成19年施行）**離婚（合意）分割制度**の導入、65歳以後の老齢厚生年金の支給繰下げ、70歳以上被用者の高在老適用 （平成20年施行）**3号分割制度**の導入
平成19年	（平成22年施行） 社会保険庁廃止→日本年金機構設立
平成23年	国民年金法等の一部改正（年金確保支援法）
平成24年	年金額特例水準の解消（平成25年施行） **厚年・産休期間中の保険料免除**（平成26年施行） **被用者年金制度一元化**（平成27年施行） **厚年・短時間労働者に対する適用拡大**（平成28年施行） **国年・老齢基礎年金の受給資格期間が10年に短縮**（平成29年施行）
平成25年	**厚生年金基金制度の見直し**（平成26年施行）
平成26年	不服申立て制度の見直し（平成28年施行）
平成28年	マクロ経済スライドのキャリーオーバー制度の導入（平成30年施行） 国年・産前産後期間中の保険料免除（平成31年施行）
令和2年	（令和3年施行） 未婚のひとり親を国民年金の申請免除等の対象に追加 脱退一時金の支給上限年数を3年から5年に引上げ （令和4年施行） 在職定時改定制度の導入 60歳代前半の在職老齢年金制度（低在老）の見直し 老齢の年金の受給開始時期の選択肢を60歳から75歳の間に拡大 国民年金手帳から基礎年金番号通知書への切替え 厚生年金保険の適用業種に「士業」を追加

第4章

第4章　社会保障制度

❷ 年金制度の創設期

1 厚生年金保険法の成立

　我が国の公的年金制度として、戦前の昭和16（1941）年、労働者の福祉充実のほか、労働力の保全強化による生産力の拡充の要請などを背景に、**労働者年金保険法**が制定され、工場等の男性労働者を被保険者とした労働者年金保険制度が創設された。昭和19（1944）年には、法律の名称を労働者年金保険法から「**厚生年金保険法**」へ改め、被保険者の範囲をホワイトカラー労働者、女性にも拡大するなどの改正が行われた。

(平成18年版「厚生労働白書」P.99)

2 国民年金法の成立

　国民年金法は、昭和34（1959）年に自営業者等の一般地域住民を対象とする無拠出年金として創設されたが、昭和36（1961）年4月から拠出制年金となり、同年11月の通算年金通則法の制定（昭和36年4月に遡及適用）とあわせて、国民皆年金体制が実現した。

Check Point!

☐ 昭和36年に、国民皆保険体制及び国民皆年金体制が実現した。

参考 昭和30年代の高度経済成長による国民の生活水準の向上に伴い、生活困窮者や援護が必要な者に対する**救済対策**に加え、一般の人々が老齢や疾病などにより貧困状態に陥ることを防ぐ**防貧政策**の重要性が増していった。民間サラリーマンや公務員には被用者年金制度があったが、自営業者や農林漁業従事者等を対象とした公的年金制度は存在せず、核家族化の進行、人口の都市集中、将来の高齢化社会への展望等を背景に、全国民を対象にした老後の所得保障を求める声が高まった。このため、昭和34（1959）年に「**国民年金法**」が**制定**され、昭和36（1961）年4月から**全面施行**された。これにより、20歳以上60歳未満の日本国民で、厚生年金や共済年金の対象とならない人を被保険者とする国民年金制度が創設され、すべての国民が公的年金制度の対象となる**国民皆年金**が実現されることとなった。

(平成18年版「厚生労働白書」P.99)

❸ 年金制度の整備期

1 物価スライド制の創設等

昭和48（1973）年改正では、厚生年金保険の給付水準を男性の標準報酬月額（月収）の平均の**60％**を目途とすることとされ、過去の標準報酬を現在の価格に評価し直して計算する標準報酬の**再評価制度**（賃金スライド）が導入され、これによって、標準的な老齢年金は月額5万円程度となった。

また、年金額の実質的価値を維持し、公的年金制度に対する信頼性を確保する観点から、厚生年金保険及び国民年金において、全国消費者物価指数が**5％**を超えて変動した場合に年金額を改定する物価スライド制が導入された。

(平成18年版「厚生労働白書」P 101改)

2 基礎年金制度の導入等

昭和60（1985）**年改正**では、1階部分を**基礎年金**とする2階建ての公的年金制度が創設され、翌年4月からいわゆる新法が実施された。

Check Point!

☐ それまで国民年金に任意加入しかできず、年金制度の上で不安定であったサラリーマンの妻（所得のない専業主婦等）についても、昭和60（1985）年改正により、自分名義の基礎年金を受けられるようになった。

(平成18年版「厚生労働白書」P 104)

参考
1. 昭和60年改正では、厚生年金保険においては、女子の年金支給開始年齢の60歳への引上げや被保険者資格を65歳で喪失させるといった改正も行われた。
2. 昭和48（1973）年の石油危機（オイルショック）を契機に高度経済成長が終焉する中で、昭和50年代には、平均寿命の伸びと出生率の低下により、欧米諸国とは比較にならないほどの速さで高齢化が進み、公的年金制度に大きな影響を与えることが明らかになった。また、産業構造や就業構造の変化により年金制度間の被保険者の移動が起こり、被保険者の減少した制度では財政が不安定となるという問題が生じていた。このような状況の中で、本格的な高齢化社会の到来に備え、公的年金制度の長期的な安定と整合性のある発展を図るため、昭和60（1985）**年改正**において、全国民共通の**基礎年金**の導入、将来に向けての**給付水準の適正化**、**女性の年金権の確立**等を内容とする改正が行われた。 (平成18年版「厚生労働白書」P 102)
3. 当時の公的年金制度は大きく3種7制度に分立し、給付と負担の両面で制度間の格差や重複給付などが生じるとともに、産業構造の変化等によって財政基盤が不安定になるという問題が生じていた。このため、国民年金は全国民を対象とする**基礎年金制度**と位置づけられ、各制度に全国民共通の基礎年金が導入されるとともに、厚生年金等の被用

第4章　社会保障制度

者年金は基礎年金に上乗せする２階部分の報酬比例年金として再編成された。この結果、基礎年金の部分については、給付の面でも負担の面でもすべて同じ条件で扱われることになり、制度間の整合性と公平性が確保された。また、基礎年金の費用は、税財源による国庫負担と各制度が加入者の頭割りで持ち寄る拠出金により全国民が公平に負担することになり、制度の基盤の安定が図られた。　　（平成18年版「厚生労働白書」P.102）

③ 完全自動物価スライド制の導入等

平成元（1989）年改正では、厚生年金保険及び国民年金に完全自動物価スライド制が導入されたほか、それまで年４回払いであった年金の支給が年６回払いに変更された。

Check Point！

□　平成元年改正では、国民年金においては、国民年金基金が創設されたほか、20歳以上の昼間学生が国民年金の強制適用の対象とされ、ともに平成３（1991）年から実施されている。

❹ 高齢化への対応期

① 定額部分の段階的廃止等

少子高齢化が進展する状況の中で、年金制度のあり方については、「60歳引退社会」を前提としていたものから、新たに「65歳現役社会」を実現するため、高齢者の雇用を促進する本格的な高齢社会にふさわしい年金制度とすることが求められた。このため平成６（1994）年の改正において、厚生年金の定額部分の支給開始年齢を60歳から65歳に引き上げるほか、厚生年金の在職老齢年金の仕組みを、賃金の増加に応じて、賃金と年金の合計額が増加するよう改善する等の改正が行われた。　　（平成20年版「厚生労働白書」P.40）

・平成６（1994）年の主な改正

(1)　定額部分等が加算された従来の特別支給の老齢厚生年金を、男子については平成13（2001）年度から平成25（2013）年度にかけて、女子については平成18（2006）年度から平成30（2018）年度にかけて、３年ごとに１歳ずつ、報酬比例部分相当の老齢厚生年金に段階的に切り替えることとする。

(2)　特別支給の老齢厚生年金については、雇用保険の基本手当及び高年齢雇用

年金制度の変遷

継続給付との**支給調整**を行うこととする（平成10年4月1日施行）。

(3) 過去の標準報酬に係る再評価の方法を、名目賃金の上昇に応ずる方法から手取賃金（ネット所得）の上昇に応じて行うものに改める。

(4) 障害等級の3級程度の障害の状態に該当しなくなって3年以上経過しても65歳までは失権せず、支給停止とすることとする。

(5) 短期在留外国人に対する**脱退一時金**を創設する。

参考 平成6（1994）年には、次のような改正も行われている。
(1) 遺族厚生年金について、女性の加入実績をより年金額に反映させるように夫婦それぞれの老齢厚生年金の2分の1ずつに相当する額の併給の選択ができるようにした。
(2) 遺族基礎年金や遺族厚生年金の支給要件、障害基礎年金の加算の対象となっている子について18歳の誕生日の属する年度の年度末まで支給期間を延長したほか、生計維持の基準額を年収600万円から850万円に引き上げた。
(3) 20歳前傷病に係る障害基礎年金については、従来、本人の年収が基準額を超えると年金が全額支給停止となっていたが、この基準額を超えても一定額以下の場合には年金額の2分の1のみを支給停止し、その一定額を超える場合に全額支給停止することとした（平成7年8月より実施）。
(4) 昭和30年4月1日以前生まれの者（平成16年の法改正により、現在では昭和40年4月1日以前生まれの者に範囲が拡大）で、老齢基礎年金を受給できない者については、65歳以上70歳未満の間においても、老齢基礎年金の受給資格期間を満たすまで、国民年金に任意加入できることとした。
(5) 育児休業期間中の保険料については、本人負担分を免除することとした。

2 JR共済等の統合

平成8（1996）年6月の法改正により、被用者年金制度の再編成の一環として、**日本たばこ産業共済組合、日本鉄道共済組合及び日本電信電話共済組合**の長期給付事業を厚生年金保険に統合することとされた。

参考 1. その後の平成13（2001）年の法改正により、**農林漁業団体職員共済組合**も厚生年金保険に統合することとされた（平成14年4月1日施行）。
2. 平成8（1996）年には、加入者の記録について、各制度ごとの年金番号により別々に管理するという従来の方式を改め、すべての制度間で共通に使用する**基礎年金番号**により管理することとする改正も行われた（平成9年1月施行）。

3 年金額の適正化等

公的年金制度については、平成12（2000）年に公的年金の制度改正を行い、厚生年金の最終的な保険料負担を現在のヨーロッパ諸国並みである年収の20％程度にとどめることができるよう、今後の給付総額の伸びを抑制することとし、報酬比例部分の支給開始年齢の65歳への引上げや老齢厚生

第4章　社会保障制度

年金の給付水準の5％適正化、また65歳後の年金額改定を物価スライドの
みとすることなどの制度改正を行い、急速な少子高齢化の進行や低成長経済
に対応した持続可能な仕組みの構築を図った。（平成15年版「厚生労働白書」P.260）

1.　平成12年4月1日実施分

平成12（2000）年4月からは、次のことを実施することとされた。

(1)　基礎年金及び厚生年金の額について、65歳以降は、**賃金スライド**（賃金再評価）等を行わず、物価上昇率のみで改定する。

(2)　国民年金の第1号被保険者である学生について、保険料の納付特例（**学生免除**）制度を導入する。

(3)　老齢厚生年金の報酬比例部分については、年金額を5％適正化（減額）する。

参考 平成12（2000）年4月からは、次のことも実施された。
(1)育児休業期間中の厚生年金保険の保険料について、事業主負担分も免除する。
(2)厚生年金基金の設立事業主が保有する上場株式を一定の条件の下に、掛金として納付することができることとする。
(3)長期加入者の老齢厚生年金の支給の特例に係る「45年」を「44年」とし、船員・坑内員であった期間が15年以上で被保険者期間が45年以上ある者の老齢厚生年金の支給開始年齢を55歳とする特例を段階的に廃止する。

2.　平成13年4月1日実施分

平成13（2001）年4月からは、次のことを実施することとされた。

(1)　昭和16年4月2日以後生まれの受給権者については、老齢基礎年金の支給繰上げに伴う**減額率を改善**（60歳で受給した場合の減額率を、従来の42％から30％とする等）するとともに、1年単位となっている減額率を月単位（1月当たり0.5％の減額率）に改める。

(2)　昭和16年4月2日以後生まれの受給権者については、老齢基礎年金の支給繰下げに伴う**加算率を適正化**（70歳以後に繰下げ受給した場合の加算率を、従来の88％から42％とする等）するとともに、1年単位となっている加算率を月単位（1月当たり0.7％の加算率）に改める。

(3)　厚生労働大臣が、年金積立金を管理し、年金資金運用基金（平成16年の法改正により、平成18年3月をもって廃止）に対し、その運用を行わせることとする。

3.　平成14年4月1日実施分

平成14（2002）年4月からは、次のことを実施することとされた。

(1)　一定の低所得の国民年金の第1号被保険者について、保険料の**半額免除制**

度を導入する。

(2) 適用事業所に使用される65歳以上70歳未満の者を厚生年金保険の被保険者とするとともに、保険料負担を求めるほか、老齢厚生年金（報酬比例部分）について、在職老齢年金制度（高在老）を導入する。

参考 平成14（2002）年4月からは、次のことも実施された。
　(1)老齢基礎年金の受給権を有する者については、65歳以上の厚生年金保険の被保険者を国民年金の第2号被保険者としないこととする。
　(2)老齢厚生年金の繰下げ支給制度を廃止する（平成16年の法改正により、平成19年4月より復活）。

4. 平成15年4月1日実施分

平成15（2003）年4月からは、次のことを実施することとされた。

(1) 厚生年金保険制度において、総報酬制を導入するとともに、特別保険料制度を廃止する。

(2) 保険料総額や給付総額が総報酬制の導入により変動しないよう、保険料率を17.35％から13.58％に、給付乗率を1,000分の7.125から1,000分の5.481に引き下げる。

(3) 賞与を一般の保険料の賦課対象とすることとし、賦課対象額に上限（150万円）を設定する。

(4) 年金額の計算においては、総報酬制の導入前の被保険者期間については従来通りの方法で計算し、総報酬制の導入以後の被保険者期間については、標準報酬月額と保険料賦課対象となった賞与額を基に、新給付乗率（1,000分の5.481）を用いて計算する。

参考 1．平成15（2003）年4月からは、標準報酬月額の定時決定の算定対象月を「5月～7月」から「4月～6月」に変更し、あわせて、改定月についても「10月」から「9月」に変更された。
　2．総報酬制が導入されるまでは、報酬のみが保険料の賦課対象とされており、賞与については、別途、特別保険料（料率は1,000分の10）が賦課されていた。

5. 平成25年4月1日以降実施分

特別支給（60歳台前半）の**老齢厚生年金（報酬比例部分）の支給開始年齢**を、**男子**は平成25（2013）年度から平成37（2025）年度にかけて、**女子は平成30（2018）年度から平成42（2030）年度**にかけて、60歳から**65歳**に引き上げる。これに伴い、新たな減額率に基づく老齢厚生年金（報酬比例部分）の繰上支給制度を創設することとされた。

参考 障害者や長期加入者が退職した場合に支給される特別支給（60歳台前半）の老齢厚生年金の定額部分の支給開始年齢についても、報酬比例部分に合わせて引き上げ、船員又は坑内員としての加入期間が15年以上ある者の支給開始年齢についても、平成30（2018）年度から平成42（2030）年度にかけて、65歳へ引き上げることとされた。

社会保障協定等

❶ 社会保障協定

　国際的な人的交流の活発化に伴い、海外で就労・生活する日本人や日本国内に移住する外国人が増加する傾向にある。このため、日本から海外に一時的に派遣される被用者等について、日本と諸外国の**年金制度等**に**二重に加入**し、**保険料**を二重に負担するという二重加入（二重適用）の問題や、諸外国の**年金制度**へ加入しても**加入期間**が短いために**年金給付**に結び付かない（**受給資格期間**を満たさない）という問題が生じている。これらの問題を解決するため、一時的に**海外に派遣**される被用者等については、派遣元国の**年金制度**等への**加入**を**免除**し日本の**厚生年金保険等**にのみ加入すればよいこととし、また、**加入期間**が短く給付に結び付かない問題については、諸外国との間で**加入**期間を相互に通算し**年金受給権を確立**する等を目的とした、2国間の**社会保障協定**（**年金通算協定**）締結の促進を図る必要がある。

（平成17年版「厚生労働白書」P.241）

1. **社会保障協定の目的**

　社会保障協定は、以下の2つを主な目的として締結している。

(1) **適用調整（保険料の二重負担防止）**

　相手国への派遣の期間が5年を超えない見込みの場合には、当該期間中は相手国の法令の適用を免除し自国の法令のみを適用し、5年を超える見込みの場合には、相手国の法令のみを適用する。

(2) **年金加入期間の通算**

　両国間の年金制度への加入期間を通算して、年金を受給するために最低必要とされる期間以上であれば、それぞれの国の制度への加入期間に応じた年金がそれぞれの国の制度から受けられるようにする。

　なお、イギリス、韓国、中国及びイタリアとの協定については、「保険料の二重負担防止」のみとなっている。

社会保障協定等

（加入する社会保障制度）
加入する社会保障制度は、就労状況や派遣期間により、原則として、次のようになる。

就労状況・派遣期間		加入する社会保障制度
日本の事業主による派遣	5年以内と見込まれる一時派遣	日本の社会保障制度
	予見できない事情により、派遣期間が5年を超える場合	原則：協定相手国の社会保障制度（両国の合意が得られた場合は、日本の社会保障制度）
	5年を超えると見込まれる長期派遣	協定相手国の社会保障制度
協定相手国での現地採用		協定相手国の社会保障制度

・自営業者についても、一定の条件のもとで相手国制度と国民年金のいずれか一方の制度への加入が免除される場合がある。例えば、日本の自営業者が一時的（5年以内）に協定相手国で自営活動を行うのであれば、この場合は引き続き日本の社会保障制度に加入することになるが、長期的（5年超）に協定相手国で自営活動を行う場合は、協定相手国の社会保障制度のみに加入することになる。また、日本で自営業をしていない者が協定相手国で初めて自営活動を行う場合は、協定相手国の社会保障制度に加入することになる。

2. 協定を結んでいる国との協定発効時期及び対象となる社会保障制度

相手国	協定発効年月	期間通算	二重加入防止の対象となる社会保障制度	
			日本	相手国
ドイツ	平成12年2月	○	公的年金制度	公的年金制度
イギリス	平成13年2月	−	公的年金制度	公的年金制度
韓国	平成17年4月	−	公的年金制度	公的年金制度
アメリカ	平成17年10月	○	公的年金制度 公的医療保険制度	公的年金制度（社会保障制度） 公的医療保険制度（メディケア）
ベルギー	平成19年1月	○	公的年金制度 公的医療保険制度	公的年金制度 公的医療保険制度 公的労災保険制度 公的雇用保険制度
フランス	平成19年6月	○	公的年金制度 公的医療保険制度	公的年金制度 公的医療保険制度 公的労災保険制度
カナダ	平成20年3月	○	公的年金制度	公的年金制度 ∴ケベック州年金制度を除く
オーストラリア	平成21年1月	○	公的年金制度	退職年金保障制度
オランダ	平成21年3月	○	公的年金制度 公的医療保険制度	公的年金制度 公的医療保険制度 公的雇用保険制度

第4章　社会保障制度

チェコ	平成21年6月	○	公的年金制度 公的医療保険制度	公的年金制度 公的医療保険制度 公的雇用保険制度
スペイン	平成22年12月	○	公的年金制度	公的年金制度
アイルランド	平成22年12月	○	公的年金制度	公的年金制度
ブラジル	平成24年3月	○	公的年金制度	公的年金制度
スイス	平成24年3月	○	公的年金制度 公的医療保険制度	公的年金制度 公的医療保険制度
ハンガリー	平成26年1月	○	公的年金制度 公的医療保険制度	公的年金制度 公的医療保険制度 公的雇用保険制度
インド	平成28年10月	○	公的年金制度	公的年金制度
ルクセンブルク	平成29年8月	○	公的年金制度 公的医療保険制度	公的年金制度 公的医療保険制度 公的労災保険制度 公的雇用保険制度 公的介護保険 公的家族給付
フィリピン	平成30年8月	○	公的年金制度	公的年金制度
スロバキア	令和元年7月	○	公的年金制度	公的年金制度 公的医療保険制度 （現金給付） 公的労災保険制度 公的雇用保険制度
中国	令和元年9月	－	公的年金制度	公的年金制度 （被用者基本老齢保険）
フィンランド	令和4年2月	○	公的年金制度 公的雇用保険制度	公的年金制度 公的雇用保険制度
スウェーデン	令和4年6月	○	公的年金制度	公的年金制度
イタリア	令和6年4月	－	公的年金制度 公的雇用保険制度	公的年金制度 公的雇用保険制度

（日本年金機構HP）

参考 2025年3月10日時点での各国との交渉状況

署名済（準備中）	オーストリア
交渉中	トルコ／ポーランド／ノルウェー
交渉準備中	ベトナム／タイ

社会保障協定等

② 公的年金に係る税金

1. 所得税の源泉徴収

　公的年金のうち、老齢又は退職を支給事由とする給付は、所得税法により雑所得として課税の対象となる。ただし、支払年金額が、その年の最初の支払日の前日の現況において、**158万円**（その年の12月31日において65歳未満の場合は**108万円**）未満の場合は、課税の対象とされない（扶養親族等申告書を提出しなくても差し支えない）。　(所得税法203条の7、令319条の12、租税特別措置法施行令26条の27)

参考 1. 保険者は、日本国内に居住する者に、課税の対象となる老齢又は退職を支給事由とする年金たる給付を行う際、その支払の都度、所得税を徴収し、徴収の日の属する月の**翌月10日**までに、国に納付する義務を負う。　(所得税法203条の2)
　　　2. 保険者は、日本国内に居住する者に対し、その年において支払の確定した課税の対象となる老齢又は退職を支給事由とする年金たる給付について源泉徴収票を作成し、その**年の翌年の1月31日**までに交付しなければならない。　(所得税法226条3項)

2. 扶養親族等申告書の提出

　所得税には各種所得控除が設けられているが、源泉徴収の際にこの所得控除を受けるためには、受給者は、毎年**最初に公的年金等の支払を受ける日の前日**までに扶養親族等申告書を年金の支払者を経由して所轄税務署長に提出しなければならない。　(所得税法203条の6)

第4章

第4章　社会保障制度

7 日本年金機構及び審議機関等

1 日本年金機構（日本年金機構法1条）

　日本年金機構は、日本年金機構法に定める業務運営の**基本理念**に従い、**厚生**労働大臣の監督の下に、**厚生労働大臣**と**密接な連携**を図りながら、**政府**が管掌する厚生年金保険事業及び国民年金事業（以下「**政府管掌年金事業**」という。）に関し、厚生年金保険法及び国民年金法の規定に基づく業務等を行うことにより、政府管掌年金事業の**適正な運営**並びに厚生年金保険制度及び国民年金制度（以下「政府管掌年金」という。）に対する国民の信頼の確保を図り、もって国民生活の安定に**寄与**することを目的とする。

参考 日本年金機構は、その業務運営に当たり、政府管掌年金が国民の共同連帯の理念に基づき国民の信頼を基礎として常に安定的に実施されるべきものであることにかんがみ、政府管掌年金事業に対する国民の意見を反映しつつ、提供する**サービスの質の向上**を図るとともに、**業務運営の効率化**並びに業務運営における**公正性**及び**透明性**の確保に努めなければならない。
(日本年金機構法2条1項)

2 審議機関等

1 社会保障審議会（厚生労働省設置法7条1項）

　社会保障審議会は、次に掲げる事務をつかさどる。
　i 厚生労働大臣の**諮問**に応じて社会保障に関する重要事項を**調査審議**すること。
　ii 厚生労働大臣又は関係各大臣の**諮問**に応じて人口問題に関する重要事項を**調査審議**すること。
　iii i ii に規定する重要事項に関し、厚生労働大臣又は**関係行政機関**に**意見を述べる**こと。
　iv 医療法、児童福祉法、社会福祉法、身体障害者福祉法、精神保

健及び精神障害者福祉に関する法律、心神喪失等の状態で重大な他害行為を行った者の医療及び観察等に関する法律、介護**保険法**、介護保険法施行法、健康保険**法**、船員保険**法**、高齢者の医療の確保に関する法律、健康保険法等の一部を改正する法律、厚生年金保険法、国民年金法、年金積立金管理運用独立行政法人法、日本年金機構法及び厚生年金保険の保険給付及び保険料の納付の特例等に関する法律の規定によりその権限に属させられた事項を処理すること。

参考 社会保障審議会は、平成13年1月に実施された中央省庁の再編成に伴い、従来の社会保障関係の8審議会等を統合再編することにより形成された審議会である（平成13年1月6日実施）。

2 中央社会保険医療協議会
（社会保険医療協議会法1条1項、2条1項）

厚生労働省に置かれた中央社会保険医療**協議会**は、健康保険法及び船員保険法の適正な診療報酬額、健康保険法、船員保険法及び国民健康保険法の規定による一定事項について、厚生労働大臣**の諮問**に応じて審議し、及び**文書をもって**答申するほか、**自ら**厚生労働**臣**に、**文書をもって**建議することができる。

▌**Check Point!**

☐ 中央社会保険医療協議会は、厚生労働省に置かれた厚生労働大臣の諮問機関で、診療報酬の内容や点数等について審議・答申等を行っている。

参考 中央社会保険医療協議会及び地方社会保険医療協議会は、正当な理由がある場合を除いては、**6月に1回以上**開かなければならない。　　　　　（社会保険医療協議会法6条）

3 地方社会保険医療協議会
（社会保険医療協議会法1条2項、2条2項）

各地方厚生局（地方厚生支局**を含む**。）に置かれた地方社会**保険医療**

第4章　社会保障制度

協議会は、次に掲げる事項について、厚生労働大臣の**諮問**に応じて**審議**し、及び**文書をもって**答申するほか、自ら厚生労働大臣に、**文書をもって**建議することができる。

　ⅰ　**保険医療機関**及び**保険薬局**の指定及び指定の取消し

　ⅱ　**保険医**及び**保険薬剤師**の登録の取消し

Check Point !

□　地方社会保険医療協議会は、各地方厚生局・地方厚生支局に置かれた厚生労働大臣の諮問機関で、保険医療機関・保険医等の指定・登録等について審議・答申等を行っている。

参考　上記はいずれも「諮問」する場合であり、指定等をしないこととする場合は、地方社会保険医療協議会の議を経ることが必要である。

4 　社会保険診療報酬支払基金（社会保険診療報酬支払基金法1条）

　社会保険診療報酬支払基金は、全国健康保険**協会**若しくは健康保険**組合**、都道府県及び市町村若しくは国民健康保険**組合**、後期高齢者医療広域連合、法律で組織された共済**組合**又は日本私立学校振興・共済事業団（以下「保険者」という。）が、**医療保険各法**等（高齢者の医療の確保に関する法律第7条第1項に規定する医療保険各法［健康保険法、船員保険法、国民健康保険法、国家公務員共済組合法、地方公務員等共済組合法及び私立学校教職員共済法］又は高齢者の医療の確保に関する法律をいう。以下同じ。）の規定に基づいて行う療養の**給付**及びこれに相当する給付の費用について、療養の給付及びこれに相当する**給付**に係る医療を担当する者（以下「診療担当者」という。）に対して支払うべき費用（「診療報酬」という。）の迅速適正な支払を行い、併せて診療担当者から提出された診療報酬**請求書**の審査を行うほか、**保険者の委託**を受けて保険者が医療保険各法等の規定により行う事務を行うこと並びに国民の保健医療の向上**及び福祉**の増進並びに**医療に要する費用の適正化**（「医療費適正化」という。）に資する情報の収集、整理及び**分析**並びにその結果の活用の促進に関する事務を行うことを

日本年金機構及び審議機関等

目的とする。

概要

社会保険診療報酬支払基金は、昭和23年9月に社会保険診療報酬支払基金法に基づいて設立された法人であって、医療機関から請求された医療費の「適正な審査」と「迅速適正な支払」を2大使命として業務を実施している。

第5章

労務管理

1. 人事情報
2. 雇用管理
3. 能力開発
4. 賃金管理
5. 人間関係管理
6. その他

第5章 労務管理

人事情報 B

❶ 職務に関する情報

1 職務分析

> **職務分析**とは、各職務の内容、特徴、資格要件等を観察・研究し、その結果を**職務**記述書等にまとめることを通して、他の**職務**との相対的違いを明確にする手続きをいう。
> 上記のほかに、「仕事の手順」「責任」「権限関係」「他の職務との関係」等も職務分析の対象となる。

1. **職務分析の用途**

 職務分析の用途としては、次のようなものが挙げられる。
 (1) 採用の基準とする。
 (2) 要員算定の資料とする。
 (3) 適正配置や人事異動のための職務基準とする。
 (4) 職務給設定のための基礎資料とする。
 (5) 教育訓練の目標設定の資料とする。
 (6) 安全基準の作成資料とする。

2. **職務分析の方法**

 職務分析の方法は次の2つに大別される。

(1) 職務個別調査法	すべての職務を、一定の分析項目について、個々に調査・分析する方法をいう。
(2) 職務分析比較法	全職務のうちから基準となる職務をいくつか選んでおき、これを分析項目について詳細に調査・分析し、基準職務以外のものは各類似の基準職務と比較して差異部分のみ分析する方法をいう。

3. **職務情報の収集方法**

 職務情報の収集方法としては、一般的には、次のようなものがある。

196

人事情報

(1)観察法	分析者が作業者のそばで作業者の行動を一定の方法に従って観察する方法をいう。
(2)面接法	分析者が作業者と面接し、聞き取ることによって情報を得る方法をいう。
(3)質問法	作業者に作業条件等の必要事項を質問票に記入してもらう方法をいう。

4. 職務記述書

職務分析の結果を記述したものを**職務記述書**という。また、更に職務記述書から職務に伴う責任や必要な資格要件等を引き出し、明確に記述したものを**職務明細書**という。

2 職務評価

職務評価とは、職務分析によって得られた職務情報に基づき、個々の職務について、職務価値の相対的評価を行うことをいう。

1. 職務評価の意義

職務評価とは、各職務を重要度、困難度、責任の度合いなどに応じて序列化することである。

2. 職務評価の方法

職務評価の方法は次のように分類することができる。

(1) **非量的方法**（比較的簡単であるが、恣意的傾向が強くなる恐れがある方法でもある）として次のような方法がある。

①序列法	重要度、困難度、責任度等に応じて価値の低いものから価値の高いものへと順序づける方法をいう。
②分類法	各職務をあらかじめ作成した難易度分類表にあてはめて序列化する方法をいう。

(2) **量的方法**（手間がかかるが、より客観的な方法である）として次のような方法がある。

①点数法	各職務の評価要素（知識、習熟、負荷、責任等）ごとに点数を付け、その総合点によって序列化する方法をいう。
②要素比較法	妥当な賃金水準にある基準職務を分析して各評価要素の賃率を定め、非基準職務に含まれている評価要素の賃率を合計することによって非基準職務の賃率を決定する方法をいう。

197

第5章 労務管理

なお、厚生労働省「多様な働き方の実現応援サイト」においては、職務評価の方法として以下の手法を取り上げている。

【職務評価の手法】
職務（役割）評価の手法を大別すると、「単純比較法」、「分類法」、「要素比較法」、「要素別点数法」の4つがある。
「要素別点数法」は、簡易にも精緻にも実施可能であり、より客観的な評価を行うことができる。

手法	内容
(1) 単純比較法	社内の職務を1対1で比較し、職務の大きさが同じか、あるいは、異なるかを評価する。 比較の際に、職務を細かく分解せず、全体として捉えて比較する。
(2) 分類法	社内で基準となる職務を選び、詳細な職務分析を行った上で、それを基に「職務レベル定義書」を作る。 「職務レベル定義書」に照らし合わせ、全体として、最も合致する定義はどのレベルかを判断し、職務の大きさを評価する。
(3) 要素比較法	あらかじめ定めておいた職務の構成要素別に、レベルの内容を定義する。職務を要素別に分解し、最も合致する定義はどのレベルかを判断することにより、職務の大きさを評価する。 分類法のように、職務全体として判断するよりも、客観的な評価が可能である。
(4) 要素別点数法	要素比較法と同様に、職務の大きさを、構成要素別に、評価する方法である。評価結果を、要素比較法のようにレベルの違いで表すのではなく、ポイント数の違いで表すのが特徴である。 要素別に、レベルに応じたポイント数を付け、その総計ポイントで職務の大きさを評価する。

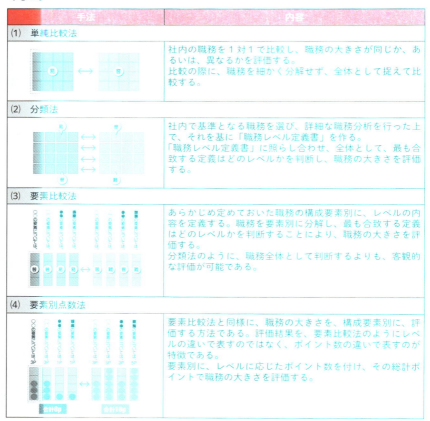

（厚生労働省「多様な働き方の実現応援サイト」より）

❷ 労働力に関する情報

1 人事考課

> **人事考課**とは、個々の従業員の**職務**能力、**勤務**態度、**業務**成績等を、一定の合理的な考課要素に従って、上司その他が正確に測定し、客観的な**評価**を加えることをいう。

1. 人事考課の用途

考課要素には、能力、態度、業績のほか適性、性格などが加えられることもある。人事考課の用途としては、次のようなものが挙げられる。

(1) 昇給・給与・賞与の査定に用いる。
(2) 昇進・昇格査定（人事異動）に用いる。
(3) 能力開発・教育訓練に用いる。

2. 人事考課の方法

人事考課の方法は、記録法、絶対評価法、相対評価法の3つに大別される。

(1) **記録法**とは、日常行動の事実をチェックし、記録していく方法をいい、次のようなものがある。

①産出記録法	生産量・販売量等を記録する方法で、主に現場向きの方法である。
②勤怠記録法	出欠勤・遅刻早退等を記録する方法である。
③業績報告法	単なる業績の記録に止めず、評価及び根拠資料も加えて記録する方法である。
④指導記録法	業績報告法に考課者の指導事実の記録も加える方法である。

(2) **絶対評価法**とは、一定の評価基準（期待度）に対する個々人のレベルを評定する方法をいい、次のようなものがある。

①（図式評定）尺度法	あらかじめ一定の評定要素を定めておき、その評定要素ごとに評定尺度を設け、考課者が従業員の成績を尺度の該当箇所にチェックする方式をいう。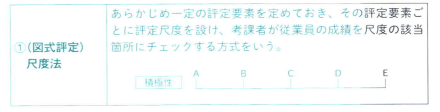

第5章 労務管理

②**段階択一法**	尺度の代わりに段階的能力基準を示す短文を用いるものをいう。

評定要素	評定基準
積極性	A．常に率先して仕事に取り組んでいる B．与えられた仕事に意欲的に取り組んでいる C．仕事に対する意欲は一応認められる D．指示された仕事はするが積極性はない E．全くやる気がない

③**評語評定法**	優・良・可、A・B・C等の評語を用いるものをいう。

評定要素	評定	
仕事の速さ	A	A－優れている
積極性	C	B－普通
創意工夫	B	C－劣っている
協調性	A	

④**プロブスト法**	被考課者の日常の勤務状態、能力や性格に関する具体的な評語を列挙しておき、考課者が確信の持てる項目のみをチェックする方式をいう。
⑤**強制択一法**	1つのセットとなっている評語の中から必ず1つの評語をチェックする方式をいう。

(3) **相対評価法**とは、一定の集団内で主として対人評価により序列付けを行う方式をいい、次のようなものがある。

①**相対比較法**	2人ずつ優劣をつけることを繰り返すことによって総合順位を決める方式をいう。
②**人物比較法**	標準的人物を基準として他の従業員を評定する方式をいう。

3. 人事考課の評定誤差

人事考課の際に生じる評定誤差（心理的偏向）には次のようなものがある。

(1)**中央化傾向** （中心化傾向）	評価が中央（普通・標準）に集まりやすい傾向をいう。
(2)**寛大化傾向**	部下の評点を高めにつけてしまう傾向をいう。
(3)**ハロー効果**	被考課者の特定要素に対する印象が他の要素に影響すること（被考課者がある1つの面で優れている又は劣っていると、それが全体の印象になり他の考課要素に影響を与えること）をいう。
(4)**論理誤差**	考課者が、「交渉力」と「実行力」といった類似の評価項目を同じものと思いこんでしまうことをいう。
(5)**対比誤差**	被考課者と自分とを対比させ、過大又は過小評価してしまうことをいう。

人事情報

⑹期末効果 （期末誤差）	期末の評価を全体の評価としてしまう傾向をいう。

2 補完的制度

1．自己申告制度

　適正配置、能力開発、人材の発見、人材の有効活用等のための人事情報の収集手段として、職務満足度、希望職種・教育、能力の活用状況等を申告させる制度をいう。

2．ヒューマン・アセスメント

　主として企業が人材を登用する際に、その人物の潜在的能力や資質を事前に専門家（アセッサー）により評価することをいう。

第5章

雇用管理

❶ 採用管理

1 要員算定

企業がその要員を算定する方式には、次のようなものがある。

(1)マクロ的算定方式 （総枠方式）	企業として賄い得る人件費を基礎に保有可能な人員の総枠を決める方式をいい、付加価値を基準として算定する方式や売上高人件費率を基準として算定する方式等がある。
(2)ミクロ的算定方式 （積上方式）	企業内の業務を分析して、必要人員を職場・職種別に積み上げていく方式をいう。

2 採用試験

採用試験は、通常、書類選考の後、学力試験と面接試験を行うことによって実施するが、必要に応じて身体検査、性格検査、職業適性検査等も行う。

 1．中途採用
中途採用とは、新規学卒者以外の者を採用することをいう。日本における従来の採用は新規学卒者を中心とするものであり、また、現在でも新規学卒者に対する採用志向の強さは変わっていないものの、パート・アルバイトなどの**非正社員**を活用しようとする傾向と並んで中途採用を増やしていく傾向もかなり強くなってきている。
　今後、規制緩和等により競争が活発化し、事業の高度化が求められる中で、即戦力、スペシャリストとしての人材の需要は増えることが見込まれ、企業が中途採用者を重視していく動きは一層進むものと考えられている。
2．通年採用制
通年採用制とは、新規学卒者の採用時期を4月など、一時期に限定するのではなく、必要な人員を複数回に分けて採用する制度をいう。もともとは、海外大学の卒業生や外国人社員の採用の促進を図ろうとしたものであったが、近年は、不足人員の補充や多様な価値観をもった人員の採用を目的とするものが主流となってきている。
3．その他の採用制度
　その他の採用制度としては、次のようなものがある。

(1)職種別採用	**職種**とは、職務の内容が共通しているか、又はきわめて関連性が高い職務のグループをいい、**職種別採用**とは、あらかじめ、この職種を限定して採用すること、すなわち、財務、経理、総務、人事、国際業務、商品企画、システム開発等の職種（職務内容）別に採用することをいう。

(2)企業グループ採用	企業単位ではなく、グループ単位で人材を採用することをいい、具体的には、グループ企業全体で合同説明会・セミナーの開催、新聞・就職情報誌での募集・求人等の採用活動を行ったり、グループ中核企業が、各企業の採用活動に関する情報提供等に協力することなどをいう。
(3)勤務地限定採用	転勤のある企業において、人事異動の範囲を一定の地域内の事業所に限定する者とそうでない者を区分して採用することをいう。
(4)学校名不問採用	学校名を一切問わないで採用することをいう。
(5)社内公募制度 （社内人材公募制度）	ある特定のプロジェクト・事業のための要員や一般に欠員が生じた場合の補充の募集源を社内の自由公募に求め、通常本人の上司を経由しないで応募することができる制度をいう。

❷ 異動管理

1 人事異動

人事異動とは、企業内異動に止まらず企業間異動も含めた企業における人的異動をいい、次のような構図になっている。

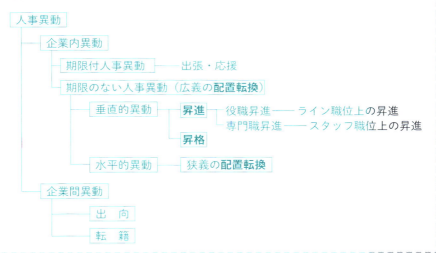

|Check Point!

☐ 資格が上がることを昇格といい、職位が上がることを昇進という。また、昇進のうち、ライン職位の上昇のことを役職昇進、スタッフ職位の上昇のことを専門職昇進という。

第5章　労務管理

参考 通常、昇格においては、より上位の資格に上がるため、職能資格給が上昇し、いわゆる**昇格昇給**が行われるが、昇進とは直接的な関係がない。一方、昇進は、対応する資格を有する者の中から選考してより上位の職位に就かせることで、地位は上がるが昇給のない場合もある。

・**出向と転籍**

　企業外への人事異動には、**出向**と**転籍**がある。出向とは、異動元企業との雇用関係を残したまま他の異動先企業に異動し、原則として異動先の使用者の指揮命令に従って労務を提供することをいい、在籍出向ともいう。これに対し、転籍とは、異動元企業との雇用関係を終了させて他の異動先企業に異動し、異動先企業との間で雇用契約を締結することをいい、移籍出向（転籍出向）ともいう。

2 資格制度

　資格制度は、非役職者も含めて従業員に職務や職位とは直接関係のない一種の社内　　　である　　を与え、それを　　や　　等の基準とする日本独自の補　　人　制度である。

Check Point!

□ 資格制度には、学歴、勤続年数、年齢等の属人資格を基準とする身分的資格制度と職務遂行能力や熟練度等の職能資格を基準とする職能資格制度がある。

・**職能資格制度**

　職能資格制度とは、職務の困難度、責任度等を基準とした**職能資格区分**（職能等級）及び各職能資格区分ごとに必要とされる職務遂行能力の種類や程度を明確にした**職能資格基準**（能力要件）を設定し、各従業員の職務遂行能力を評価して職能資格区分に区分しておき、その職能資格区分と職階や賃金等とを連動させていく制度である。

3 専門職制度

　専門職制度とは、高度の専門的な知識や技術を有する従業員を、　　　　管理職の系列とは別の　　　　　又は**スペシャリスト**系列として位置付けつつ、昇進や給与面では、　　　　　職と同　の　　　を行おうとする制度である。

雇用管理

1. 社会的専門職

広義の専門職には、弁護士、医者、通訳などのように高度の知識、技術、経験等を要し、一般に社会的に職業として確立している社会的専門職も含まれる。

2. 企業内専門職

専門職は狭義の意味では、企業内専門職をいうが、これには次のような類型がある。

(1)研究・開発専門職	基礎研究者、新製品開発研究者等をいう。
(2)事務・技術専門職	経営管理者、エンジニア等をいう。
(3)技能専門職	鋳鉄鋳物工、仕上工、配管工等をいう。

第5章

4 コース別人事制度（複線型人事制度）

コース別人事制度とは、複線型人事制度あるいは**進路選択制度**とも呼ばれ、複数の職掌や進路を設定しておきコース別に人材を**活用**、**評価**、**処遇**しようとする制度である。

Check Point !

☐ コース別雇用管理制度は、昭和61年の男女雇用機会均等法の施行を契機として普及した制度である。

・種類

コース別人事制度におけるコース形態には次のようなものがあり、総合職と一般職のみの組合せで実施する場合が比較的多いが、総合職と一般職に専門職や現業職を組み合わせる、総合職と一般職に準総合職や中間職を組み合わせるなど、各企業におけるコース形態や組合せは多様なものとなっている。

(1)**総合職**	基幹的業務又は企画立案、対外折衝等総合的な判断を要する業務に従事し転居を伴う転勤があるコース
(2)**一般職**	主に定型的業務に従事し、転居を伴う転勤がないコース
(3)**準総合職**	総合職に準ずる業務に従事し、一定地域エリア内のみの転勤があるコース
(4)**中間職**	総合職に準ずる業務に従事するが、転居を伴う転勤がないコース
(5)**専門職**	特殊な分野の業務において専門的業務に従事するコース
(6)**現業職**	生産などの技能分野の業務に従事するコース

第5章　労務管理

5 役職定年制

役職定年制は、役職任期制とも呼ばれ、一般的には、定年延長に伴い又は一定年齢をもって管理職から退き、その専門能力をもって専門職等に異動する制度をいう。

・種類

(1)一律定年制（一律解任制）	一定年齢に達したときに一律一斉に役職から退く制度
(2)役職別定年制（役職別解任制）	役職別に定年任期を設定する制度
(3)登用年齢設定制	役職に登用する上限年齢を設定し、その年齢前に必要な職務遂行能力が備わらない場合にはその役職に登用しないとする制度

6 ワーク・シェアリング

ワーク・シェアリングとは、雇用機会、労働時間、賃金という3つの要素の組み合わせを変化させることを通じて、一定の雇用量をより多くの労働者の間で分かち合うことをいい、「仕事の分かち合い」ともいう。

・類型

ワーク・シェアリングは、1人当たりの労働時間を短縮し、有給の雇用労働の総量をより多くの人で分け合うことによって雇用を維持・拡大しようとするもので、次の4つの類型があるとされている。

(1)多様就業型ワーク・シェアリング	正社員について、短時間勤務や在宅勤務を導入するなど勤務の仕方を多様化し、女性や高齢者をはじめとして、より多くの労働者に雇用機会を与えるもの
(2)緊急対応型ワーク・シェアリング	一時的な景況の悪化を乗り越えるため、緊急避難措置として、従業員1人当たりの所定内労働時間を短縮し、社内でより多くの雇用を維持するもの
(3)中高年対策型ワーク・シェアリング	中高年層の雇用を確保するために中高年層の従業員を対象に、当該従業員1人当たりの所定内労働時間を短縮し、社内でより多くの雇用を維持するもの
(4)雇用創出型ワーク・シェアリング	失業者に新たな就業機会を提供することを目的として、国又は企業単位で労働時間を短縮し、より多くの労働者に雇用機会を与えるもの

雇用管理

参考 平成18年1月における、厚生労働省「多様就業型ワークシェアリング制度導入実務検討会議報告書」においては、多様就業型ワークシェアリングを推進するための代表的な働き方として、短時間正社員（正社員としての働き方を想定しているが、フルタイム正社員とは所定労働時間が異なり、職責や役割、キャリアアップに違いが生じ得るもの）と**在宅勤務**が挙げられている。

7 懲戒処分

　　主として企業秩序を維持するために、従業員が守らなければならない一定の規律（行為規範）を**服務規律**というが、この服務規律に違反した従業員に対して使用者が加える制裁（不利益措置）を**懲戒処分**という。

参考 懲戒処分の種類としては、軽いものから順に、次のようなものがある。

(1) 戒告	始末書を提出させずに将来を戒めるもの
(2) 譴責	始末書を提出させて将来を戒めるもの（戒告に加えて始末書を提出させるもの）
(3) 減給	給与を減額するもの
(4) 出勤停止	一定期間の出勤を禁じるもの
(5) 昇格停止	次期の昇格〔資格（等級）の引上げ〕を行わないもの
(6) 降格・降職	資格（等級）又は職位（役職）を下位のものに下げるもの
(7) 諭旨退職	懲戒処分として、退職届の提出を勧告し、即時退職を求めるもの
(8) 懲戒解雇	懲戒処分として、使用者が一方的に即時解雇するもの

❸ 退職管理

1 定年制

　　従業員が、就業規則などに定められた一定の年齢に到達したことをもって、労働契約を自動的に終了させる制度を**定年制**という。定年制には、従業員の職種別に定年を定める職種別定年制もあるが、従業員全員について一律に定年を定める**一律定年制**を採用する企業が圧倒的多数となっている。

第5章　労務管理

2 継続雇用制度

定年後も引き続き従業員を雇用する制度を**継続雇用制度**という。そして、この**継続**雇用制度には、**一定年齢で退職させることなく引き続き雇用する制度**である勤務延長制度と、**一定年齢でいったん退職させたのち再び雇用する制度**である再雇用制度の2種類がある。

3 早期退職優遇制度

早期退職優遇制度とは、**選択定年制度**とも呼ばれる制度で、一定の年数以上勤務し、かつ、一定年齢以上である従業員が定年年齢より前の所定の年齢時に退職を申し出たときに、その者の退職金等を有利に扱う制度をいう。

4 雇用調整

雇用調整とは、狭い意味においては、雇用量の削減のことをいい、広い意味ではそれに労働投入量の削減を含めたものをいう。

1. 雇用量の削減
雇用量の削減には次のようなものがある。
(1) 中途採用の削減・停止
(2) 再契約停止
(3) 希望退職募集
(4) 解雇

2. 労働投入量の削減
労働投入量の削減には次のようなものがある。
(1) 残業規制
(2) 配置転換・出向
(3) 一時帰休

5 解雇

解雇とは、使用者からの一方的意思表示により労働契約を解除することをいう。

一般に、解雇は、使用者が労働者を懲戒する目的で行う**懲戒解雇**と、その他の解雇である**普通解雇**に区分され、さらに普通解雇は、労働能力の低下などの労働者の個別的事由に基づいて行う**個別解雇**と、経営不振などの企業の経営上の事由に基づいて行う**整理解雇（集団的解雇）**に区分される。

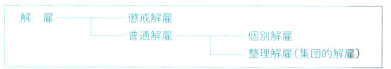

・一般に、労働契約を解除（解約）することを「**退職（広義の退職）**」といい、これを使用者からの一方的意思表示により行うものを「**解雇**」、労働者からの一方的意思表示により行うものを「**辞職（狭義の退職）**」、労使の合意により行うものを「**合意解約**」という。

参考〈景気後退局面に応じた雇用調整〉
我が国の企業における景気後退局面に応じた雇用調整手法について時系列でその変化をみると、1973年の第1次石油危機では**中途採用の抑制**や**残業規制**の方法が多く用いられたが、その後、**中途採用の抑制**は徐々にそのウェイトを**低下**させ、**残業規制**が雇用調整の**代表的な手法**となってきた。また、**配置転換、出向、希望退職等の募集**等の正規雇用労働者に係る雇用調整手法は引き続きみられる。
一方、過去の景気後退局面から比較すると、**臨時、パート**等の再契約停止・解雇が大きく**増加**し、**賃金等労働費用の削減**も雇用調整の手法として増えてきている。
このように、雇用の削減を伴う雇用調整は、正規雇用労働者については、残業規制や配置転換、出向、希望退職等の募集などにより行われているものの、1990年代末以降、急激に増加してきた**非正規雇用労働者**については、**再契約停止・解雇**によって雇用調整が行われるようになっていることが分かる。また、賃金面においては、残業規制による所定外給与の削減、賞与の削減、賃金引上げの見送り等により、賃金コストの削減を図ってきた。
〈平成26年版「労働経済白書」P94〉

能力開発

① 定義

教育訓練と人材開発を総称して能力開発という。そして、「教育訓練」とは、職務に必要な知識や技能を比較的短期間に身につけさせることをいい、「人材開発」とは、長期的に職務の経験を積ませ、知識や技能を向上させることを通して従業員の能力を精鋭化させることをいう。

② 教育訓練

1 教育訓練の類型

教育訓練は、職場内訓練（OJT）と職場外訓練（OFF-JT）に大別される。

1．職場内訓練（OJT）

職場内訓練とは、職場で上司又は先輩が部下又は後輩に対して、仕事を通して計画的に、業務に関する知識、技能、問題解決能力等について教育訓練することをいう。

> 参考 1．職場内訓練の長所としては、次のようなことが挙げられる。
> (1)従業員の個別的知識や技能に応じた教育訓練を行うことができる。
> (2)仕事を通しての教育訓練なので実践的で即効性がある。
> (3)特に費用がかからず経済的である。
> 2．職場内訓練の短所としては、次のようなことが挙げられる。
> (1)指導者の資質や個性に大きく左右される。
> (2)統一的、計画的なものになりにくい。
> (3)業務と指導の両立が困難である。

2．職場外訓練（OFF-JT）

職場外訓練とは、集合教育、外部講習会への参加、通信教育の受講といった職場外で行われる教育訓練をいい、次のような類型がある。

能力開発

(1)階層別教育訓練	新入社員、中堅社員、管理職、経営者といった経営階層に応じて従業員に必要とされる共通の知識や技能の習得を目的とする教育訓練をいう。
(2)職能別教育訓練	生産、技術、販売、事務、管理等の経営職能別に職務遂行上必要となる専門的な知識や技能の習得を目的とする教育訓練をいう。
(3)対象別教育訓練	「中高年従業員の活性化」「女性の戦力化」「管理者の能力開発」といった対象別（テーマ別）に行われる教育訓練をいう。
(4)目的別教育訓練	「販売力の強化」「国際要員の育成」「コンピューター教育」といった目的別（戦略的ニーズ別）に行われる教育訓練をいう。

参考 1．職場外訓練の長所としては、次のようなことが挙げられる。
　⑴高度の専門的知識や体系的知識を効率的に習得できる。
　⑵多人数を対象に、短期間に集中して教育訓練を行うことができる。
　⑶職場外で行われるので、訓練に専念できる。
　2．職場外訓練の短所としては、次のようなことが挙げられる。
　⑴抽象的・画一的なものになりがちである。
　⑵個人の能力に応じた教育を行うのが困難である。
　⑶費用がかかる。

3．定型訓練

　定型訓練とは、教育の目的に対応して、日程、研修内容、使用教材等が画一的に定められている教育訓練をいい、次のようなものがある。

(1)CCS (Civil Communication Section)	GHQの民間通信局によって紹介された**経営幹部層を対象**とする定型訓練であり、参加者は、企業の目的や方針、組織、統制、運営といった経営管理全般について講義及び討議を通して学習する。
(2)MTP (Management Training Program)	**部課長の中間管理者を対象**に、その管理能力や部下のモラールを向上させる能力を高めることなどを目的として行われる定型訓練であり、参加者は小集団に分かれ、討議方式で学習する。
(3)TWI (Training Within Industry)	**現場の第一線監督者向け**に、仕事の教え方、改善の仕方、人の扱い方といった基本技能を身につけさせ、監督技能を向上させることを目的とする定型訓練であり、参加者は小集団に分かれ、討議と実習を通して技能を習得する。

第5章

211

第5章　労務管理

⑷ **JST** 〔Jinjiin Supervisor Training（人事院式監督者研修）〕	MTPやTWIを参考に人事院によって開発された**事務部門の管理監督者を対象**とする定型訓練であり、参加者は、小集団に分かれ、組織と監督者、仕事の管理、仕事の改善、部下の教育訓練、部下の扱い方につき、討議方式で学習する。

4.　キャリア・コンサルティング

　キャリア・コンサルティングとは、個人が、その適性や職業経験等に応じて自ら職業生活設計を行い、これに即した職業選択や職業訓練の受講等の職業能力開発等を効果的に行うことができるよう、個別の希望に応じて実施される相談をいう。

5.　WBT（web based training）

　WBTとは、インターネット上で課題や教材を提供することにより学習から能力評価まで一貫して行おうとする教育訓練であり、**eラーニング**（ITを用いて行う遠隔教育）ともいわれている。今日の多くの企業が抱える、教育訓練に充てる時間がない、教育訓練施設・設備がない、教育訓練に費用がかかりすぎる、といった問題を解消する効果的な教育訓練システムとして注目されている。

> **参考** 1．WBT（eラーニング）の長所としては次のようなものが挙げられる。
> 　⑴時間や場所の制約がないため、各人のペースにあった学習ができる。
> 　⑵電子メール等を活用することにより双方向でのやりとりが可能となり、各人の理解度にあった個別的な学習が行える。
> 　⑶多くの研修生を対象とすることにより1人当たりの研修コストの低減を図ることができる。
> 　⑷教材の変更が素早く行える。
> 　2．WBT（eラーニング）の短所としては次のようなものが挙げられる。
> 　⑴生の講義等と比較すると臨場感に乏しく、学習内容が記憶に残りにくい。
> 　⑵モチベーションの維持が困難であり、受講意欲が減退し研修が持続できない受講者が発生する可能性が高い。
> 　⑶ハード面の整備など利用環境に制約される面が多い。
> 　⑷教材製作などの初期投資（導入コスト）が高い。

6.　自己啓発

　自己啓発とは、人間が本来持っている自己を高めたいという欲求を原動力として、自己の能力や知識を自らの意思と努力によって開発・向上させる活動をいう。

能力開発

2 訓練技法

1．知識習得

主に、知識習得を目的とする教育訓練の技法としては、次のようなものがある。

⑴講義法	専門家の講義を聞くことによって知識を習得しようとするものである。
⑵討議法	討議形式で議論を交わすことによって、より積極的なかたちで知識を習得又は定着させようとするものである。

2．問題解決能力向上

主に、問題解決能力の向上を目的とする教育訓練の技法としては、次のようなものがある。

⑴ケースメソッド	現実の事例をとりあげて、問題点を分析し、討議させ、解決案を作成させる訓練技法であり、事例研究法ともいう。
⑵インシデント・プロセス	事例研究法の一種であるが、討議時間の短縮等を図ることにより、併せて処理能力の向上も目指そうとするものである。

3．意思決定能力向上

主に、意思決定能力の向上を目的とする教育訓練の技法としては、次のようなものがある。

⑴イン・トレイ・ケース	未決箱に入っている書類を検討し、所定時間内に処理させる訓練技法であり、イン・バスケット・トレーニングともいう。
⑵ビジネスゲーム	経営の実態をモデル化して経営成果を競い合わせる訓練技法である。

4．創造性開発

主に、創造性の開発を目的とする教育訓練の技法としては、次のようなものがある。

第5章

213

第5章　労務管理

(1)ブレーン・ストーミング	他人のアイデアの批判禁止、自由奔放なもの歓迎、質より量、他のアイデアの改善結合歓迎といった一定のルールでより優れたアイデアにまとめる訓練技法である。
(2)KJ法	カードに書いたアイデアを関係配置化して論理構築する訓練技法である。

5.　態度変容

主に、態度変容を目的とする教育訓練の技法としては、次のようなものがある。

(1)感受性訓練 　（ST：Sensitivity Training）	受講生に激しい集団参加要求を体験させ、裸の自己をさらけ出し合う過程を通して、社会的感受性を開発する訓練技法である。
(2)ロール・プレイング	役割を与えこれを実演させることを通して、対人感受性を開発する訓練技法である。

6.　リーダーシップ訓練

主に、リーダーシップ能力を高めることを目的とする教育訓練の技法としては、次のようなものがある。

(1)マネジリアルグリッド 　トレーニング（MGT）	R.ブレーク、J.S.ムートンによって開発されたマネジリアルグリッド（横軸に業績に関する関心、縦軸に人間に関する関心をとるもの）に基づく訓練技法である。
(2)PMトレーニング 　（PMT）	三隅二不二元九州大学教授によって開発されたPM理論（Pは仕事中心の監督行動、Mは人間関係中心の監督行動をいう。）に基づく訓練技法である。

❸ 人材開発

1 ジョブ・ローテーション

ジョブ・ローテーションとは、職務巡回、職務歴任とも呼ばれ、従業員に複数の職務を経験させるために、定期的かつ計画的に職務の異動を行うことをいい、主に次のようなことを目的として行われる。

(1)　経営管理者の育成

(2)　適性の発見

能力開発

- ⑶　スタッフのライン業務に対する理解
- ⑷　セクショナリズムの防止
- ⑸　マンネリズムの打破

2 CDP（経歴管理制度）

　CDP（キャリア・ディベロップメント・プログラム）とは、経歴管理制度とも呼ばれ、**キャリア・パス**（将来の目標職位に至るための道筋）を設定し、研修・教育訓練を併用することにより、個人のキャリアプランと企業の人材ニーズを統合させながら人材を育成しようとする系統的人事管理システムをいう。

3 インターンシップ

　インターンシップとは、学生などが在学中に自らの専攻、将来のキャリアに関連した**就業体験**を行うことをいい、産学連携による人材育成の手法の一種である。

4 ビジネスキャリア制度

　ビジネスキャリア制度とは、ホワイトカラー職種に従事する労働者が、その職務を遂行するうえで必要とされる専門的知識を段階的、体系的に習得することを支援するとともに、キャリアアップのための職業能力の客観的な証明を行う制度をいい、中央職業能力開発協会が運営・実施している。

第5章　労務管理

5 ジョブ・カード制度

個人のキャリアアップや、多様な人材の円滑な就職等を促進することを目的として、ジョブ・カードを「**生涯を通じたキャリア・プランニング**」及び「**職業能力証明**」のツールとして、キャリアコンサルティング等の個人への相談支援のもと、求職活動、職業能力開発などの各場面において活用する制度である。

賃金管理

4 賃金管理 重要度 B

① 賃金額管理

賃金額管理は、企業全体の賃金額の管理である総賃金額管理と賃金総額の配分の管理である個別賃金額管理に大別される。

1. 総賃金額管理

(1) 賃金決定の要因

企業における賃金決定の要因としては、次のようなものが挙げられる。

① 労働者の生計費（物価水準）
② 企業の支払能力
③ 労働力の需給関係（労働力の確保・定着）
④ 労使関係の安定

(2) 賃金総額の決定方式

賃金総額の決定方式（日本では賞与の決定方式として用いられる）には、次のようなものがある。

(1)スキャンロンプラン	ジョゼフ・スキャンロンが提唱した方式で、売上高に人件費率（標準労務費率）を乗じて賃金総額を決定する方式である。
(2)ラッカープラン	アレン・ラッカーが提唱した方式で、付加価値に一定の労働分配率を乗じて賃金総額を決定する方式である。

参考 企業の賃金支払能力を測定する方法としては、次のようなものがある。
(1) 人件費比率法（考え方はスキャンロンプランと同様である）

$$人件費比率 = \frac{人件費総額}{売上高}$$

(2) 労働分配率法（考え方はラッカープランと同様である）

$$労働分配率 = \frac{人件費総額}{付加価値}$$

第5章 労務管理

(3) ベース・アップと昇給

ベース・アップとは、物価水準の上昇、企業の成長、生産性の向上等に対応して賃金水準を引き上げること（**賃金表**の書替えになる）をいい、**昇給**とは、**賃金表**の中で個々の労働者の賃金を職務内容、職務遂行能力、年齢等に対応して引き上げることをいう。

2. 個別賃金額管理

(1) 昇給

昇給には、次のような種類がある。

①定期昇給	定期（毎年4月等）に行われる昇給をいう。
②考課昇給	人事考課による昇給をいう。
③級内昇給	同一職級内での昇給をいう。
④昇格昇給	昇格に伴う昇給をいう。

(2) 賃金カーブ（昇給カーブ）

賃金カーブには次のような種類がある。

①モデル賃金カーブ	標準者の賃金カーブをいう。
②平均賃金カーブ	中途採用者等を含めた賃金カーブをいう。
③昇給基準線	賃金表をもとに作成された理論上の賃金カーブをいう。

参考 賃金カーブには次のような型がある。

(1)逓増型	昇給額が次第に増加するもの（凹型）をいう。
(2)逓減型	昇給額が次第に減少するもの（凸型）をいう。
(3)S字型	逓増型と逓減型の組み合わせになっているものをいう。

3. 賃金表

賃金表とは、賃金が職能、職務、年齢、勤続年数、学歴等によってどのような金額になるかを表にしたものをいい、次のような種類がある。

(1)号俸表	等級別に各号俸の賃金を明示したものをいう。公務員給与の賃金表がその代表である。
(2)昇給表	等級別、考課査定ランク別に昇給額を示したものである。賃金の絶対額を示すものではないので、完全な賃金表とはいえない。
(3)段階号俸表	考課査定を反映させるために号俸表の号俸間格差を小刻みにして号俸数を増やしたものをいう。

賃金管理

| ⑷複数賃率表 | 等級ごとに賃金表を作成し、査定によって同じ号俸でも違った賃金にするものをいう。 |

② 賃金体系管理

1 賃金体系

賃金体系とは、機能的に定義すると**賃金格差決定基準**（賃金総額を各個人に配分する基準）をいい、形式的に定義すると基本給を中心として編成された複合的賃金の体系（基本給及び**諸手当**の体系）をいう。

Check Point!

☐ 賃金体系とは、どのように編成された賃金を、どのような基準により支払うかの骨格を示したものである。

参考 賃金体系は、平常勤務に対して固定的に支払われる**所定内（基準内）賃金**と平常勤務以外の勤務に対して変動して支払われる**所定外（基準外）賃金**に大別することもできる。

2 基本給

1. 基本給

基本給とは、基準**内賃金**と呼ばれる固定賃金部分のうち、手当として支給される**付加的部分**を除いた中核となる賃金の部分をいう。

2. 要素別分類

1. 基本給は、その**要素別**にみると、次の３つに大別される。
   (1) 年齢、勤続年数、学歴といった属人的要素により決定される**属人給**。
   (2) 職務の相対的価値や職務遂行能力や職種といった仕事的要素により決定される仕事給（このうち、職務の相対的価値により決定されるものを職務給、職務遂行能力により決定されるものを職能給、職種によって決定されるものを職種給、業績によって決定されるものを業績給という）。
   (3) 属人給と仕事給を総合勘案して決定される総合給（総合決定給）。

第5章

219

2. **職務給**には、1つの職務に対し1つの賃金を設定する**単一職務給**（シングル・レート）と1つの職務に対し幅を持った賃金を設定する**範囲職務給**（レンジ・レート）がある。

・要素別分類

基本給を、要素別に分類すると下図のようになる。

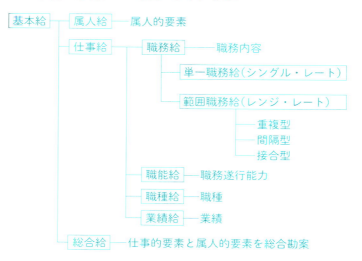

❸ 賃金形態管理

　賃金形態とは、賃金の算出及び支払いの単位をいい、**賃金形態**を管理することを**賃金形態管理**という。

　賃金形態は、時給制、日給制、月給制、年俸制のように**定額制**（一般的には労働の投入量で支払賃金を決定）となっているものと、請負制や出来高給制のように**出来高払制**（量的成果で支払賃金を決定）となっているものに大別される。

賃金管理

④ フリンジ・ベネフィット管理

1 フリンジ・ベネフィット

基本賃金以外に企業が支払う付加給付をフリンジ・ベネフィットという。

・種類

フリンジ・ベネフィット（いわゆる「現金給与以外の労働費用」）には次のようなものがある。

(1) 現物給付

(2) 退職金

(3) 福利厚生費 ── 法定福利費 ──── 労働保険・社会保険料

　　　　　　　└── 法定外福利費 ── 住宅、文化、慶弔金融、生活補助等

2 退職金管理

1．退職金の算出式

退職金は、退職金の算定基礎額（通常、基本給とされることが多い）に勤続年数ごとの支給率を乗じて算定される。

退職金の額 ＝ 算定基礎額 × 勤続年数ごとの支給率

2．別建て方式

退職金と基本給を切り離して算定する方式には次のようなものがある。

(1)別テーブル方式	通常の賃金表とは別に算定基礎額表を設ける方式をいう。
(2)ポイント（点数）方式	職能等級に応じた点数×在級年数×単価で算定する方式をいう。
(3)定額方式	勤続年数別に退職金額を事前に定めておく方式をいう。
(4)第2基本給方式	退職金の算定基礎としない基本給を設ける方式をいう。

・退職年金制度

企業年金には、次のような類型がある。

第5章

221

第5章　労務管理

(1)確定給付企業年金	確定給付型の企業年金で、労使合意の年金規約に基づき外部機関で原資を積み立てる「規約型」と事業主が別法人の基金を設立して実施する「基金型」の2種類がある。確定給付型の企業年金という点では従来の厚生年金基金と同様であるが、老齢厚生年金の代行給付を行わないという点で異なる。
(2)企業型年金	確定拠出年金の一種で、企業ごとに実施されるものをいう。なお、確定拠出年金には、「企業型年金」のほか、国民年金基金連合会が自営業者等を対象として実施する「個人型年金」がある。
(3)自社年金	企業が独自に導入し、自ら資金運用するものをいう。

③ 福利厚生管理

1．福利厚生の類型

　企業が、従業員やその家族などに対し、賃金などの労働条件としてではなく、福祉向上を主たる目的として行う施策を福利厚生という。**福利厚生**は、法的に義務付けられた社会保険、労働保険の事業主負担などの**法定福利**と、企業が任意に行う慶弔共済、健康管理、社宅・寮、社内食堂、文化・体育・余暇施設、自己啓発支援などの**法定外福利**に大別される。

2．カフェテリアプラン

　従業員に利用可能なさまざまな福利厚生メニューを提供し、従業員が一定の枠の範囲内で自分が必要とする福利厚生メニューを自由に選んで利用する制度（選択型福利厚生制度）を**カフェテリアプラン**という。外注化と併せることによりコスト削減につながるうえ、従業員の多様化するニーズに応えることが可能なことから、福利厚生制度の再構築の手法として導入する企業が増えている。

❺ 年俸制の普及

　賃金を1年を単位にして決める方式を**年俸制**という。従来は、重役などを対象として用いられてきたが、近年では、主に管理職層を対象として用いられるようになってきている。

賃金管理

❻ 企業の雇用管理の変化

　企業の雇用管理も変化してきており、**基幹労働力**としての「**男性正社員の長期勤続**」を前提として設計されていた**賃金体系や福利厚生等の見直し**が行われてきており、働き方・職場を巡る長期的な変化が生じている。

　賃金カーブの変化を見ると、産業別に形状のばらつきがあるものの、**2002（平成14）年以降**、労働者の**年齢の上昇に伴うカーブは緩やか**になってきている。その背景には、基本給の決定要素として「**学歴、年齢、勤続年数など**」の割合が2000年代初めまでと比較して**近年低い水準で推移**していること、**賃金体系**では「**役割・職務給**」の割合が**高まっている**こと等がある。

　また、**福利厚生**については、一般社団法人日本経済団体連合会「福利厚生費調査結果報告」によると、企業における**法定外福利費は1996（平成8）年度をピークに減少傾向**にあったが、**2018（平成30）年には増加**している。法定外福利費の内訳では**独身寮**や社宅の管理・運営費用である「**住宅関連**」が**約半分**を占めているが、**2000年代**に入り**減少**した。一方、この間、「**医療・健康**」が増加してきている。 　（令和2年版「厚生労働白書」P43、45）

┃Check Point!

☐ 賃金体系や福利厚生等の企業の雇用管理の在り方も変化している。

☐ 企業における法定外福利費は1996年度をピークに減少傾向にあったが、2018年には増加している。

第5章

人間関係管理

① 科学的管理法

　科学的管理法とは、アメリカのテーラーが提唱した工場における管理法であり、テーラー・システム又は課業管理システムとも呼ばれる。

　科学的管理法においては、時間研究や動作研究に基づいて標準作業方法と標準作業時間が設定され、その方法と時間内で作業を行うことが課業とされる。そして、労働者がその課業を達成した場合には割増賃金を支払い、未達成の場合は賃金が減額される（差別的出来高給制）。

② モラール管理

　モラールとは、集団において、それに帰属することを誇りに思い、そこで**協働**することに満足し、共同して目標達成に努力しようとする心理的態度をいう。

　モラールは「集団への帰属意識」とも訳されている。そしてこのモラールを向上させることがモラール管理の目的である。

1 人間関係論

　人間関係論とは、メイヨーやレスリスバーガーが中心となって1920年代から1930年代にかけて行ったホーソン実験を基礎として生まれた理論である。

参考　「ホーソン実験」とは、G.E.メイヨーを中心とするハーバード大学の学者がアメリカのウエスタン・エレクトリック社のホーソン工場で行った一連の実験（照明実験、継電器組立実験など）で、人間関係論発展の契機となった画期的な実験である。
　　　当時作業能率は、労働条件や作業環境に影響されると考えられていたが、実験の結果、むしろ労働者の態度や気持ちの方が重要であり、これらを左右する要素は、労働者の個人的背景や社会的事情、その組織の中での勢力関係、労働者の属する非公式組織であるという結論に達した。この研究はF.J.レスリスバーガーらに受け継がれ、今日の人間関係論に

人間関係管理

発展した。

人間関係論の主要学説は、次のようなものである。

(1) 人間には、個人的感情のほかに、同じ集団に属することによって芽生える**集団感情**がある。

(2) 人間はこの集団感情に基づき没論理的行動をとる（能率やコストの論理よりも心情の論理によって行動する）側面が大きい。

(3) この結果、経営組織の中には、意識的に形成された公式組織のほかに、自然発生的に**非公式組織（インフォーマル組織）**が形成され、時にはこの非公式組織の統制力が公式組織の統制力を上回ることがある。

(4) 人間は、この非公式組織の行動規範に依拠しつつ、人間的安定感や所属の欲求の充足を求めて行動する心情的かつ社会的な動物である。

(5) したがって、生産性や能率を向上させ組織目標を達成していくためには、人間の感情的側面や人間関係を管理していくことが必要である。

2 基本施策

人間関係論によると、従業員の**モラール**向上には、次の３つの基本的施策が必要である。

(1) 人の理解

(2) 十分なコミュニケーション

(3) 決定への参加

1. 人の理解

人の理解を深めるための施策には、次のようなものがある。

(1)ヒューマンスキル能力訓練	部下の心情把握能力を高める訓練のことをいう。
(2)カウンセリング	悩み・不安についての相談面接のことをいう。
(3)苦情処理制度	紛争や不平・不満を解決するための常設制度を設けることをいう。
(4)メンター制度	新入社員、若手社員、女性社員などの精神的なサポートをするために、メンターという専任者を設ける制度をいう。メンターは、助言者として、仕事やプライベートの悩みや不安について相談を受けるとともに、相談者の育成にあたることとなる。

2. 十分なコミュニケーション

十分なコミュニケーションを図るための施策には、次のようなものがある。

(1)モラール調査	従業員のモラールの実態調査を行うことをいう。
(2)自己申告制度	職務満足度・希望職種等を申告させる制度をいう。

第5章　労務管理

(3)社内報	企業内における情報誌をいう。
(4)職場懇談会	職場ごとに定期的に行われる懇談会をいう。

3．決定への参加

決定への参加を促すための施策には、次のようなものがある。

(1)労使協議制	労使代表が経営、生産、福利厚生等について協議する制度をいう。
(2)小集団活動	職場内の小グループによる自主的改善活動をいい、次のような活動が行われている。 ・QCサークル活動：品質管理を目的とする小集団活動 ・ZD運動：無欠点運動
(3)提案制度	従業員に工夫・改善案を提案させる制度をいう。

参考　1．経営参加には次のようなものがある。

(1)管理参加	労使協議制・労働者重役制などをいう。
(2)分配参加	生産報奨制度・利潤分配制度などをいう。
(3)資本参加	従業員持株制度・株式分与制度などをいう。

　2．日本の企業が職場の人間関係に注目するようになったのは第2次世界大戦後のことであり、社内報が急速に普及したのは、昭和30年以後のことである。

❸ モチベーション管理

　モチベーションとは、組織目的に向けて、説得し、方向付け、意識的行動を喚起するといった積極的な動機付けを行うことをいい、自ら進んで行動しようとする心的状態にすることをいう。
　モチベーション管理は、モラール管理より高次元の管理であるといえる。

1 モチベーション学説（行動科学）

1．欲求5段階説

　マズローの欲求5段階説では、人間の基本的欲求には、低次元のものから順に次の欲求があるとされている。
　欲求5段階説では、低次の欲求が満たされるとより高次の欲求が強まり、それを目標としてモチベーションも高まるとされている。

人間関係管理

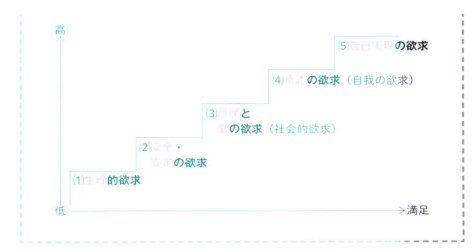

2. 動機付け衛生要因理論

ハーズバーグの動機付け衛生要因理論では、仕事の内容、達成感、承認、責任といった職務に対する満足要因と、会社の方針、作業条件、給与といった不満足要因を区別し、満足要因こそが動機付け要因であり、不満足要因は衛生要因（十分であっても積極的な満足や動機付けをもたらさない要因）にすぎないとされている。

ハーズバーグは、生理的欲求、安全・安定の欲求及び所属の欲求は衛生要因であり、愛の欲求、承認の欲求及び自己実現の欲求がモチベーションの要因であるとして、マズローの説を批判的に拡張整理した。

3. X理論・Y理論

マグレガーは、人間観の理論を、人間は生まれつき仕事が嫌いで外部から強制されなければ目標達成のための努力をしないというX理論と、人間は生来は仕事嫌いではなく自我の欲求や自己実現の欲求が満たされれば献身的に目標達成のために努力するというY理論に分け、Y理論の人間観に立脚した管理が行われるべきだとした。

マグレガーは、自己実現の欲求を考え方の中心に持ってくることでモチベーション理論をさらに高めようとしたといえる。

第5章　労務管理

X理論 ── 従属的・受動的人間…アメとムチによる管理
Y理論 ── 自立的・主体的人間…統合と自己統制による管理

2 基本施策

1. 目標管理（MBO）

目標管理（MBO）とは、従業員に上司と協議させ、また、全社目標や部門目標に沿わせつつも、自己の職務についての目標を自主的に設定させ、計画させ、実行させ、自己評価させる過程を通して、従業員の動機付けを図ろうとする制度をいう。

 1. 目標管理（Management by Objectives）は、1954年にP.F.**ドラッカー**が、その著書『現代の経営（The Practice of Management）』において提言を行い、次いでシュレイが約10年後に"Management by Results"として成果主義管理を提唱したことが始まりといわれている。
2. 目標管理とは逆に、部下に自由裁量を認めず、すべてをマニュアル化して、それに従った行動を要求する管理手法を、マニュアル管理（Management by Manual）といい、未熟練労働者や臨時的労働者を多用する職場では有効な管理手法となる。

2. その他の施策

すでに他の箇所で述べてきたことでもあるが、他には次のようなものがある。
(1) **リーダーシップ訓練**：MGTやPMTなど
(2) **小集団活動**
(3) **CDP**

❹ 労働の人間化

労働の人間化とは、人間の特性が仕事の中に生かされ、仕事が人間にとって働きがいのあるものにすることをいい、**QWL**（労働生活の質）を高めることをいう。

1. 職務設計

職務設計とは、職務を通して能力が発揮され、人間的欲求が充足されるよう職務を設計することをいい、次のような施策がある。

人間関係管理

(1)職務拡大	職務の水平的拡大、すなわち、課業の範囲（課業の数）を拡大することをいう。
(2)職務充実	職務の垂直的拡大、すなわち、責任や権限の範囲を拡大することをいう。
(3)職務転換 （ジョブ・ローテーション）	

2. 職務再設計

　既存の職務を、担当する人間（中高年従業員）に合わせて見直し、改善することを**職務再設計**という。

参考 近年では、次のような用語も用いられるようになってきている。
(1)ワーク・ライフ・バランス（**Work-life balance**）
　ワーク・ライフ・バランス（仕事と生活の調和）とは、人それぞれの希望に応じて、「仕事」と、子育てや介護、地域活動等の「仕事以外の生活」の調和が図ることができる状態をいう。1990年代にアメリカ・イギリスなどで、不況期において女性や多様な人材の確保のため、社員の働きやすさと生産性の向上を両立させる方策として考え出された。我が国においては、2007年に内閣府が中心となって「**仕事と生活の調和**（ワーク・ライフ・バランス）憲章」及び「仕事と生活の調和推進のための行動指針」が制定された。

(2)ディーセント・ワーク（**Decent work**）
　「きちんとした仕事」あるいは「働きがいのある人間らしい仕事」を意味する用語で、ILOの活動の主要な方向性を示すものとして1999年に初めて提起された。その内容は、同年のILO事務局長報告によると「権利が保護され、適正な収入を生み出し、適正な社会的保護を伴う生産的な仕事」であるとされている。また、すべての者が収入を得る機会を得るという意味で、仕事が十分にあることも意味するとされている。

(3)仕事の質（**Quality in work**）
　2003年6月に策定された欧州雇用指針（ＥＵ加盟国の雇用戦略の基本方針）において、欧州の雇用に関して2010年までに達成すべき目標の1つとしてその向上が掲げられているもので、その定義については、最も広義には①労働に関する客観的な性質、②労働者の性質、③労働者の性質と仕事とのマッチング、④労働者による主観的評価（仕事への満足）、を含むものであるとされている。また、「仕事の質」の向上の進展度を評価する具体的な側面として、Ⓐ本質的な仕事の質（労働者の仕事への満足を含む）、Ⓑ技能、生涯学習、キャリア開発、Ⓒ男女平等、Ⓓ労働安全衛生、Ⓔ柔軟性と安定性、Ⓕ労働市場への統合とアクセス、Ⓖ労働組織と仕事と生活のバランス、Ⓗ労使対話と労働者の関与、Ⓘ多様性と非差別、Ⓙ全体的な仕事のパフォーマンス（労働生産性等）が掲げられている。

(4)より多くのより良い雇用（**More and better jobs**）
　2003年9月に開催されたOECD労働大臣会合において取り上げられたテーマで、同会合においては、女性や高齢者など労働参加率の低いグループの雇用を拡大し、彼らのキャリア展望をひらくことが重要であるとの観点から包括的な戦略が必要であるとの提言がなされ、加えて雇用の質（job quality）が生産性及び成長において持つ意味について、OECDにおいて可能な範囲で今後分析を進めていくことが求められた。「より良い雇用」が何を意味するのかについて、同会合では必ずしも明らかにされなかったが、同会合の分析的背景として出されたOECDレポート「Employment Outlook 2003」においては、雇用の質に関連する側面として①賃金、②職場環境（労働時間、安全衛生等）、③雇用の安定性（有期雇用等）が取り上げられ、OECD諸国における動向について分析が行われている。

第5章

229

第5章 労務管理

6 その他 重要度 C

❶ その他の労務管理用語

1 雇用管理用語

雇用管理に関する用語として次のようなものがある。

(1)ヘッド・ハンティング	ある企業の優秀な人材を他の企業が引き抜くこと（人材スカウトをすること）をいう。ヘッド・ハンティングを業とする者（ヘッド・ハンター）に依頼して行うことが多い。
(2)アウトプレースメント	元々は従業員を円満退職させる人材ビジネスのことであったが、最近は、カウンセリングや研修等を通して再就職の支援も行うようになってきており、「再就職援助サービス業」として発展普及してきている。

参考 雇用管理に関する用語として次のようなものもある。

(1)一時帰休	不況期にみられる雇用調整の一種で、企業が操業短縮を行う場合に、労働者を会社在籍のまま一時期休業させることをいい、雇用関係が継続しているという点でレイオフ（一時解雇）と異なる。労働基準法第26条では、このような使用者の責めに帰すべき休業の場合は、平均賃金の60％以上の休業手当を支払うことを義務づけている。
(2)自宅待機	不況期にみられる雇用調整の一種で、就職内定者に対し、内定期間の延長を行うこと、すなわち、入社予定日を過ぎても出勤させず、その間、平均賃金の60％以上の休業手当を支払うことをいう。職業安定法施行規則第35条は、新規学卒者を雇い入れようとする者が、新規学卒者の募集中止、内定取消、自宅待機等を行う場合は、あらかじめ、公共職業安定所及び学校等の施設の長にその旨を通知することとしている。
(3)青田買い	優秀な新規学卒者を他に先がけて確保するために、新規学卒予定者に対して、採用選考や内定（内々定）の通知を早期に実施することをいう。
(4)職業紹介	一般的には、職業を求めている人に職業を斡旋することをいうが、職業安定法第4条では、「求人及び求職の申込みを受け、求人者と求職者との間における雇用関係の成立をあっせんすること」と定義している。また、同法第3条は、労働組合法の規定によって、雇用主と労働組合との間に締結された労働協約に別段の定めのある場合を除き、何人も、人種、国籍、信条、性別、社会的身分、門地、従前の職業、労働組合の組合員であること等を理由として、職業紹介、職業指導等について、差別的取扱を受けることがないと規定している。
(5)エントリーシート	企業が独自に作成する就職希望者向けの応募用紙のことをいい、書類選考及び面接試験の際の基礎資料として用いられる。応募者に記載させる内容は、従来の履歴書・自己紹介書とほぼ同様であるが、志望動機、学生時代の研究テーマ、学生時代に力を入れた（挑戦した）こと、仕事を通して成し遂げたいこと、自己PR等をより詳しく記入させるなど、それぞれの企業に応じた工夫がなされている。

その他

2 人材関連用語

人材に関する用語として次のようなものがある。

(1)グレーカラー	事務労働と肉体労働両方の仕事に従事する労働者をいう。なお、事務労働者のことをホワイトカラーといい、肉体労働者のことをブルーカラーという。
(2)インセンティブ	行動を引き起こす刺激となるもの（昇給等の誘因）をいう。

参考 人材関連用語としては、次のようなものもある。

(1)イントラブルヌール（イントラプレナー）	企業の社員でありながら新規事業を行おうとする者をいい、企業内起業家とも呼ばれる。
(2)クラスタースペシャリスト	社外でも通用する特定領域の専門家をいう。
(3)ムーンライター	2つの仕事に従事する労働者（二重就業者）をいう。
(4)リクルーター	通常は人事部等には所属しないが、一定期間については採用活動に従事する若手社員をいう。
(5)フリー・アルバイター	正規社員として就職せず、アルバイト生活をしている者をいう。
(6)ニート（NEET）	Not in Education, Employment or Training（就学、就労、職業訓練のいずれも行っていない若者）の略で、元々はイギリスの労働政策において出てきた用語。日本では、若年無業者のことをいう。なお、若年無業者とは、「15～34歳の非労働力人口のうち、通学、家事を行っていない者」を指す。 （厚生労働省・若年雇用関連データ）
(7)ストック型人材	終身雇用を前提とする従業員をいい、通常、正社員でフルタイマーである。
(8)フロー型人材	短期雇用を前提とする流動的な従業員をいい、パートタイマーであることが多い。

3 賃金関連用語

賃金に関する用語として次のようなものがある。

(1)賃金構造	産業別、規模別、地域別、学歴別、年齢別、職種別等にみた企業間や労働者間における賃金格差をいう。厚生労働省では、我が国の労働者における賃金構造の実態を詳細に把握することを目的として、**賃金構造基本統計調査**を実施している。
(2)実質賃金	労働者が労働の対価として受け取る名目賃金をその時点での物価水準（物価上昇率）で除した実際の購買力を示す賃金をいう。低経済成長の下では実質賃金の維持ということが労働組合の賃金要求の重要な基準となる。

第5章

231

第5章　労務管理

(3)賃金指数	賃金水準の時系列推移を表すために、基準時の平均賃金を100とし、その後の賃金額を指数化したものをいう。厚生労働省では、現金給与総額、きまって支給する給与、所定内給与等についてこれを作成している。
(4)ストック・オプション（選択権付株式購入制度）	アメリカで広く普及しているインセンティブ制度の一種で、会社が経営者や従業員に対して自社株をある特定の価格で、ある将来の一定期間に買い入れる権利を与える制度をいう。
(5)チェック・オフ	労働組合費徴収の1つの方法であり、使用者が労働者に賃金を渡す前に賃金から組合費を差し引き、一括して組合に渡すことをいう。その実施のためには、労働基準法第24条第1項で定める労使協定の締結が必要となる（賃金の全額払の原則に対する例外として認められる。）。なお、国家公務員の場合は、人事院規則により、チェック・オフが禁止されており、地方公務員の場合は、地方公務員法第25条により、法律又は条例により特に認められない限り禁止されている。
(6)現物給与（実物給与）	通貨（現金）ではなく、その企業の生産物や食料品、衣料品、通勤定期券などの物品で支払われた賃金をいう。労働基準法第24条は、賃金の通貨払の原則を定めているが、法令若しくは労働協約に別段の定めがある場合には、これを認めている。
(7)ノーワーク・ノーペイの原則	労務の提供がない場合は賃金支払義務もないという原則をいう。この原則に対する例外として、労働基準法第26条は、使用者の責に帰すべき事由による休業の場合においては、休業期間中労働者に、平均賃金の60％以上の休業手当を支払う義務を使用者に課している。
(8)賃金プロット図	従業員の賃金の分布状況を点で表した図表をいう。
(9)基本給ピッチ	基本給モデルの1歳当たり格差をいう。

その他

4 経営管理用語

経営管理用語としては次のようなものがある。

(1)リストラクチャリング（リストラ）	経営環境の変化に対応して経営資源を再配分し、望ましい方向に企業の構造を改革していくことをいい、「事業の再構築」ともいわれる。リストラクチャリングは、本来、製品や事業ミックスの変更、事業部門の再編成、財務体質の改善、経営組織の改革等を行おうとするものであるが、人員整理を伴うことが多く、近年の日本では「解雇」とほぼ同義で用いられることも多い。
(2)アウトソーシング	社内での業務を外部の専門業者に委託すること（業務外部委託）をいい、コスト削減や人的資源の有効活用を目的として行われる。
(3)ファミリー・フレンドリー企業	「労働者の家族的責任に配慮した企業」のことであり、仕事と育児・介護が両立できる諸制度を有し、従業員が多様・柔軟な働き方を選択できるように取り組んでいる企業をいう。
(4)コンプライアンス	企業が経営や活動を行ううえで、法令や各種規則などのルール、さらには社会的規範などを守ること（社会秩序を乱す行動や社会から非難される行動をしないこと）をいい、日本語では一般に「**法令遵守**」といわれている。

第5章

参考 経営関連用語としては次のようなものもある。

(1)**CS**（Customer Satisfaction）	顧客満足をいう。
(2)**ES**（Employee Satisfaction）	従業員満足をいう。
(3)**サテライト・オフィス**	本社の遠隔地（郊外）にある職住近接型事務所をいう。
(4)**インテリジェント・オフィス**	高度の情報・通信機能等を有する事務所をいう。
(5)**SOHO**	社員が数人の小規模の事務所や在宅勤務者の自宅事務所などを総称していう。
(6)**NPO**（非営利組織）	政府や私企業とは独立した存在として、市民や民間の支援のもとで社会的な公益活動を行う組織や団体をいう。
(7)**フィランソロピー**	企業による社会的貢献活動をいう。

5 経営組織関連用語

経営組織に関する用語として次のようなものがある。

233

第5章　労務管理

(1)フラット組織	階層の少ない平らな組織のことをいう。意思決定の迅速・的確化、組織の効率的運営等を目的として、組織のフラット化が進められてきており、具体的には、**課制廃止**（課制を廃止し、部長が直接従業員を統括すること）などが実施されてきている。
(2)社内ベンチャー	新規事業に進出するため企業が社内に設立する独立事業体をいう。従来、新規事業に参入するに当たっては、**プロジェクトチーム**を編成するのが主流であったが、近年は、新事業の開発、営業、財務、人事といった経営全般について広範な権限を有する社内ベンチャーを組織することにより、より強力に、かつ独創性を保って進めるようになってきている。
(3)スピンアウト	企業の業務の一部を分離し、独立した別会社として経営することをいい、「**分社化**」ともいう。変化への適応力強化、事業の活性化等を目的として行われ、近年は、社内ベンチャーを社内にとどめずにスピンアウトする場合も多い。

6 休暇関連用語

休暇に関する用語として次のようなものがある。

(1)　年次有給休暇

(2)　年末年始休暇

(3)　ゴールデンウィーク休暇

(4)　リフレッシュ休暇：心身のリフレッシュのための休暇をいう。

(5)　ボランティア休暇：社会的支援・奉仕活動を行う者のための休暇をいう。

(6)　メモリアル休暇（アニバーサリー休暇）：誕生日、結婚記念日等を休暇とするものである。

索　引

英数字

1か月60時間を超える時間外労働に係る割増
賃金率 80

65歳までの高年齢者雇用確保措置の実施状況
.... 117

70歳までの高年齢者就業確保措置の実施状況
.... 119

CDP（経歴管理制度） 215

JR共済等の統合 183

SOHO 66,233

WBT（web based training） 212

X理論・Y理論 227

あ行

アウトソーシング 233

アウトプレースメント 230

あっせん 128

育児・介護休業法 44

育児休業者割合 93

育児休業制度 93

一般統計調査 68,75,85,98

異動管理 203

インセンティブ 231

インターンシップ 215

エンゼルプラン 159

置き換え効果 66

か行

解雇 209

外国人雇用状況の届出状況 121

外国人労働者の状況 122

外国人を雇用する事業所の状況 123

介護保険制度 161,175

科学的管理法 224

可処分所得 66

完全失業者 68,71

完全失業率 64

完全自動物価スライド制の導入等 182

管理職等に占める女性の割合 88

基幹統計調査 68,72,82

基礎年金制度の導入等 181

基本給 219

基本給ピッチ 232

基本施策 225

キャリアアップ助成金 48

キャリア・コンサルティング 212

休業者 71

求人倍率 64

教育訓練 210

強度率 66

勤務間インターバル制度 79

勤務地限定正社員 97

くるみん認定 45

グレーカラー 231

経済安定機能 148

継続雇用制度 118,208

現金給与総額 66

健康保険法の制定 170

現物給与（実物給与） 232

高額療養費支給制度の創設等 172

合計特殊出生率 43,143

厚生省の発足 155

厚生年金保険・国民年金事業の概況 137

厚生年金保険制度の創設 157

厚生年金保険法の成立 180

公的年金と個人年金の違い 151

公的年金に係る税金 189

公的扶助 146

高年齢者雇用状況等報告の集計結果 116

コース別人事制度（複線型人事制度） 205

ゴールドプラン 159

国民医療費の概況 135

国民皆保険 160

国民皆保険制度の確立 171

国民健康保険法の制定 155

国民年金法の成立 180

個別労働紛争解決制度の施行状況 127

雇用均等基本調査 85

雇用調整 208

235

コンプライアンス..................233

さ行

在宅勤務..................66
採用管理..................202
採用試験..................202
サテライト・オフィス勤務..................66
参加型社会保障..................164
資格制度..................204
時間外労働の割増賃金率..................80
自己啓発..................212
自己申告制度..................201
仕事の質..................229
次世代法..................45
七五三現象..................66
実雇用率..................114
実質賃金..................231
社会支出..................132
社会福祉..................146
社会保険..................146
社会保険診療報酬支払基金..................192
社会保険の特色..................150
社会保障給付費..................133
社会保障協定..................186
社会保障審議会..................190
社会保障制度に関する勧告..................159
社会保障制度の類型..................149
社会保障の機能..................147
社会保障の経済的機能..................149
社会保障の目的..................146
社会保障費用統計..................132
若年者雇用実態調査..................103
社内ベンチャー..................234
週休制..................76
就業構造..................65
就業者..................69,71
従業者..................71
就業率..................69
就労条件総合調査..................75
障害者雇用状況の集計結果..................113
障害者福祉..................161
職種・職務限定正社員..................97

職場外訓練（OFF-JT）..................210
職場内訓練（OJT）..................210
職務再設計..................229
職務設計..................228
職務評価..................197
職務分析..................196
助言・指導..................128
女性管理職等を有する企業割合..................87
所定労働時間..................75
所得再分配機能..................147
所得税の源泉徴収..................189
ジョブ・カード制度..................49,216
ジョブ型雇用..................66
ジョブ・ローテーション..................214
人口動態統計..................143
人事異動..................203
人事考課..................199
推定組織率..................124
ストック・オプション..................232
スピンアウト..................234
スモールオフィス・ホームオフィス..................66
生活安定・向上機能..................147
生活保護制度..................148,152
正規の職員・従業員数..................70
正社員・正職員の男女比率..................86
セクシュアルハラスメント..................89,91
世代効果..................66
「全世代型」社会保障..................166
専門職制度..................204
早期退職優遇制度..................208
総合労働相談..................128
総実労働時間..................66

た行

退職金管理..................221
退職者医療制度の創設等..................173
退職年金制度..................221
多様な正社員制度..................96
短時間正社員..................97
チェック・オフ..................232
地方社会保険医療協議会..................191
中央社会保険医療協議会..................191

懲戒処分 207	ヒューマン・アセスメント 201
賃金額管理 217	非労働力人口 70
賃金形態管理 220	ファミリー・フレンドリー企業 233
賃金構造 231	福利厚生管理 222
賃金構造基本統計調査 82	物価スライド制の創設等 181
賃金指数 232	扶養親族等申告書の提出 189
賃金体系管理 219	プラチナくるみん認定 45
賃金の改定額及び改定率 100	フラット組織 234
賃金の改定事情 101	フリンジ・ベネフィット管理 221
賃金の改定の実施状況 99	平成の主な社会保障制度等の改革 163
賃金引上げ等の実態に関する調査 98	ベースアップ等の実施状況 101
賃金プロット図 232	ヘッド・ハンティング 230
ディーセント・ワーク 229	変形労働時間制 77
定額部分の段階的廃止等 182	法定雇用率 114
定期昇給の実施状況 100	法定雇用率未達成企業の状況 115
定型訓練 211	保健医療・公衆衛生 146
ディスカレッジドワーカー 65	ポジティブ・ウェルフェア 164
定年制 207	
テレワーク 66	**ま行**
動機付け衛生要因理論 227	毎月勤労統計調査 72,74
特別休暇制度 77	ミスマッチ（需給ミスマッチ） 65
度数率 66	みなし労働時間制 79
	民事上の個別労働紛争 128
な行	メンバーシップ型雇用 66
日本最初の医療保険の誕生 154	目標管理（ＭＢＯ） 228
日本最初の公的年金制度の創設 156	モチベーション管理 226
日本年金機構 190	モバイルワーク 66
人間関係論 224	モラール管理 224
妊娠・出産・育児休業等に関するハラスメント	
............90,91	**や行**
年間休日総数 76	役職定年制 206
年金額の適正化等 183	要員算定 202
年次有給休暇 76	欲求5段階説 226
年俸制の普及 222	より多くのより良い雇用 229
年齢階級別国民医療費 136	
ノーワーク・ノーペイの原則 232	**ら行**
	リストラクチャリング 233
は行	老人保健法 172
パワーハラスメント 90,91	労働組合基礎調査 124
ビジネスキャリア制度 215	労働者年金保険法 157
非正規雇用 47	労働の人間化 228
非正規の職員・従業員数 70	労働力人口 70,71

237

労働力人口比率 70
労働力調査 68,74

わ行

ワーク・シェアリング 206
ワーク・ライフ・バランス 229
わかものハローワーク 48

執　　　筆：伊藤浩子（TAC教材開発講師）
編集補助：跡部大輔（TAC教材開発講師）

　本書は、令和7年3月28日現在公表されている情報にもとづいて執筆しています。
　追加情報がある場合は、TAC出版書籍販売サイト（https://bookstore.tac-school.co.jp/）の法改正情報ページでご案内いたします。

2025年度版　よくわかる社労士　別冊　合格テキスト
直前対策 一般常識・統計／白書／労務管理

（平成24年度版　2012年5月10日　初版　第1刷発行）
2025年4月24日　初　版　第1刷発行

編 著 者	T A C 株 式 会 社	
	（社会保険労務士講座）	
発 行 者	多 　田 　敏 　男	
発 行 所	T A C 株式会社　出版事業部	
	（TAC出版）	

〒101-8383 東京都千代田区神田三崎町3-2-18
電話　03(5276)9492(営業)
FAX　03(5276)9674
https://shuppan.tac-school.co.jp

印 　　刷	株 式 会 社 ワ コ ー	
製 　　本	東 京 美 術 紙 工 協 業 組 合	

Ⓒ TAC 2025　　Printed in Japan

ISBN 978-4-300-11381-3
N.D.C. 364

本書は、「著作権法」によって、著作権等の権利が保護されている著作物です。本書の全部または一部につき、無断で転載、複写されると、著作権等の権利侵害となります。上記のような使い方をされる場合、および本書を使用して講義・セミナー等を実施する場合には、小社宛許諾を求めてください。

乱丁・落丁による交換、および正誤のお問合せ対応は、該当書籍の改訂版刊行月末日までといたします。なお、交換につきましては、書籍の在庫状況等により、お受けできない場合もございます。
また、各種本試験の実施の延期、中止を理由とした本書の返品はお受けいたしません。返金もいたしかねますので、あらかじめご了承くださいますようお願い申し上げます。

社会保険労務士講座

2025年合格目標 社会保険労務士 直前対策
通学・通信にて順次開講中！

インプットを終えた今、弱点補強や実践力強化への悩みは人それぞれです。
そこでTACでは、直前期に必要不可欠な重要ポイントの総整理や弱点克服、実践演習などを盛り込んだ弱点克服オプションを多数開講します。直前期の限られた時間で効率的に力を伸ばし、合格を勝ち取りましょう！

ポイント整理・弱点克服で確実に合格する！
弱点克服オプション

Webフォロー標準装備！

厳選した過去問で、基本事項を総復習
過去問で総復習ゼミ（全6回）

横のつながりで科目間の論点整理
横断セミナー（全2回）

年金の苦手意識が一気に吹き飛ぶ！
年金補講セミナー（全4回）

選択式の"1点"で泣かないために！
選択式セミナー レクチャー編／統計・白書・判例・読解編（各1回）

幅広い事例問題にも対応
計算・事例対策セミナー（全2回）

得点力UP！果てしなく広い範囲はこれで絞り込め！
統計・白書セミナー（全2回）

Topic!

インターネット上で無料配信中！

社労士試験 直前対策プレセミナー
テーマ：「本試験の傾向と対策＆過去問で理解を深める勉強法」

★TACホームページ上でご覧いただけます ▶▶▶ https://www.tac-school.co.jp/
　　　　　　　　　　　　　　　　　　　　TAC動画チャンネルをクリック！

「直前対策」「勝利の全国模試シリーズ」の詳細は、
TACホームページをご覧ください。

https://www.tac-school.co.jp/kouza_sharosi.html ➡

資格の学校 TAC

社労士 勝利の全国模試シリーズ
2025年合格目標 **圧倒的な受験者数!!**

最大級の母集団！TACの模試で合格に王手をかける

2024年度『勝利の全国模試シリーズ』受験者数

11,318名
(令和6年7月末日実績)

※2024年度『勝利の全国模試シリーズ』延べ受験者数
11,318名（全国中間模試5,738名＋全国公開模試5,580名）
『勝利の全国模試シリーズ』とは、「全国中間模試」および
「全国公開模試」を合わせたコースです。

受験者の数が証明！多くの受験生が選んでいます!!

セット申込がお得！
勝利の模試セット
（全国中間模試・全国公開模試一括）
¥8,800
(10%税込)

全国中間模試 会場受験 **6/20(金)・6/21(土)・6/22(日) 実施**
全国公開模試 会場受験 **7/11(金)・7/12(土)・7/13(日) 実施**
自宅受験 ・全国中間模試6/12(木)TACより送付　・全国公開模試7/4(金)TACより送付

大人気！全国模試 申込者限定 特典も充実！

1.「選択式予想問題」
本試験選択式対策で役立つ予想問題を進呈！
過去の本試験で的中実績のある予想問題です。
※「選択式予想問題」は、マイページ内の「教材」情報にPDFデータでアップします。

2.「問題ダウンロードサービス」
TAC WEB SCHOOLのマイページ内の教材情報に問題PDFデータをアップします。
プリントして利用できますので、復習の際にお役立てください。

3.「Web解答解説講義」
模試受験後も万全のフォロー！
全国模試受験後は、インターネット上で解答解説講義の動画を視聴できます！

「直前対策」及び「全国模試」は、インターネット上からもお申込みいただけます！

https://ec.tac-school.co.jp/

※全国模試のインターネット申込みは、締切日にご注意ください。

TAC出版 書籍のご案内

TAC出版では、資格の学校TAC各講座の定評ある執筆陣による資格試験の参考書をはじめ、資格取得者の開業法や仕事術、実務書、ビジネス書、一般書などを発行しています！

TAC出版の書籍

*一部書籍は、早稲田経営出版のブランドにて刊行しております。

資格・検定試験の受験対策書籍

- 日商簿記検定
- 建設業経理士
- 全経簿記上級
- 税理士
- 公認会計士
- 社会保険労務士
- 中小企業診断士
- 証券アナリスト

- ファイナンシャルプランナー（FP）
- 証券外務員
- 貸金業務取扱主任者
- 不動産鑑定士
- 宅地建物取引士
- 賃貸不動産経営管理士
- マンション管理士
- 管理業務主任者

- 司法書士
- 行政書士
- 司法試験
- 弁理士
- 公務員試験（大卒程度・高卒者）
- 情報処理試験
- 介護福祉士
- ケアマネジャー
- 電験三種　ほか

実務書・ビジネス書

- 会計実務、税法、税務、経理
- 総務、労務、人事
- ビジネススキル、マナー、就職、自己啓発
- 資格取得者の開業法、仕事術、営業術

一般書・エンタメ書

- ファッション
- エッセイ、レシピ
- スポーツ
- 旅行ガイド（おとな旅プレミアム／旅コン）

TAC出版

(2024年2月現在)

書籍のご購入は

1 全国の書店、大学生協、ネット書店で

2 TAC各校の書籍コーナーで

資格の学校TACの校舎は全国に展開!
校舎のご確認はホームページにて

資格の学校TAC ホームページ
https://www.tac-school.co.jp

3 TAC出版書籍販売サイトで

CYBER BOOK STORE　TAC出版書籍販売サイト

「TAC 出版」で 検索

24時間 ご注文 受付中

https://bookstore.tac-school.co.jp/

- 新刊情報をいち早くチェック!
- たっぷり読める立ち読み機能
- 学習お役立ちの特設ページも充実!

TAC出版書籍販売サイト「サイバーブックストア」では、TAC出版および早稲田経営出版から刊行されている、すべての最新書籍をお取り扱いしています。

また、会員登録(無料)をしていただくことで、会員様限定キャンペーンのほか、送料無料サービス、メールマガジン配信サービス、マイページのご利用など、うれしい特典がたくさん受けられます。

サイバーブックストア会員は、特典がいっぱい!(一部抜粋)

 通常、1万円(税込)未満のご注文につきましては、送料・手数料として500円(全国一律・税込)頂戴しておりますが、1冊から無料となります。

 専用の「マイページ」は、「購入履歴・配送状況の確認」のほか、「ほしいものリスト」や「マイフォルダ」など、便利な機能が満載です。

 メールマガジンでは、キャンペーンやおすすめ書籍、新刊情報のほか、「電子ブック版TACNEWS(ダイジェスト版)」をお届けします。

 書籍の発売を、販売開始当日にメールにてお知らせします。これなら買い忘れの心配もありません。

2025年度版 社労士試験対策書籍のご案内

TAC出版では、独学用、およびスクール学習の副教材として、各種対策書籍を取り揃えています。学習の各段階に対応していますので、あなたのステップに応じて、合格に向けてご活用ください!

(刊行内容、発売月、表紙は変更になることがあります。)

みんなが欲しかった! シリーズ

わかりやすさ、学習しやすさに徹底的にこだわった、TAC出版イチオシのシリーズ。大人気の『社労士の教科書』をはじめ、合格に必要な書籍を網羅的に取り揃えています。

基礎学習

『みんなが欲しかった!
社労士合格へのはじめの一歩』
A5判、8月　貫場 恵子 著
●初学者のための超入門テキスト!
●概要をしっかりつかむことができる入門講義で、学習効率ぐーんとアップ!
●フルカラーの巻頭漫画とスタートアップ講座は必見!

『みんなが欲しかった!
社労士の教科書』
A5判、10月
●資格の学校TACが独学者・初学者専用に開発! フルカラーで圧倒的にわかりやすいテキストです。
●2冊に分解OK! セパレートBOOK形式。
●便利な赤シートつき!

『みんなが欲しかった!
社労士の問題集』
A5判、10月
●この1冊でイッキに合格レベルに! 本試験形式の択一式&選択式の過去問、予想問を必要な分だけ収載。
●『社労士の教科書』に完全準拠。

実力アップ

『みんなが欲しかった!
社労士合格のツボ 選択対策』
B6判、11月
●基本事項のマスターにも最適! 本試験のツボをおさえた選択式問題厳選333問!
●赤シートつきでパパッと対策可能!

『みんなが欲しかった!
社労士合格のツボ 択一対策』
B6判、11月
●択一の得点アップに効く1冊! 本試験のツボをおさえた一問一答問題厳選1600問!! 基本と応用の2step式で、効率よく学習できる!

『みんなが欲しかった!
社労士全科目横断総まとめ』
B6判、12月
●各科目間の共通・類似事項をこの1冊で整理
●赤シート対応で、まとめて覚えられるから効率

実践演習

『みんなが欲しかった! 社労士の
年度別過去問題集　5年分』
A5判、12月
●年度別にまとめられた5年分の過去問で知識を総仕上げ!
●問題、解説冊子は取り外しOKのセパレートタイプ!

『みんなが欲しかった!
社労士の直前予想模試』
B5判、4月
●みんなが欲しかったシリーズの総仕上げ模試!
●基本事項を中心とした模試で知識を一気に仕上げます!

TAC出版

よくわかる社労士シリーズ

なぜ？ どうして？ を確実に理解しながら、本試験での得点力をつける！
本気で合格することを考えてできた、実践的シリーズです。受験経験のある方にオススメ！

『よくわかる社労士 合格するための
過去10年本試験問題集』
A5判、9月〜10月 全4巻
① 労基・安衛・労災　② 雇用・徴収・労一
③ 健保・社一　④ 国年・厚年
● 過去10年分の本試験問題を「一問一答式」「科目別」
「項目別」に掲載！2色刷で見やすく学びやすい！
● 合格テキストに完全準拠！
● テキストと一緒に効率よく使える、過去問検索索引つき！

『よくわかる社労士 合格テキスト』
A5判、10月〜4月 全10巻+別冊1巻
① 労基法　② 安衛法　③ 労災法　④ 雇用法　⑤ 徴収法
⑥ 労一　⑦ 健保法　⑧ 国年法　⑨ 厚年法　⑩ 社一
別冊 直前対策（一般常識・統計・白書・労務管理）
● 科目別重点学習で、しっかり学べる！
● 受験経験者やより各科目の知識を深めたい方にぴったり。
● TAC上級（演習）本科生コースの教材です。
● 全点赤シートつき！

『本試験をあてる
TAC直前予想模試 社労士』
B5判、4月
● 本試験形式の予想問題を2回分
収録！難易度を高めに設定した
総仕上げ模試！
● マークシート解答用紙つき！

無敵シリーズ

年3回刊行の無敵シリーズ。完全合格を
実現するためのマストアイテムです！

こちらもオススメ！

『無敵の社労士1
スタートダッシュ』
B5判、8月

『無敵の社労士2
本試験徹底解剖』
B5判、12月

『無敵の社労士3
完全無欠の直前対策』
B5判、5月

『岡根式 社労士試験はじめて講義』
B6判、8月　岡根 一雄 著
● "はじめて"でも"もう一度"でも、まずは岡根から！
社労士試験の新しい入門書です。

啓蒙書

好評発売中！

『専業主婦が社労士になった！』
四六判　竹之下 節子 著
● 社労士の竹之下先生が、試験合格、独立開業の体験と、人生を変えるコツを教えます!!

TACの書籍は
こちらの方法で
ご購入いただけます

① 全国の書店・大学生協　② TAC各校 書籍コーナー　③ インターネット

CYBER BOOK STORE　TAC出版書籍販売サイト
アドレス　https://bookstore.tac-school.co.jp/

2024年7月現在 ・とくに記述がある商品以外は、TAC社会保険労務士講座編です

書籍の正誤に関するご確認とお問合せについて

書籍の記載内容に誤りではないかと思われる箇所がございましたら、以下の手順にてご確認とお問合せをしてくださいますよう、お願い申し上げます。

なお、正誤のお問合せ以外の書籍内容に関する解説および受験指導などは、一切行っておりません。
そのようなお問合せにつきましては、お答えいたしかねますので、あらかじめご了承ください。

1 「Cyber Book Store」にて正誤表を確認する

TAC出版書籍販売サイト「Cyber Book Store」の
トップページ内「正誤表」コーナーにて、正誤表をご確認ください。

CYBER TAC出版書籍販売サイト
BOOK STORE

URL：https://bookstore.tac-school.co.jp/

2 1 の正誤表がない、あるいは正誤表に該当箇所の記載がない
⇒ 下記①、②のどちらかの方法で文書にて問合せをする

★ご注意ください★

お電話でのお問合せは、お受けいたしません。

①、②のどちらの方法でも、お問合せの際には、「お名前」とともに、
「対象の書籍名（○級・第○回対策も含む）およびその版数（第○版・○○年度版など）」
「お問合せ該当箇所の頁数と行数」
「誤りと思われる記載」
「正しいとお考えになる記載とその根拠」
を明記してください。

なお、回答までに１週間前後を要する場合もございます。あらかじめご了承ください。

---

① ウェブページ「Cyber Book Store」内の「お問合せフォーム」より問合せをする

【お問合せフォームアドレス】

https://bookstore.tac-school.co.jp/inquiry/

---

② メールにより問合せをする

【メール宛先　TAC出版】

syuppan-h@tac-school.co.jp

※土日祝日はお問合せ対応をおこなっておりません。
※正誤のお問合せ対応は、該当書籍の改訂版刊行月末日までといたします。

乱丁・落丁による交換は、該当書籍の改訂版刊行月末日までといたします。なお、書籍の在庫状況等により、お受けできない場合もございます。

また、各種本試験の実施の延期、中止を理由とした本書の返品はお受けいたしません。返金もいたしかねますので、あらかじめご了承くださいますようお願い申し上げます。

TACにおける個人情報の取り扱いについて
■お預かりした個人情報は、TAC(株)で管理させていただき、お問合せへの対応、当社の記録保管にのみ利用いたします。お客様の同意なしに業務委託先以外の第三者に開示、提供することはございません（法令等により開示を求められた場合を除く）。その他、個人情報保護管理者、お預かりした個人情報の開示等及びTAC(株)への個人情報の提供の任意性については、当社ホームページ（https://www.tac-school.co.jp）をご覧いただくか、個人情報に関するお問い合わせ窓口（E-mail：privacy@tac-school.co.jp）までお問合せください。

（2022年7月現在）